夏日紀事

洱源田野調查集

朱靖江 主編

崧燁文化

夏日紀事：洱源田野調查集
目錄

不同時代土地分配製度及繼承的變遷——以雲南大理州洱源縣右所鎮溫水村為例 142
　　一　調查區域概況 142
　　二　文獻綜述 143
　　三　土地的劃分及概念 143
　　四　農事安排及農事活動 145
　　五　不同階段土地的分配製度 149
　　六　不同時段下男女分工的變化 150
　　七　不同時代土地的繼承 151
　　八　不同年齡段人群對於土地的感情與態度 152

外來媳婦的社會融入狀況研究——基於雲南省大理白族自治州洱源縣右所鎮溫水行政村的田野調查 154
　　一　緒論 154
　　二　現狀及背景分析 155
　　三　研究方法 156
　　四　農村外來媳婦產生的背景和原因 156
　　五　外來媳婦的社會初次融入——家庭融入 157
　　六　外來媳婦的再次融入——社會融入 159
　　七　結語——基於溫水村田野調查的社會排斥理論分析 161

傳統藝術的地方性呈現——基於洱源縣鎮右所鎮元井洞經會的人類學調查 163
　　一　緒論 163
　　二　田野點概況 164
　　三　文獻綜述 164
　　四　調查結果與分析 165
　　五　思考 168

白族本主崇拜——以溫水行政村兩本主為例 169
　　一　導論 170

6

二　白族本主崇拜 170
　　三　村裡本主祭祀活動 171
　　四　本主禁忌 172
　　五　溫水行政村的本主傳承 172
　　六　溫水行政村本主崇拜的影響 173
鄉村集市研究——以大理洱源地區溫水村早集為例 176
　　一　前言 176
　　二　問題的提出及研究的目的與意義 177
　　三　現狀和背景分析 178
　　四　研究方法及內容 178
　　五　溫水村的實證研究 180

松鶴篇

傳統與現代——雲南大理洱源縣松鶴村彝族生計方式的變遷研究 183
　　一　緒論 184
　　二　生計方式的變遷 190
　　三　生計方式變遷的影響 194
　　四　討論與反思 204
試探究雕梅手藝對婦女社會地位的影響——以雲南省大理州洱源縣松鶴村
婦女的社會地位變化為例 210
　　一　緒論 210
　　二　松鶴村雕梅與婦女角色概況 213
　　三　關於松鶴村雕梅女工社會地位的案例分析 214
　　四　雕梅工藝影響下松鶴村婦女社會地位的變化 214
　　五　結論與反思 216
雲南大理洱源縣松鶴村彝族本主信仰研究 217
前言 218
　　一　緒論 219
　　二　文獻綜述 221

三　田野點現狀ㆍㆍㆍ224

　　四　松鶴彝人本主信仰的儀式空間——本主廟ㆍㆍㆍㆍㆍㆍㆍㆍㆍㆍㆍㆍㆍ226

　　五　本主廟的城隍會儀式ㆍㆍㆍㆍㆍㆍㆍㆍㆍㆍㆍㆍㆍㆍㆍㆍㆍㆍㆍㆍㆍㆍㆍㆍㆍㆍㆍㆍㆍㆍㆍㆍㆍㆍ230

　　六　文化的解釋ㆍㆍ241

作為交換的梅園ㆍㆍ250

　　一　緒論ㆍㆍ250

　　二　梅園的代際交換ㆍㆍㆍㆍㆍㆍㆍㆍㆍㆍㆍㆍㆍㆍㆍㆍㆍㆍㆍㆍㆍㆍㆍㆍㆍㆍㆍㆍㆍㆍㆍㆍㆍㆍㆍㆍㆍ252

　　三　梅園的婚姻交換ㆍㆍㆍㆍㆍㆍㆍㆍㆍㆍㆍㆍㆍㆍㆍㆍㆍㆍㆍㆍㆍㆍㆍㆍㆍㆍㆍㆍㆍㆍㆍㆍㆍㆍㆍㆍㆍ255

　　四　結語ㆍㆍ259

松鶴彝族神聖空間的互動與分化——以松峰寺六皇會為個案研究ㆍㆍ260

　　前言ㆍㆍㆍ260

　　一　導論ㆍㆍ261

　　二　神聖空間的構築：寺廟與節日ㆍㆍㆍㆍㆍㆍㆍㆍㆍㆍㆍㆍㆍㆍㆍㆍㆍㆍㆍㆍㆍㆍㆍㆍ262

　　三　神與聖的匯聚分離：從六皇盛會到天地人神ㆍㆍㆍㆍㆍㆍㆍㆍㆍ264

　　四　神聖在人間：廟神人的互動分化ㆍㆍㆍㆍㆍㆍㆍㆍㆍㆍㆍㆍㆍㆍㆍㆍㆍㆍㆍㆍㆍ268

　　五　初步研究分析ㆍㆍ269

　　六　結語ㆍㆍ271

「土風計劃」的田野實踐與理念反思——以雲南大理松鶴村為例ㆍㆍ272

　　一　導論ㆍㆍ272

　　二　雲南「土風計劃」及其核心理念ㆍㆍㆍㆍㆍㆍㆍㆍㆍㆍㆍㆍㆍㆍㆍㆍㆍㆍㆍㆍㆍ273

　　三　「土風計劃」在松鶴村的具體實踐ㆍㆍㆍㆍㆍㆍㆍㆍㆍㆍㆍㆍㆍㆍㆍㆍㆍㆍ274

　　四　松鶴村「土風計劃」實踐過程中的矛盾與調解ㆍㆍㆍㆍㆍ275

　　五　對「土風計劃」的相關思考ㆍㆍㆍㆍㆍㆍㆍㆍㆍㆍㆍㆍㆍㆍㆍㆍㆍㆍㆍㆍㆍㆍㆍㆍ276

　　六　結語ㆍㆍ278

松鶴村民族嗩吶文化來源的研究ㆍㆍㆍㆍㆍㆍㆍㆍㆍㆍㆍㆍㆍㆍㆍㆍㆍㆍㆍㆍㆍㆍㆍㆍㆍㆍㆍㆍㆍ279

　　一　緒論ㆍㆍ279

　　二　松鶴村民族嗩吶概述ㆍㆍㆍㆍㆍㆍㆍㆍㆍㆍㆍㆍㆍㆍㆍㆍㆍㆍㆍㆍㆍㆍㆍㆍㆍㆍㆍㆍㆍㆍㆍㆍ281

　　三　松鶴民族嗩吶中的彝族元素ㆍㆍㆍㆍㆍㆍㆍㆍㆍㆍㆍㆍㆍㆍㆍㆍㆍㆍㆍㆍㆍㆍㆍ284

四　松鶴民族嗩吶中的彝白身份衝突 284
　　五　思考 286
　　六　結語 286
「生存空間」視角下的松鶴嗩吶現狀研究 287
　　一　研究緣由及意義 287
　　二　研究方法 288
　　三　文獻綜述 289
　　四　田野點概述 290
　　五　松鶴嗩吶的「空間」現狀 290
　　六　總結 296
「掀起你的蓋頭來」——松鶴彝族婚俗研究 296
　　一　松鶴彝族婚俗的儀式與過程 297
　　二　文化互動語境下的松鶴彝族婚俗 298
　　三　當代松鶴彝族的通婚圈 301
　　四　結語 303
「不對等的交換」——松鶴彝族嫁妝彩禮的流動探究 304
　　一　緒論 305
　　二　文獻綜述 307
　　三　松鶴彝族婚俗中的儀式與禮物交換 308
　　四　嫁妝彩禮的時代對比 310
　　五　嫁妝彩禮相差懸殊的原因 311
　　六　結論與討論 312
　　七　反思 312
課堂基本教育——以洱源縣松鶴中心完小為例 313
　　一　緒論 313
　　二　文獻綜述 315
　　三　松鶴村小學教育模式及整體的氛圍 316
　　四　課堂教學的有效性及課堂改革 317

五　雙語教育及傳統文化的結合	318
教師的流動與被限的權威——雲南大理洱源縣松鶴村教師的研究	318
一　緒論	319
二　對松鶴村教師的概述	320
三　、結語	325
雲南大理松鶴村彝族留守兒童教育問題研究	327
一　緒論	327
二　松鶴村留守兒童概況	330
三　松鶴村留守兒童案例的分析	331
四　討論與反思——關於留守兒童問題的解決	331
五　總結	332
參考文獻	333

放歌松鶴　載夢西湖——2013 級民族學本科班田野調查報告序

朱靖江

　　2015 年 7 月 6 日—26 日，中國中央民族大學民族學與社會學學院 2013 級民族學本科班 40 多名學生在雲南省大理白族自治州洱源縣茈碧湖鎮松鶴村與右所鎮幸福、溫水、西河埂等村，展開了為期近 3 周的田野調查。帶隊教師之所以選擇洱源作為本次調查的田野工作點，主要基於以下兩方面的考量：首先，大理州民族文化底蘊豐厚，民間傳統信仰與社會結構保存完整，能夠為學生調查活動提供較為豐富的田野事項；其次，由雲南省委與國內多位文化學者聯合發起的「土風計劃」在大理州洱源縣設立了兩個項目點，能夠保障學生在田野期間的生活條件、食宿安全，並提供以民族民間藝術傳承人為主體的調查對象。大理州、洱源縣以及村鎮幹部、群眾以真誠、熱情的態度，迎接了中央民大師生的到來，並對於本次田野調查實習活動給予了無私的支持與全方位的幫助。

　　參與本次田野調查的學生分為兩組，一組進入彝族村民世居的松鶴村，另一組則大集中、小分散地入住洱源西湖周邊白族聚居的西河埂村、幸福村、溫水村與元井村。在安排學生住宿時，我們也根據兩地不同的村落環境與文化氛圍，組織松鶴村組集中借住在村委會會議室；西湖周邊各村同學則按調查主題不同，散居於多戶村民家中。由於本次調查得到「土風計劃」的支持，有部分同學以藝術人類學的理論方法為指導，針對松鶴村的嗩吶，西湖諸村的霸王鞭、大本曲和耍馬等民間傳統藝術的形式、內容、傳承、變遷等主題，進行細緻深入的專題式考察，他們與藝術傳承人同吃同住同勞動，親自學習其中的舞蹈與演唱內容。除民族民間藝術主題之外，另一個重點調查主題為洱源民間宗教信仰，田野考察期間相繼舉辦的鄧川城隍廟會、松鶴村六皇會、溫水村本主生日以及朝鬥等儀式，都成為同學們調查與研究的對象。此外，村落的土地分配、傳統生計、民間組織、養老模式、性別身份等人類學民族學關注的主題，也都成為同學們展開田野調查的學術方向。

夏日紀事：洱源田野調查集
放歌松鶴　載夢西湖——2013級民族學本科班田野調查報告序

　　經過近20天的田野調查，特別是與彝族、白族村民朝夕相處的生活，2013級民族學本科班同學都獲得了非常寶貴的田野調查經驗，大多完成了翔實、細緻、有一定理論水準與豐富個案材料的田野調查報告。這些報告是他們在本科學習階段的標誌性成果，是他們步入人類學學術田野的處女作，也承載了他們與當地村民結下的深厚感情。

　　放歌松鶴，載夢西湖，相信這段並不悠長的田野時光會成為他們今後學術生涯與人生歷程的一段美好回憶。

幸福篇

指導老師：朱靖江　黃志輝

小組成員：馬伶　談琳　林丹　楊潔

凱麗比努爾·伊力　蘇放

馬隴星　任思齊　陳彥奇

溫浪　王珺涵　趙一　余林蔓

▋民族民間藝術團的運作邏輯及發展路徑——以大理洱源「斯甘俏」藝術團為例

馬伶

　　摘要：大理洱源「斯甘俏」藝術團是當地唯一一個系統的文藝組織，作為新興民族民間藝術團，「斯甘俏」藝術團展現出蓬勃的發展態勢，這引發了筆者對其運行邏輯的關注。透過分析，筆者發現藝術團的核心人物在藝術團的運作中發揮了至關重要的作用，推動了藝術團的成立與發展。但藝術

目前存在經費、場地、成員素質水平較低、宣傳等方面的問題，這些問題阻礙了藝術團進一步發展的腳步，故應對藝術團的困難提出應對措施，幫助其尋求發展路徑，從而利於「斯甘俏」藝術團的成長，並在一定程度上為國內其他民族民間藝術團和民族文化的保護工作提供有益借鑑。

關鍵詞：民間藝術團；運行邏輯；發展路徑；白族；民族文化；文化傳承

一　緒論

（一）研究背景與意義

大理洱源「斯甘俏」藝術團是由大理白族自治州洱源縣右所鎮西湖村村民組織起來的一個民間文藝表演藝術團，其以傳承白族傳統文化、豐富群眾精神生活為宗旨，創作出了集地域性、民族性、表演性、健身性、參與性和審美性為一體的白族歌舞、器樂演奏、白劇、小品、吹腔小戲等節目。從2013年3月成立至今，「斯甘俏」藝術團不斷探索發展道路，完善管理模式，挖掘民族傳統文化以優化節目的形式與內容，在短短幾年間便取得了較為顯著的成績。

面對一個如此年輕、富有活力、群眾基礎濃厚的藝術團，在為其成功歡悅的同時，更應冷靜分析其成功的原因以及面臨的困境，思考如何能夠將這樣一支強勁的發展力量保持下去，使之進一步壯大，而這則需要我們運用民族學深描的方法對「斯甘俏」藝術團的建立過程進行敘述，對其運作邏輯、生存現狀進行透徹的分析，最終為「斯甘俏」藝術團的發展提出建議。

（二）研究現狀分析

學界關於民間藝術團的研究數不勝數，在眾多關於民間藝術團的研究中，多為藝術團的行記，或是探討市場經濟條件下藝術團的變遷，而側重於民間藝術團的運作邏輯和發展路徑的研究則較少。在僅見的幾篇關於民間藝術團的運作邏輯和發展路徑的文章中，湖南師範大學的胡恩所著的《淺談民間團體對原生態民歌的傳承與保護——以柏楊龍船調民間藝術團為例》、內蒙古社會科學院民族研究所的金潔所著的《鄂溫克族自治旗民間文化團體發展的

調查與探討》、蘭州大學的張丹所著的《甘肅省農村本土文化自組織發展路徑研究——以X藝術團為研究對象》等文章對民間藝術團體發揮的作用所得出的結論具有普遍適用性，但不同的藝術團因其所處環境和自身特點的不同，所面臨的困境和解決方法有所分別，且由於本次研究的對象——大理洱源「斯甘俏」藝術團是白族民間藝術團，其成立與發展有著與普通藝術團不同的意義，這就需要我們對其進行較為具體、系統的研究以充實學術研究，加深人們對民族民間藝術團的瞭解。

（三）研究方法

本課題主要採用以下三種研究方法：第一，文獻研究法。透過對相關期刊、專著等資料的歸納分析，總結出民間藝術團的一般規律並挖掘大理洱源「斯甘俏」藝術團的與眾不同之處，最終提出適應其發展的可行之路。第二，參與觀察法。參與當地村民的生活，建立並維持與當地人之間的關係，以日常生活為基礎，從當地人或成員的角度出發，觀察「斯甘俏」藝術團及其相關成員的日常活動，並蒐集研究所需的素材。第三，個別訪問法。採用以結構性訪問為主、輔以非結構性訪問的方法，以右所鎮文化站站長、「斯甘俏」藝術團發起人和藝術團團長為主要訪談對象，詢問有關藝術團的成立、運行、未來發展等方面的問題，同時也關注藝術團成員和當地群眾對藝術團的看法。最終整理、歸納，得出結論。

二 大理洱源「斯甘俏」藝術團的基本情況

（一）藝術團的組成建立

洱源縣民間歌舞藝術歷史悠久，當地有眾多群眾自發性的小型文藝隊伍，但一直缺少一支系統、規範的文藝隊伍，群眾文化缺乏目標和代表性。考慮到這些原因，洱源縣政府試圖組建一支健全的文藝隊伍，將當地文化最大限度地發揚出來。2012年4月，在上級黨委和政府的大力支持下，右所鎮文化站與右所鎮文藝聯合會一同組織選拔活動，從當地87支群眾業餘文藝演出隊成員中挑選出50人，試圖組成藝術團，但由於經費不足這一客觀原因，後對成員進行篩選，最終精選出30名文藝骨幹，於2013年3月組建了大理洱

源「斯甘俏」（白語，意為最好的、最優秀的）民間文藝表演藝術團。2015年5月，「斯甘俏」藝術團正式註冊為大理洱源斯甘俏有限公司，在右所鎮文化站與右所鎮文藝聯合會的指導和支持下，開始建立自己的品牌，專心做好白族傳統文化的挖掘、保護與傳承的工作。

（二）成員年齡、性別及工作背景

根據對藝術團成員的訪談，筆者從中大致瞭解到藝術團成員的年齡、性別、工作背景等基本訊息。「斯甘俏」藝術團正式成員中現有2名男演員，24名女演員。成員中年齡最小26歲，最大41歲，平均年齡33歲左右。成員的文化程度以初中畢業為主。由於當地男性對歌舞表演興趣不大，所以藝術團成員中男性所占比重很小。據藝術團團長李六妹介紹，雖然目前藝術團正式成員中僅有2名男演員，但如若遇到需要男性表演的節目，可迅速召集藝術團的備用隊伍，其中有6名男演員，可以滿足節目所需。在與藝術團成員的交談中得知，藝術團成員中真正從事文藝表演工作的，僅有一人，其餘藝術團成員的工作則涉及各個方面，有的是家庭主婦，有的在當地開美容美髮店，有的在醫院打工，有的操辦家裡的大蒜生意，她們懷抱著對民族文化和文藝的熱愛加入藝術團，利用業餘時間參加藝術團的排練、演出等活動。

（三）藝術團的經濟供養

「斯甘俏」藝術團的經濟來源有兩個，一方面來源於上級政府下撥的支持經費，一方面則來源於藝術團進行演出和比賽所獲得的補貼和獎金。藝術團團長李六妹所說，藝術團受到上級政府的關心和支持，每次可申請得到3000—5000人民幣的經費，並且透過完成政府交給的文藝演出任務也可以獲得一定的補貼。此外，藝術團透過商演、比賽也可獲得一定經濟收入。藝術團建立初期，其演出費最低為一場1060人民幣，2014年一場最低1260人民幣，2016年則是一場最低1460人民幣，大型舞蹈表演的演出費可高達萬元人民幣以上。如此看來，「斯甘俏」藝術團的經濟收入似乎十分可觀，但實際上，藝術團的經濟收入絕大部分用於團內服裝道具的購買和音頻的錄製等方面；之後，所剩不多的資金還要分出一部分用來支付聘用教員的工資；最後，所剩無幾的資金再作為補貼，按照成員的出勤情況分給每一位成員。

即便如此，藝術團成員也都沒有怨言，紛紛表示加入藝術團的初衷並不是為了獲得多大的經濟收入，而是為了堅持對文藝的熱愛。

如今，「斯甘俏」藝術團已經正式注冊為有限公司，作為國家支持的文化產業項目之一，藝術團每年將得到100萬元人民幣的資金支持。這意味著藝術團將會有更多的資金用於購買更多精緻的服裝和道具，製作更多高質量的音樂和視頻，聘入更多高素質的教員，以促進藝術團發展壯大。同時，藝術團的成員也可獲得更多收入，在藝術團中真正實現雙贏。

（四）排練和演出狀況

「斯甘俏」藝術團成立初期，曾承包村裡的一個大廣場和兩間排練室作為藝術團的排練場所，但在2015年上半年，排練場地的外牆與電線線路因大風而嚴重損壞。後經過商議，租借了一名團員家院子前的空地作為排練場地。但由於空地是露天的，時常會因天氣原因推遲或取消藝術團排練計劃。在與藝術團團長的交談中，筆者瞭解到藝術團現已向縣裡申請一處室內排練場所，結果尚未可知。

由於「斯甘俏」藝術團是由當地村民組織起來的民間藝術團，成員皆有自己的工作或其他日常事務，考慮到這一客觀現實，藝術團適應性地調整了排練時間和頻率，農忙時期減低排練頻率，農閒時則加強排練，在天氣條件允許時，每天晚上6點至11點準時集合排練。在跟隨藝術團排練的過程中，筆者瞭解到，每次排練由團長以及兩名副團長進行組織，團長負責教授舞蹈和監督排練，兩名副團長中一名負責輔助教學，另一名負責團內聯絡。每次排練時會先溫習藝術團的主打節目，排練途中團長會時常中止以規範成員的舞蹈動作。在這之後，成員會在團長的帶領下學習新的舞蹈。藝術團成員反映，農閒期是藝術團的活動高峰期，在這時團長會將她編排的新舞蹈、新節目一個個地教給成員，每次排練都會學到新的東西。

「斯甘俏」藝術團在排練

　　雖然「斯甘俏」藝術團是一個白族藝術團，白族傳統藝術節目是其門面，但筆者發現在藝術團現有節目中，除白族節目外，藝術團還學習和表演其他民族的舞蹈以及通俗性的歌舞節目。為了增強節目效果，藝術團為相應的文藝節目準備了對應的服裝。起初，筆者疑惑：在一個民族傳統氛圍如此濃厚的大理白族農村，村民是否能夠接受藝術團表演的現代舞蹈，後在與藝術團成員以及當地村民的交談中，筆者消除了疑慮，當地村民表示能夠接受藝術團中的現代舞蹈，認為其符合現今社會發展趨勢。藝術團團長也表示，「『斯甘俏』藝術團的確是以傳承白族傳統文化為主要任務，但也不能忽視大眾需求，要兼顧傳統與現代兩個因素，將藝術團的節目弄得好看」。

三　大理洱源「斯甘俏」藝術團的運作邏輯

（一）藝術團核心人物的作用分析

　　一個團體組織的蓬勃發展離不開核心人物在其中發揮的重要作用。在「斯甘俏」藝術團中有三位核心人物，即藝術團發起人兼藝術團有限公司法人代表杜瑛、藝術團現任團長兼公司總監李六妹以及右所鎮文化站站長兼公司文藝顧問趙勇。

　　作為團長，李六妹擁有最高的決策權和管理權，也負責制定藝術團的規章制度和工作計劃，編排藝術團新節目並組織日常排練，帶領成員學習，挖掘和培養團內精英。而實際上，「斯甘俏」藝術團內還有比李六妹團長權力更大、權威更高的人，就是杜瑛。杜瑛作為藝術團的發起人、藝術團編導、

藝術團有限公司法人代表,理應與李六妹團長擁有平等的權威和管理效力,但筆者在調查的過程中卻發現杜瑛對包括李六妹團長在內的所有藝術團成員擁有話語權和指揮力。根據所蒐集到的材料,筆者分析,造成這一事實的原因有以下兩點:一是因為李六妹年幼時跟隨杜瑛學習、演出,早已奠定師徒關係,故在藝術團的管理過程中體現為上下級關係;二是因為杜瑛與李六妹的組織管理水平有著明顯的差異,杜瑛有著深厚的帶團經驗,深知如何管理好一個團體組織,而李六妹擁有的更多是歌舞的經驗,而非組織管理的經驗。

在與杜瑛和李六妹的交談中,筆者進一步瞭解到二人在藝術團的組織管理上的不同。杜瑛認為,李六妹的舞蹈功底很好,十分熱愛文藝,能夠想出不錯的節目,但在組織管理方面缺乏經驗。杜瑛還提到,目前藝術團共有價值 27 萬元人民幣的服裝、道具及音響,作為團長的李六妹甚至不清楚團裡的這些設備放在哪裡是很不應該的。可見,杜瑛對於李六妹的管理方式較不滿意。李六妹則認為,「斯甘俏」藝術團目前不存在組織管理方面的問題,正表現出一種很好的發展態勢,並且會越來越好。她認為藝術團的工作重心是將節目排好,為人們帶來更多更好看的節目,而這也是她的工作核心。不難看出,她的關注點和工作重點的確沒有放在藝術團的組織管理上,而是放在了藝術團的節目和成員的歌舞培訓上。她雖然提到了讓副團長發揮作用,但只是讓副團長負責召集成員排練,沒能真正實現權力的合理下放,從這一層面來講,李六妹的管理方式的確存在問題。但也不可否認其對藝術團發揮的作用,畢竟對於藝術團來說,優秀的節目是極為重要的,李六妹在藝術團節目的編排和教授上發揮了不可替代的重要作用,她所缺少的只是更合理的組織管理方式和更豐富的經驗。

雖然杜瑛和李六妹的組織管理方式和能力有所差異,二人有時也會因為觀點不同而發生爭執,但二人依舊支持彼此的工作,攜手推動藝術團發展。

(二)藝術團核心人物的合作邏輯

對於「斯甘俏」藝術團的三位核心人物,他們在合作中皆有自己的考量和利益需求。

1964年出生的杜瑛到如今依然對文藝抱有很高的熱情，但他的身體已經不允許他如年輕時那般帶領著成員排練舞蹈節目。李六妹不僅熱愛文藝，也有著豐厚的歌舞功底，可以設計出許多適用於藝術團演出的節目並帶領成員學習。對於杜瑛而言，與李六妹合作主持藝術團的運作，有利於彌補自己在舞蹈教學上的不足，同時也可為藝術團帶來創造力與活力。對於李六妹而言，杜瑛在當地文藝界有著較高的聲譽，與其合作可以提升藝術團的知名度，同時，杜瑛的組織管理能力也有助於藝術團運作更加系統化、規範化。二人考慮到了自身的不足和對方的優勢，從而走到一起，而在這一過程中，右所鎮文化站站長趙勇發揮了十分重要的推動作用。

　　右所鎮文化站站長趙勇與杜瑛和李六妹是認識多年的朋友，對二人的優勢、劣勢和脾氣秉性十分瞭解，也深知二人的優勢正好可以彌補對方的不足。作為一名地方政府的文化部門工作人員，趙勇的工作重點即是挖掘當地文化，並做好當地文化的培養、宣傳和發展工作。而做好「斯甘俏」藝術團——當地首個新興的民間藝術團的扶持和指導工作，使之蓬勃發展，創造一定成績，是其義不容辭的責任。因此，他積極調節杜瑛與李六妹之間的關係，努力推動二人合作，一同為「斯甘俏」藝術團的發展效力。對於杜瑛和李六妹而言，與文化站的合作則有利於解決藝術團在知識文化上的不足，使藝術團得到更好的文化與藝術指導，同時也有利於藝術團獲得強有力的政府支持，使藝術團獲得更多展演機會，提升藝術團的知名度。

　　在種種因素的推動下，藝術團的三位核心人物走到一起，形成密切的合作關係，共同攜手推動著「斯甘俏」藝術團的運作與發展。

四　面臨的困境及對策

（一）藝術團面臨的困境

　　第一，活動經費有限。「斯甘俏」藝術團發展初期的經濟條件十分拮据，後雖註冊為有限公司，每年將得到100萬元人民幣的資金支持，在一定程度上緩解了藝術團經費上的壓力，但考慮到藝術團在未來的發展中還需投入巨大的花費，活動經費仍較為有限。第二，無固定活動場地。藝術團在初期曾

有一處固定活動場地，後因自然事故導致場地被棄，自此藝術團便租借成員家空地作為臨時排練場地。藝術團曾向縣裡申請一處固定場地用以藝術團活動，結果尚未可知。且藝術團到目前為止也沒有屬於自己的會議室，這些都是亟待解決的問題。第三，成員素質水平有待提升。

「斯甘俏」藝術團的成員大多是沒有經過專業訓練的業餘文藝愛好者，雖然她們對文藝的熱情普遍很高，但不得不承認成員們的專業水平普遍不高。且藝術團成員大多有自己的工作或是其他事物，時常在自身事務與藝術團活動間面臨抉擇的難題。通常情況下，成員們會選擇放棄藝術團排練，從而使得藝術團的排練效果和節目質量無法保障。第四，宣傳力度較弱。筆者在當地訪談的過程中瞭解到，「斯甘俏」藝術團的影響範圍較為侷限於右所鎮。且藝術團目前並沒有宣傳措施，可見藝術團在宣傳方面還需多下些功夫。

（二）藝術團的發展對策

針對「斯甘俏」藝術團在現階段面臨的問題，筆者提出以下幾點建議，望能夠助其解決問題，促其發展。第一，適當承接商演，為發展籌集資金。藝術團的蓬勃發展需要建立在較為雄厚的經濟基礎之上，而單純依靠政府的經費支持並非長久之計，藝術團需要透過承接商演活動獲得資金。但在承接商演的過程中也要把握好度，不可因過分追求商業利益而使民族文化變了味道。第二，提高獨立發展的能力。藝術團不能一味依靠政府力量，而要不斷努力走上獨立發展的道路，真正建立自己的發展模式與品牌，成為一個具有長久生命力的團體組織。第三，加強對成員的培訓與管理。藝術團管理層應創造條件邀請專業人員定期組織培訓，為成員提供專業指導，加強對成員的管理和監督，建立嚴格的考勤制度和文藝考核制度。第四，廣泛開展宣傳活動，提高影響力。藝術團應建立宣傳小組，思考利於增強藝術團影響範圍和影響力的措施，例如組織隊伍到周邊村鎮中進行展演與宣傳，發佈消息公開招募藝術團成員等。第五，以團員子女為潛在對象發展新生力量。藝術團成員家庭的文藝氛圍較其他家庭更為濃厚，團員子女受到的文藝薰陶也更多。藝術團成員應關注子女的動向，努力將子女培養為藝術團的新生力量。第六，堅持做好民族文化工作。作為一個民族民間文藝組織，「斯甘俏」藝術團要

始終肩負傳承民族文化的責任，不斷挖掘民族傳統文化，將其融入節目中，以表演的形式達到保護、傳播與傳承民族傳統文化的目的。並且要在尊重民族傳統文化的基礎上對其創新，使節目與現代社會接軌，使民族文化在繼承的基礎上發揚。

五　結語

在本次的調查過程中，筆者深切感受到藝術團成員對民族文化和文藝的熱愛，也感受到一個民族民間藝術團發展之不易。正如藝術團發起人杜瑛所言，文化是國寶，是一個民族的根，藝術團的全體成員是在用自己薄弱的身軀承擔起傳播和傳承民族傳統文化的重大使命，這是十分值得稱讚的。而筆者也希望能夠透過本課題的研究，使更多的人瞭解大理洱源「斯甘俏」藝術團，看到其所做的努力，喚起國內各民族以實際行動保護好本民族文化的根。同時，筆者也希望能夠透過對「斯甘俏」藝術團的運作邏輯和發展路徑的分析，在一定程度上為「斯甘俏」等民族民間藝術團提供有益借鑑，為中國民族民間藝術團的成長與發展貢獻力量。當然，在本次調查中還存在一些不足之處，例如沒能形成最新版藝術團花名冊，並根據其中的訊息對藝術團成員的年齡結構進行細緻分析。這一遺憾使筆者深刻明白了在田野調查過程中細緻整理當日調查成果的重要性，希望在今後能夠將田野做得更加全面、細緻、紮實。

致謝

本文從選題到定稿，筆者依據民族學的學術規範和要求，在蒐集文獻、田野調查、報告撰寫等方面付出了一定努力，但因筆者學術積累有限，文中難免錯漏之處，還望讀者不吝賜教。

在此要感謝在本次調查中給予筆者學術指導和生活支持的朱靖江老師和黃志輝老師，兩位老師在選題、調查框架構建、日常生活等方面投入了大量精力。特別感謝大理洱源「斯甘俏」藝術團發起人杜瑛老師、藝術團團長李六妹老師和右所鎮文化站站長趙勇老師等人的耐心教導，使筆者對「斯甘俏」藝術團有了全面的認識，使調查工作得以順利進行。感謝在本次實習中筆者

所住的右所鎮幸福村杜浩國一家，他們給予筆者及同組成員舒適的生活條件和豐富的當地知識，使我們在異鄉感受到了家一般的溫暖。感謝一直支持筆者學習的親人，感謝在本次調查過程中幫助過筆者的所有同學和朋友。

參考文獻

（一）期刊

陳文瓊：《傳統民族精英與制度精英在村治中的契合性作用——以廣西 LH 瑤族鄉的白褲瑤村落為例》，《貴州民族研究》2014 年第 8 期。

胡恩：《淺談民間團體對原生態民歌的傳承與保護——以柏楊龍船調民間藝術團為例》，《課程教育研究》2015 年第 1 期。

金潔：《鄂溫克族自治旗民間文化團體發展的調查與探討》，《前沿》2013 年第 11 期。

李少惠、王曉艷：《社會資本視角下的農村公共文化建設研究》，《西北師大學報（社會科學版）》2009 年第 6 期。

劉葉、王沫：《當前社會組織管理中的挑戰解析及對策構建——以北京民間文藝社團為例》，《今日中國論壇》2013 年第 15 期。

田麗萍：《河北民間舞蹈文化產業現狀及發展對策研究》，《河北師範大學學報（哲學社會科學版）》2010 年第 5 期。

張彤、韓俊武：《保定民間藝術資源產業化發展路徑探索與研究》，《河北農業大學學報（農林教育版）》2010 年第 3 期。

（二）學位論文

王欣：《太行深處藏奇葩——河北省井陘拉花的調查與研究》，碩士學位論文，河北大學，2010。

張丹：《甘肅省農村本土文化自組織發展路徑研究——以 X 藝術團為研究對象》，碩士學位論文，蘭州大學，2013。

（三）網絡資料

李培均、宋一松：《大理「斯甘俏」推動農村文藝繁榮》，http：//jjrbpaper.yunnan.cn/html/2014-05/13/content_836002.htm?div=-1，2014 年 5 月 13 日。

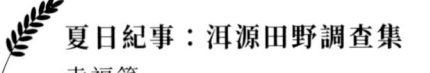

試論現代化背景下白族家庭養老模式的多元發展——以大理市洱源縣右所鎮幸福村為例

談琳

摘要：自古以來，養老一直是社會廣泛關注的問題，不同時期的養老狀況也影響著整個社會的發展。當前，在現代化的背景下，中國已經進入人口老齡化的快速發展階段，養老問題也隨之成為目前中國社會發展過程所面臨的一大重要問題。同時，中國作為一個多民族統一的國家，少數民族養老問題更應該受到各方面的廣泛重視，白族作為中國民族整體的一部分，它的養老模式便有許多值得借鑑和思考的方面。本文筆者基於雲南大理市洱源縣右所鎮幸福村白族家庭養老的多元發展及社會文化基本狀況的田野實習調查，探究和反思現代化背景下白族家庭養老模式結合白族文化、村落社會老人協會、自我養老的多元發展狀況，試圖在前人研究的基礎上探討更加完善的養老模式，分析現代化背景下影響白族家庭養老模式多元發展的因素及其未來發展方向。

關鍵詞：現代化；白族；家庭養老；多元；發展

一 文獻綜述

（一）關於家庭養老模式變遷態度的綜述

雖然關於家庭養老的研究不勝枚舉，關於同一概念的描述，學者們基本各持己見，難以達成普遍共識，但當前「農村以家庭養老為主要方式的傳統養老模式正面臨前所未有的挑戰，是學者們的一致看法」（宋健，2001）。大部分學者都認為，傳統家庭養老模式及功能已經發生弱化，但在針對弱化現實的態度上卻大體可以分為兩種，一是認為當前家庭養老模式的發展方嚮應是在與其他養老模式相結合的基礎上繼續改善，二是認為家庭養老最終將會被其他如社會養老、自我養老、文化養老、社區居家等養老保障模式所取代。

就第一種觀點而言，大多數學者持支持態度，他們認為家庭養老仍是大多數地區尤其是農村地區首要選擇的養老模式，強化家庭養老是解決養老問題的主要思路。學者姚遠認為，中國的家庭養老正在面臨從文化模式演變為行為模式的弱化（姚遠，1998）。但他也認為家庭養老作為文化模式，將會隨著中華民族的存在而持續存在；而作為行為方式則會隨著經濟條件而變化（姚遠，2001）。「兒女對於父母的責任並不總是以交換為準則」，「家庭養老模式的核心是血緣道義」。（姚遠，2000）家庭養老方式作為家庭養老模式的外在表現，也是被限制在其規定範圍之內的。潘光旦先生認為，維繫家庭養老的是情感與親情，而不是權利與義務，但他也認為現代教育的哲學與制度影響了家庭的存在與發展（潘光旦，1993）。

對於社會化過程中家庭養老的弱化，穆光宗認為：「在歷史上，『家庭養老』和『社會養老』從來就是並存的關係，只不過在不同的歷史階段，兩者的比重各有不同罷了。」（穆光宗，2000）龍方也認為應當針對中國農村家庭現存條件，在推進社區養老、強化養老保險等措施的基礎上，建立更加完善的、多種模式並存的農村家庭養老模式（龍方，2007）。鄔滄萍則提出在應對人口老齡化之時必須在繼承中更新養老觀念，但社會養老也不可能全面取代家庭養老（鄔滄萍、謝楠，2011）。楊復興認為中國的家庭養老是一種制度與文化共同作用的結果，相當長的時期內都具有強大的生命力（楊復興，2007）。成海軍則提出中國農村未來養老方式應是在家庭養老基礎上，推進養老的社會化體系建設（成海軍，2000）。

持第二種觀點的學者則認為，當前雖然受經濟文化環境的影響，家庭養老仍為目前養老的主體模式，但未來養老模式的徹底改變將會是社會發展的必然結果。學者陳賽權認為：「大力促進社會化養老，從家庭養老向社會養老過渡，是中國養老模式發展的必然趨勢。」（陳賽權，2000）熊巍俊認為從長期看，家庭養老只是一種過渡形式，是與低生產力水平下、「養兒防老」的觀念相聯繫的，而贍養、照料老人的責任由家庭逐步轉向社會是世界性的發展趨勢（熊巍俊，1994）。田北海、王彩雲提出「基於當前養老方式的自我強化效應，在機構養老的老年人有更高的社會養老服務需求水平」（田北海、王彩雲，2014）。

（二）關於家庭養老變遷角度的綜述

1. 代際關係角度的變遷：由反饋平衡轉向失衡

費孝通先生認為區別於國外親子關係中的「接力模式」，中國式的反饋模式，其基礎在於「養兒防老」。同時費先生也提出：「這種模式有其歷史上的經濟基礎，經濟基礎的改變，這種模式當然是也要改變的。」（費孝通，1983）而隨著養老現狀的發展，當前學者們基本認同傳統養老文化正在淡化，家庭中父代與子代間的代際關係已經逐漸向不平衡的方向發展。其中，王思斌認為經濟利益已經成為親屬家庭聯繫的重要紐帶，親族性的社會關係呈現弱化的趨勢（王思斌，1987）。郭玉華也認為：「傳統的親緣關係與現代社會、經濟關係的交織、融混更是一種現實的存在。」（郭玉華，1994）此外，張再雲、魏剛認為現代家庭養老更多是傾向於代際間理性的交換，代際互惠關係是與總體社會結構、文化相聯繫的（張再雲、魏剛，2003）。熊躍根認為由於在資源占有形式和數量上的不對等，雙方互惠模式也表現出相應的差異性（熊躍根，1998）。賀雪峰提出新的代際平衡是代際親情減少，家庭越來越少地承擔本體性價值（即傳宗接代）的任務（賀雪峰，2008）。

2. 其他角度：共同完善或取代家庭養老

陳賽權認為家庭養老與社會養老共同的問題是對家庭、社會和國家的依賴性太強，提倡養老資源的自我積累制（陳賽權，1999）。姚遠也認為提高老年人自身能力是解決養老問題的重要途徑（姚遠，1999）。朱勁松結合對老年人需求的分析，提出當前自我養老是農村養老模式的必然選擇（朱勁松，2009）。熊必俊提出為了協調代際關係和保障老有所養，需要完善社會養老保險和保障體系，並應發展社區養老服務來滿足老年人對生活照料的需求（熊必俊，2005）。楊倩認為應當構造以基本養老保險為主、以家庭養老為輔的農村養老模式（楊倩，2008）。另外，周瑩、梁鴻提出養老迫切需要政府的扶持，以達到城市反哺農村、工業反哺農業的目的（周瑩、梁鴻，2006）。胡明玉則從養老協議角度提出農村新型養老模式，認為贍養協議作為一種新型預防和解決農村養老糾紛的方式，有利於切實實現老有所養（胡明玉，2013）。

（三）關於白族地區養老研究的綜述

李飛針對分養這一白族農村家庭養老方式背後的文化內涵進行解釋，提出分養作為一種長期積澱而成的養老方式和觀念，在短時間內還會在白族地區家庭養老中發揮重要作用（李飛，2014）。王積超提出隨著大理地區人口流動的增加，家庭和個人的獨立性增強，家族的生育、生產、消費和供養等職能將會日益弱化（王積超，2003）。楊復興則提出：「養老傳統是一種民族習俗與外來文化、歷史傳統與現代文明、民族共性與族群特性相結合的產物。」（楊復興，2004）

二 調查地白族家庭養老的發展

（一）家庭養老模式的發展表現

1. 白族家庭養老模式的表現方式

（1）分家時養老義務的分配

隨著兒女年齡的增長並成家之後，白族家庭都會面臨著分家的抉擇，這時對於家庭中老年人的贍養，即家庭養老功能便體現出來。分家時，一般而言家庭都會選擇「分養」的家庭養老模式，即在分家的時候兩位老人分別同一方子女居住並由其負責其今後的生活照顧及去世後的喪葬安排。按照傳統的白族風俗，父親是由大兒子負責，母親則是由最小的兒子負責，其他子女並沒有強制性的養老責任。但隨著社會的發展，在分家時兩位老人大都選擇獨自居住而不與兒女一同居住，這也是由子女的經濟狀況以及老人的心理意願所決定的，有時也會受到住房的影響。這些老人都是在經濟上有保障且可以透過其他途徑獲得經濟來源（如搓辮子、業餘教音樂）的基礎上，選擇與老伴一同居住或獨自居住在自家的老房子中。除此之外，還有因為各種原因，如經濟狀況、子女態度、身體狀況或者是家庭矛盾等，兩位老人同一位子女居住或改變養老主體的情況。村中的年輕人也都支持老年人單獨居住，但其他單獨居住的老人並沒有獲得持續穩定收入的能力，他們經濟上的來源除了一些自己的勞作所得外，大多數在經濟上仍舊要依賴兒女獲得養老資源，呈現出「分而不離」的養老形式。

(2) 義務履行的推延與老人的自養

調查地白族養老既存在兩位老人或喪偶老人和子女分開居住，但子女在經濟上給予照顧或是精神上給予慰藉的情況，又存在子女和老人共同居住、相互照顧的情況。兩者都是兒女履行義務的新形式，兒女在日常生活中仍舊履行精神慰藉的職責，以及在老年人到達一定年齡後承擔起晚年生活的照料和去世後的喪葬事宜，是一種新形勢下義務履行的推延。除了傳統習俗中規定的需要負責老人撫養義務的兩位子女或一位子女外，老人的其他子女並沒有明確的養老義務，基本是根據個人意願對老人進行經濟上的供給和精神上的慰藉。雖然很多老人在自己尚有能力的時候選擇獨自居住，這有時候也是為了不給子女增加更多的生活負擔。老年人的自養也可以體現在雖與兒女居住但「分灶」的行為，但等到老人生活不能自理的時候大多都會選擇傳統「分養」的家庭養老方式，這時家庭結構便呈現「分而又合」的形式，這也是白族養老文化的另一表現形式。中國的家庭在文化上是永遠分不開的，「分家後，本家與諸分家又構成了一個看似無形的家，其中的各構成單位都有著排列有序的權利義務關係，而維繫這種關係依賴的是文化。」（麻國慶，1999）

(3) 代際間的平衡與非平衡模式

家庭養老在一定程度上可以理解為家庭代際角色之間的代際交換。費孝通先生認為：「在家庭結構的變動中，反饋模式基本上是保持的，因為儘管已婚的兒子和父母分家，他對父母經濟上的贍養義務並不改變。」（費孝通，1983）現代化背景下，白族家庭養老中也可呈現出這一代際關係的變化，代際關係有時會表現為非平衡的模式。但這種非平衡並不僅僅是指經濟利益，還包括情感血緣上的代際不平衡。家庭養老中，不僅僅是由子女單方面為老人提供經濟上和生活上的照顧，老人也為子女提供了除財產以外的如照顧家人、做飯、餵牛等非利益互惠。

雖然在家庭養老中承擔老人最終養老義務的子女有時也能獲得更多的利益，但利益方面的互惠並不能在養老上造成決定性的作用，白族絕大多數家庭對於利益的態度基本是弱於對養老責任的承擔的。老年人代際角色的變遷

試論現代化背景下白族家庭養老模式的多元發展——以大理市洱源縣右所鎮幸福村為例

雖然存在現代普遍的父輩與子輩之間地位的平等化、家中媳婦地位的上升的現狀，但白族養老同樣受到尊老的文化價值觀的影響，所以代際矛盾會在一定程度上被削弱，即使存在「分灶」的現象，也不全是因為傳統農村地區流行的婆媳關係緊張的因素。

2. 家庭養老的重要功能與文化依託

「從家庭對父母的贍養來看，白族村民具有非常突出的儒家文化傳統。現代白族家庭中，兩三代共同生活的占了絕大多數。」（楊鎮圭，2002）因此白族養老中社會形式的養老極為少見，普遍認為最終老人都是要回歸到家庭中的。白族養老文化所決定的家庭所具有的精神慰藉與最終養老「送上山」是不可替代的。隨著社會的發展，白族老人養老心態也發生了轉變。一般老人都會認為精神慰藉更重於物質供養，即便許多老人選擇自我養老也會期望子女的精神慰藉，又或是老人在家中所提供的生活幫助也能夠帶給他們養老慰藉。

（二）老年協會的發展

1. 調查地老年協會發展概況

老年協會是 20 世紀 80 年代初期於中國城鄉出現的老年群眾組織。在一些白族地區，老年協會前期的存在形式是由村中幾位德高望重的老人組成的「阿布休」（白語，即由老人組織的團夥）。（丹柯，1990）在老年協會的組織結構及制度建設即成員、組織制度等方面，筆者所調查的三個自然村的老年協會都屬於發展較好的，所以這些特點較為一致。一般而言村內的老人到達一定年齡都會加入老年協會，成員包括村內所有到達規定年齡的老人。成為老年協會的一員便是對自身成為老人的認同，部分地區還有相關的儀式。

關於老年協會的組織制度，都是由村中老人共同選舉出一位能力較強的人成為老年協會會長，並由會長帶領老年協會全體成員共同商討出相應的會規。會規一般是以口頭化的形式存在，主要是針對老年協會收入制度、日常的輪班制度進行規定以保證老年協會的正常運轉。在老年協會的日常活動與經濟來源方面，三個老年協會既有相同之處也存在不同之處。相同之處在於，

在經濟允許的情況下每年都會定期組織老年人外出旅遊，其經濟的基本來源都是老年協會打麻將的「抽水」和組織風俗活動儀式的村民捐贈。不同之處在於，由於老年協會經濟條件不同，組織活動的開展種類、開展頻率與開展效果也不同。而協會自身組織和管理能力不高、資金不足，是目前亟須解決的問題。

2. 老年協會的功能

第一，參與公共事務管理與調解家庭矛盾。由於白族地區的「尊老」文化以及老年人的經驗更為豐富，村中的各項儀式活動都會邀請老年協會前往。婚禮開席前，要先請村中老年協會的代表坐頭席，舉行「開席」儀式，讓老人及家族裡的長者先吃第一桌酒席，才能表示婚宴的正式開始。在喪葬儀式中，也是需要老年協會派出代表進行弔唁，並告訴年輕人關於喪事的相關傳統習俗。另外老年協會還會利用其社會輿論的監督功能對子女養老進行一定程度的約束，在處理村內事物上更有權威性，在提升老年人的日常參與度的同時實現集體的「老有所為」。

第二，豐富老年人精神生活。到達一定年齡後離開了土地的老年人，其日常生活是相對單調的，日常生活中基本圍繞家庭活動，而與家庭子輩之間的代際文化差異又使得他們缺乏精神交流的對象。而每個老年協會都有自己的娛樂場所，老年人利用閒暇時間可以到老年協會打麻將、下棋、看報或聊天，而且協會還提供免費的茶水，條件較好的老年協會，如杜家營老年協會還有自己獨立的農家書屋和電視機。這就極大豐富了老年人的日常生活，甚至去老年協會坐一坐成為了許多老人每天必須做的事。在老年協會也可以找到志趣相投的其他老人，白族老年協會中的蓮池會便為老年女性的文化信仰提供了實質性的寄託，蓮池會老人們不僅會共同定期前往本主廟會或是城隍廟會，還會組織共同跳起傳統白族「霸王鞭」舞蹈，這也對民族文化的傳承造成了促進作用。

第三，獲得生活支持。每個老年協會雖然經費或充裕或不足，但都會為協會的老人提供適當的物質資助和精神慰藉，比如生病時的共同探望、日常節慶的共同慶祝和慰問。老年協會更像是一個村落老人群體性的大家庭，各

個老人之間相互聯繫，也完善並強化了家庭養老模式中被弱化的精神慰藉部分。

三 相關理論的討論

（一）白族家庭養老模式的強大生命力

1. 文化促就

與漢族地區養老模式發展不同的是，白族地區的老人在到達一定年齡且生活不能完全自理時，幾乎沒有人選擇機構養老，而是由家庭完成養老送終的功能，這或許與社會的發展條件有一定的聯繫，但更多卻是因為傳統文化與社會要求。魯思·本尼迪克特在《文化模式》中提到：「個人生活史的主軸是社會所遺留下來的傳統模式和準則的順應，每一個人從他誕生時起，他所面臨的那些風俗便塑造了他的經驗和行為。」白族老人覺得兒女們養老是天經地義的，無論經濟條件好壞都要對老人進行供養。

「文化依託是保持中國家庭養老功能的重要因素。離開了文化的導向，監控和強化作用，家庭養老就很難維繫」。「具體來說，促進物質贍養、精神慰藉和日常照料一體化，促進家庭養老和社會養老一體化，促進思想教育、制度規範和法律約束一體化」（姚遠，1998）。因此在強化家庭養老之時，文化的塑造需要放在首要地位。

2. 精神慰藉的無可替代及農村的經濟情況所決定

人具有自然屬性和社會屬性，作為社會活動主體的人會形成各種各樣的社會關係網絡，其中最重要的便是家庭親屬網絡。作為老年人的物質供養、生活照料這些自然屬性需求的滿足可以透過社會養老、自我養老等形式得到滿足，但老年人社會屬性中的精神慰藉需求卻在很大程度上需要從家庭中獲得。此外，不同於城市地區社會保障體系的快速發展與養老基礎設施的完善，當前農村地區實行家庭養老為主要養老模式，是與其經濟發展水平最相適應的。

（二）反饋模式的新發展

養兒防老中的社會交換體現了一種反饋責任。在種種因素影響下代際權力發生變遷，家庭地位平等了，但這樣一來實現家庭經濟的發展便更需要靠子女自己奮鬥。新時期由於孝道的衰弱、父輩權威全面失落、子女過分追逐利益而導致一種並非普遍的現象，新形勢下分養中承擔養老責任的子女追求的並不是更多的利益補償，更多的是一種文化的選擇與承擔。不同於閻雲翔所討論的「由於社會變化中父母權威的倒塌以及孝道的衰弱所出現的養老危機」（閻雲翔，2006），幸福村地區的白族老人大都對生活基本滿足，但是仍然存在部分老人沒有兒女承擔贍養義務的現象，這與經濟因素有關，但也體現了由於家庭、社會、國家等維持孝道的體系出現變化，使得孝道未能成為日常生活中強有力的約束機制。

（三）新時期各方面對家庭養老的補充

「人是有感情的社會動物，需要和社會、家人進行感情和訊息的交流……對於老年人來說，家庭和鄰居就顯得更為重要」（熊必俊，2007）。以家庭與鄰居為代表的家庭養老與老年協會的養老輔助顯得尤為重要。在新時期家庭養老模式仍處於主導地位的條件下，更應透過將家庭養老模式與各種養老模式相結合，增強其養老功能。對於如何激發老年人的主觀能動性，姚遠認為，促進老年人之間的聯繫是其中重要的一個因素，將老年人有機地結合起來、相互互動並融合，才能使得群體實現 1+1 ＞ 2（姚遠，1999）。這也體現了以老年協會為代表的社會組織在豐富老年人精神生活，組織協調村落社區、家庭與個人，強化敬老意識等方面對家庭養老的補充。

另外，自我養老也是支持家庭養老的重要手段，「自我養老的概念有兩種表述……這兩種表述的共同點是，老年人自我提供經濟支持。」（穆光宗、姚遠，1999）這也表明了自我養老在經濟支持上維持家庭養老的發展，而家庭養老又在精神慰藉方面補充自我養老，兩者相輔相成，共同發展。

四　結語

　　馬克斯·韋伯曾說，人是懸掛於他自己編織的具有意義的「網」上的動物。不同群體的文化也有這樣一種意義系統，這也可以對擁有不同文化的群體養老模式作以解釋。從老年協會與文化對家庭養老的影響來看，當前白族地區養老模式與其文化密切相關，並呈現多元化發展的主流趨勢，家庭養老模式應不斷與自我養老、社會養老等養老模式相結合，從而達到不斷完善的效果，因此在解決中國養老問題時仍應強調家庭的重要功能，並在此基礎上從國家、政府、社會和個人等層面來完善補充家庭養老在現代化背景下的不足之處。白族傳統「孝」文化以及在此基礎上形成的養老文化也是白族地區老年人能夠獲得養老保障的重要原因，兩者相輔相成，因此也應在考慮並結合當地特定養老文化的基礎上，加強國家、社會、民間組織、個人等方面對於養老的支持。

參考文獻

（一）專著

陳功：《中國養老方式研究》，北京大學出版社，2003。

鄔滄萍、姜向群：《老年學概論》，中國人民大學出版社，2006。

閻雲翔：《私人生活的變革》，上海書店出版社，2006。

楊燕綏：《中國老齡社會與養老保障發展報告》，清華大學出版社，2014。

楊鎮圭：《白族文化史》，雲南民族出版社，2002 年。

（二）期刊

陳賽權：《養老資源自我積累制初探》，《人口學刊》1999 年第 5 期。

陳賽權：《中國養老模式研究綜述》，《人口學刊》2000 年第 3 期。

成海軍：《中國農村養老方式的現狀與前瞻》，《廣東社會科學》2000 年第 3 期。

丹柯：《白族的敬老習俗》，《民俗研究》1990 年第 1 期。

費孝通：《家庭結構變動中的老年贍養問題——再論中國家庭結構的變動》，《北京大學學報（哲學社會科學版）》1983年第3期。

費孝通：《論中國家庭結構的變動》，《天津社會科學》1982年第3期。

郭於華：《農村現代化進程中的傳統親緣關係》，《社會學研究》1994年第6期。

李飛：《分養：一種白族農村的家庭養老方式》，《南方人口》2014年第5期。

麻國慶：《分家：分中有繼也有合——中國分家制度研究》，《中國社會科學》1999年第1期。

穆光宗：《中國傳統養老方式的變革和展望》，《中國人民大學學報》2000年第5期。

宋健：《農村養老問題研究綜述》，《人口研究》2001年第6期。

王思斌：《經濟體制改革對農村社會關係的影響》，《北京大學學報（哲學社會科學版）》1987年第3期。

姚遠：《對家庭養老概念的再認識》，《人口研究》2000年第5期。

姚遠：《對中國家庭養老弱化的文化詮釋》，《人口研究》1998年第5期。

姚遠：《養老：一種特定的傳統文化》，《人口研究》1996年第6期。

姚遠：《中國家庭養老研究述評》，《人口與經濟》2001年第1期。

張再雲、魏剛：《代際關係、價值觀和家庭養老——關於家庭養老的文化解釋》，《西北人口》2003年第1期。

民族各界精英對文化政策的作用——以雲南省大理白族自治州洱源縣右所鎮西湖村為例

林丹

摘要：由著名音樂人陳哲提出的「土風計劃」（全稱：土風計劃——雲南文化傳承示範村）主要是以保護民族民間文化為主要內容的一項鄉村文化傳承活動、基層文化建設工程，以注重原生態文化的「活化」傳承為目標，使民間民族傳統文化在傳承上具有延續性。本文以雲南省大理白族自治州洱

民族各界精英對文化政策的作用——以雲南省大理白族自治州洱源縣右所鎮西湖村為例

源縣右所鎮西湖村為例，試闡釋「土風計劃」在西湖村這樣具體的一個示範地點對原生態文化的活化傳承的實現中，民族知識精英、政治精英、文化精英所起的作用。

關鍵詞：文化傳承；文化政策；精英

一　「土風計劃」的內涵

「土風計劃」主要內涵是透過陳哲提出的「ABC理論」來體現的，即根文化傳承及社會運作。在「土風計劃」村寨文化傳承項目雲南試點交流展示會上，陳哲對「ABC理論」也做出了具體的解釋。

陳哲先生說，我們項目組及有關專家其實都是普通的「文化勞動者」「社會工作者」，我們均以旁白的形式與村寨展演交替互動、互補。他說，「ABC」是一個體系，是一個系統。[1]

從事物的客觀進程看，沒有A就沒有其他，A是世界人類所珍惜的文化資產，需要科學系統持久對待。A是源，是基因庫，必須無條件地完好保持住。B是忠實於A的組合呈現，目的是讓人們更多地瞭解A、珍惜A，而不是曲解、誤解A。B是A的中肯外延，形像些說，根文化是主角，在臺前，我們在它後面烘托，協助其展現靈魂未顯的風采。而不是城市藝術家站在臺前，令資源地文化填補自己的蒼白和窘困，令土風元素淪為陪襯和包裝，而失卻根性。C來源於對原生態文化和根文化的借鑑，多屬於元素調用及關聯性創作，C對A有一定傳播作用，變異也在所難免……因其不構成根文化主體資格，不宜看作是嚴謹的國家原生態文化表達。可以理解為它是對根文化的借鑑及衍生發展，應交給市場運作，優勝劣汰，由時代去選擇。[2]

A是根本的東西，粗糙卻很核心，包含著歷史慣性和能量，是21世紀智慧人類的集體需要。B、C可以發展A，支持A，甚至改變、進化、異化A，但變不出原來的A。所以在「土風計劃」工程裡，A是樹根，B是樹幹，C是樹梢。三者組成了一棵大樹的系統發展，否則不可持續。「大樹紮根本土，樹幹不斷強壯，枝梢則伸向藍天。樹根支撐著樹冠，枝梢向母體回授。」目

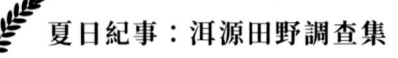

前的各個村寨傳承點，就是 A，做的工作就是忠實而良性的保存，因此我們把它看作是文化傳承基地。[3]

先導隊伍「普米傳習小組」前期以艱苦的 A 行動拉動村寨，樹立族人信心，進程中適度嘗試雙聲部民歌和口弦，可看作是 B 形態，目的是便於社會瞭解 A。今後任重而道遠，A、B、C 都必須貫徹，摸索成長！[4]

總的來說，「土風計劃」包括了兩個方面，一方面是藝術家介入、攝取，把民間文化固化下來；另一方面是「活化」，即讓資源地的人們實現民族文化的自我傳承，形成自我傳承機制。

二　「土風計劃」下民族精英的作用

（一）民族知識精英的作用

民族知識分子在這項政策中不僅造成了理論支持和號召的作用，還擔負著對民族民間文化的傳承作用。陳哲提出的「ABC 理論」便為文化的傳承提供了一種文化保護方向，指導「土風計劃」的實行，指導政策決定部門根據具體的民間民族文化情況，制定出相應的措施。民族知識精英是傳統文化的批判者和反思者。

「ABC 理論」為各界關注文化傳承的人員提供了保護和傳承文化的思路。陳哲將民間文化比喻為一棵大樹，A 即「根文化」。根文化就是一個民族靈魂所在，根文化多樣性的基因是不能動的，所以它不是展現給人看的。根文化長期孤立在主流文化之外，是它不為人知的原因，正因為這樣，它需要人們去傳播。B 即樹幹，它是對 A 的延續，它要求必須用極高的手段來傳播根文化的內容。做這樣的傳播應當是一種國家行為。B 理論的原則是，做好「根」工作的人必須有主人翁的意識。陳哲老師認為原生態能夠在舞臺上表現，但是應當對這種原生態文化的來源進行考察，也就是「根文化」的考察。C 即大樹的花朵，它是對樹乾果實的張揚。C 的階段主要是藝術家的創作。一個藝術家在進行藝術創作前，應當先去瞭解根文化。民間文化這棵大樹只有按「ABC」順序將整個根、樹幹、樹葉都協調起來，才會有生命力。

「ABC」理論提到了民族民間傳統文化在傳承方面，應當注意對文化根源的考察，其中國家力量的不可或缺，藝術家們的再創作在傳承時應具有主人翁意識，藝術文化精英的介入則體現出了「土風計劃」對文化固化的作用。藝術精英們不僅要為「土風計劃」作出理論引導，並且還需親身實踐，這樣才能得到政府的政策支持，為民間藝術傳承人作出學習的榜樣，增添他們對本民族文化傳承的信心。

在「經濟理性」深刻影響傳統文化的今天，民族知識精英對傳統民族文化的神聖性和本真性的維護，對傳統民族文化「趨同化」的批判，對本民族文化發展方向的探索，既顯示了民族知識精英的獨立人格，也展示了他們勇於擔當民族命運的民族主人翁責任意識。[5]

（二）民族政治精英的作用

政治精英從總體上所起的作用是運用政策支持文化的傳承，但政策往往具有一定的強制性。既是引導者，也是政策的實施者和監督者。與此同時，也造成了一個整合民間藝術、藝人的作用，使一些民間的藝術團體更加科學規範，使民間藝術更加具有系統性。政府的主要任務是重點培養文藝骨幹，從民間挑選出傳承人，再對傳承人進行系統的培訓，並制定出相應的補助制度，以保證傳承工作的順利進行。民族政治精英是國家政策的執行者。

右所鎮鎮文化產業辦公室確認的本次「土風計劃」的目標是使西湖村內的「霸王鞭」「吹腔」「耍馬」「大本曲」等傳統文化樣式得到保護和傳承，並在此基礎上深入挖掘傳統文化內涵，打造好西湖村的演藝演出產業。為了實現這一目標而採取以下幾種具體方式：第一，組織力量進行錄音、錄像、文字記載等工作，並安排學員進行學習培訓，聘請專家進行指導，確保傳統文化樣式得到有效的傳承和保護；第二，加大資金投入，結合西湖旅遊業的發展，組建演出團隊，在旅遊景區進行展演；第三，充分利用傳統節日，組織各種文藝演出活動，使該村群眾融入傳統文化氛圍中，使傳統文化融入群眾的生產生活中，形成傳統文化的活態傳承。[6]

右所鎮文化站站長趙勇在訪談中提到，作為政府工作人員，他們將從行政角度採取的具體措施包括：首先，認真總結西湖村白族歌舞文化傳承的經

驗和做法，真正使白族歌舞文化傳承保護髮揮示範帶頭作用；其次，縣鄉兩級文化主管部門將適時組織專業老師進一步指導幫助，提高白族歌舞文化表演的技藝，使白族歌舞文化在當地更具有影響力和吸引力；最後，認真協調溝通好各種關係，確保該項目的順利實施。[7] 從對趙站長的訪談中可以總結出，無論是具體的政府工作人員還是政府部門本身，都應當擔負起民族文化傳承的重要責任。

在接到「土風計劃」的通知時，趙勇便邀請好友杜瑛去縣裡參加「土風計劃」的學習，分析「土風計劃」在西湖村實施的可行性，同時組織相關人員積極走訪民間老藝人。透過深入民間調查，瞭解民族文化的現狀，從而選出將哪些傳統文化形式列入「土風計劃」項目，並且選出傳承人。「土風計劃」注重對「根文化」的發掘和保護，在選擇時，應當挑選具有地域特色的文化。「霸王鞭」在大理州都有，但是最根本的傳統形式還是在西湖村一帶，因此將其列入「土風計劃」是必然的選擇。洱源西湖村的「大本曲」與劍川的「大本曲」不同，西湖村傳承的是南腔中的「吹吹腔」，而劍川的則是北腔調，各具特色，因而大本曲也被列入了這個計劃。西湖村「耍馬」的表演形式也是屬於最古老的形式，而其他地方的「耍馬」在形式上已經發生了改變。[8] 將這三樣藝術形式列入「土風計劃」，讓文化傳承下去的重要性也就顯而易見。

一項政策能夠順利實施，政府的作用至關重要。各級文化產業辦公室是文化政策的主導者，「土風計劃」能夠在西湖村得以展開，不乏政府精英對這項文化政策的努力引導。同時，提供公共基礎設施，為文化的傳承提供場所。在西湖村，政府部門組織建立了一個文化傳承廣場，方便傳習小組學員以後在學習時有固定的場所。政府的資金支持也是必不可少的，「斯甘俏」藝術團在參加由政府組織的演出時，會得到相應的報酬。政府精英既是「土風計劃」的承接者，也是聯合民間精英和藝術家的紐帶。

（三）民族文化精英的作用

民間藝人在文化藝術的傳承上造成了至關重要的傳承傳播作用，是落實「土風計劃」的真正人員，也是「土風計劃」活化傳承中「活」的一種表現。民族文化精英是傳統文化傳承與創新的主體。

年輕人對本民族傳統文化知道得越來越少的情況，讓民族文化工作者產生了民族傳統文化面臨失傳的危機意識，由此意識到保護即將失傳的文化的緊迫性。否則，將只能在博物館裡看到民族文化的剪影了。比如「霸王鞭」舞蹈，只能在一些影像資料中見到了，在博物館也只能看到霸王鞭實物和文字介紹了。因此，民間民族文化傳承人的培育是很有必要的，不管是老一代還是年輕群體，都有為本民族文化傳承護航的責任。

有30多年「藝術演藝生涯」的「霸王鞭」傳承人杜瑛，在一次訪談中提到，自己從小就喜歡文藝，17歲便開始收徒弟。「土風計劃」在洱源縣發起時，他非常激動地去參加學習了，也因此開啟了「土風計劃」之旅。在訪談時，他一再強調「土風計劃」是一場及時雨，為白族這些傳統的表演藝術帶來了福音。作為洱源縣民間文藝聯合會副主席，他認為自己應當「在其位，謀其職」，而「傳統歌舞藝術的復興，增強本民族認同」就是自己義不容辭的責任。他還說，如果洱源縣做不到白族歌舞的普及，至少一定要在右所鎮普及。[9]

在杜瑛的帶領下，筆者還走訪了一位在右所鎮開婚紗攝影店的李姓店主。李老闆不僅拍婚紗攝影，還「兼職」拍攝鎮上的文藝演出的影像，並剪輯刻成光盤。李老闆很熱情地讓筆者看了這些年來他所拍攝的影像資料，有音樂，有舞蹈，種類齊全，基本上都是李老闆免費拍攝的。在問及原因時，李老闆回答說，因為熱愛本民族歌舞藝術，覺得有必要將這些文化為自己的後代保留下來，所以即使無酬勞也沒關係。本民族的特色，不可丟失。[10]

民間文化精英準確把握「土風計劃」的內涵，激發自我傳承機制，明確自己的文化目標，復興民族藝術。

三 結語

　　文化政策是為地方文化發展服務的，白族傳統文化的傳承與發展，受地方文化政策的引導和制約。對文化的傳承和保護同時又能促進地方文化的發展，提升地區文化形象，兩者具有相互促進、相互補充的關係。地方政府可以根據地方的經濟條件、風土人情、白族文化的特點制定一些針對性強、能夠促進白族傳統文化發展的地方文化政策，以達到地方政府與白族文化共贏的局面。文化政策的目的主要有提高民族認識、強化少數民族群眾的文化自覺性、建立健全公共文化服務體系；同時，更要堅持民族文化事業與文化產業雙向發展，二者不能顧此失彼。在促進區域的發展中，政策總是造成關鍵作用。

　　最後，透過這次田野調查，筆者發現當地的文化政策缺少完整性，是對文化的一種簡化。同時，文化宣傳過於依賴政府，宣傳力度遠遠不夠。

參考文獻

（一）期刊

　　方清雲：《民族精英與群體認同——當代畲族文化重構中民族精英角色的人類學考察》，《中南民族大學學報（人文社會科學版）》2013 年第 6 期。

　　金娜：《堅持活化傳承留住民族表情——「『土風計劃』村寨文化傳承項目雲南試點交流展示會」綜述》，《人民音樂》2006 年第 2 期。

（二）學位論文

　　吳曉娟：《地方民俗文化精英與傳統節日的復興和重構——以山西鄉寧雲丘山中和節為例》，碩士學位論文，山西師範大學，2014 年。

城隍廟會中的市民交易——以鄧川城隍廟會為例

楊潔

　　摘要：城隍是中國古代民間祭祀的城市保護神，在明代朱元璋時曾興盛一時。鄧川城隍廟始建於明崇禎十四年，於 2007 年重新修建。以城隍廟為

依託而舉辦的廟會，集祭祀神靈、交易貨物、娛樂身心與一體。廟會作為一種民間化的節日，已經融入民眾的日常生活，並有著文化與經濟的雙重功能。市民交易在這些功能中得到體現，因此，筆者將以鄧川城隍廟會為依託來說明廟會當中的交易規則。

關鍵詞：鄧川城隍廟；城隍廟會；人神交易；人人交易

一　鄧川城隍廟

（一）鄧川城隍廟的歷史

鄧川城隍廟始建於明朝崇禎十四年（公元 1641 年），知州敖宏貞[11]遷州於鄧川驛前，城之。之後，建文廟、城隍廟、觀音寺、學校等建築陸續修建，使該城公共系統更加完善。20 世紀 50 年代，城隍廟遭到破壞，被另作他用，佛像被毀。2000 年，城隍會[12]應各村民眾重修城隍廟的要求，開始積極籌措資金。重修工程於 2007 年 10 月奠基，2008 年 6 月竣工。由此，被毀壞的城隍廟在原址上重修，並塑回城隍像，恢復舊貌。

（二）鄧川城隍廟的地理位置

城隍廟東瞰日出，南眺洱海，西覽蒼山，北觀玉龍，風水位置奇佳。雖然稱為鄧川城隍廟，但它實際上不在鄧川的主鎮中，而在新州村。城隍廟交通便利，一條直直的馬路從廟的背面穿過，連接各村。城隍廟會時，鄧川整個壩子的人就會沿著這條馬路來到城隍廟。

（三）鄧川城隍廟的結構

鄧川城隍廟的結構平面草圖如下：

夏日紀事：洱源田野調查集
幸福篇

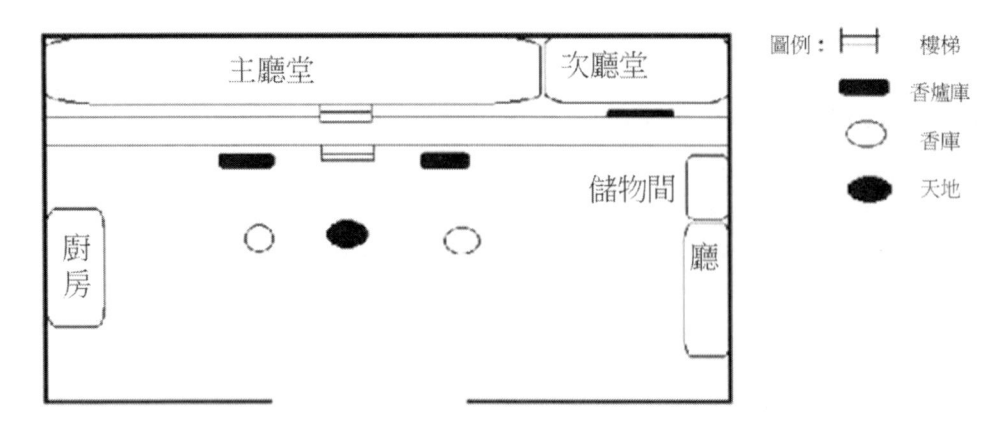

鄧川城隍廟結構平面圖

　　如上圖所示，城隍廟有兩個廟堂，主廟堂供奉著送子觀音、城隍以及財神。城隍神位居主廟堂的中間位置，主廟堂的左邊供奉的是送子觀音，右邊則是財神。拜送子觀音即求子，但也有求姻緣、家庭等；拜財神主要求財運、官運等。至於城隍神，自古就被視為「剪惡除凶，護國保邦」之神，能保風調雨順，國泰民安，百業興旺，能應人所請。筆者經瞭解發現，拜城隍主要為求平安、求學、求姻緣、求財等。主廟堂的右側為次廟堂，次廟堂供奉著四尊神像，從左至右分別為：地藏王、錢囊王、妙莊王、本主（白潔夫人）。相傳，地藏王是「孝」的代表，地藏王菩薩度眾生，眾生之願皆保。錢囊王避蛇，人們拜錢囊王主要為消災避凶。妙莊王是觀音之父，主要為保平安。本主（白潔夫人）是吃齋女人的本主，是守規、貞潔的象徵。

　　進入城隍廟，左側有一間廚房，該廚房對外開放。在廟之中的右側有一間儲物間，裡面放著各類雜物和床，日常管理城隍廟的人就住在這裡。儲物間旁邊有一個廳，該廳是一個開放的公共空間，人們可以在此拜經、吃齋飯等。在廟的居中位置有一個「天地」，「天地」有著上天之意，即人們燒的東西或供品能送達到天上，送到神仙處。天地的兩側為香庫，也稱為寶藏庫，人們燒香、燒金銀[13]皆可在此進行。香庫的後面是蠟庫，即點蠟燭之地。人們為求得城隍保佑，會點燃一根蠟燭放在蠟庫中。除了點蠟之外，還可把齋菜[14]放入其中。在蠟庫中點蠟、放齋菜，有求平安之意。廟會時，人們也可在廟中的其餘區域拜經、寫表、打鼓奏樂等。[15]

总的来说，城隍庙的内部结构分割较为清晰，整个庙呈现一种严肃神圣的氛围。

（四）邓川城隍庙的管理

平时管理城隍庙的组织为城隍会，城隍会是一个自发性的组织，由邓川坝子中各村的人组成，现今该会的会长为杨美云女士。笔者从杨会长处瞭解到，城隍会的会员多为 50 岁以上的老年人，参加城隍会不需要交任何费用，只要想加入城隍会，愿帮忙管理城隍会，就能加入。城隍会平时主要负责打扫卫生、开关庙门、为神上供等。庙门一般早晨 6 点开，晚上 6 点半关。庙会时，城隍会的人员会进行分工，一部分人负责买菜来做饭；一部分负责记录人们捐的功德，并赠给捐功德的人一根红绸带，意味著把福气、平安带给捐功德的人；还有一部分人负责为神像上供，或手工制作赠送捐功德之人的物品。庙会散场后，城隍会的人会聚在一起清算今天收到的香火钱，然后为第二天做准备。城隍会收到的香火钱主要用于城隍庙的修葺。

二 城隍庙会

（一）庆庙会

邓川城隍庙会于每年的农历五月二十五日至二十九日举行，会期为 5 天。不过在二十八日，参加庙会的人最多，因为农历五月二十八日是城隍爷的诞辰。这天，人们会给城隍爷上供，还会表演吹唢呐、打鼓、吹笛子、舞蹈等，为城隍爷庆祝生日。会期时，人们会在庙门口的石狮子的嘴巴或脚边烧上几炷香，还会在庙中上庙堂的楼梯口处烧上几炷香，使得城隍庙烟雾缭绕。

庙会之日，莲池会的成员会身著「圣装」[16]来唸经朝拜。唸经时，成员们点燃香，跪在蒲团上，敲打著木鱼。

（二）庙会之日的商铺

庙会之日，除了邓川坝子的人来拜城隍爷之外，坝子之外的人也来赶庙会，但他们主要是为买东西而来。城隍庙会这一天，摊位从庙门口的小巷一直延伸到马路边。透过对部分商家的访问瞭解到，他们在城隍庙会这天来到

城隍廟不為拜鄧川城隍爺，只為賣東西。由此可以看出，城隍廟會對商品貿易的發展有著一定作用，且其影響已經超過了地域的侷限，不僅對拜他的人們有影響，也吸引著其他的人來進行或文化或經濟的交流。

　　筆者從馬路邊的攤位走到廟門的攤位，發現販賣的主要有服飾、工具、食品、香料、香、燭臺等，並且越靠近廟門，賣的東西與廟會的相關性越強。賣的東西與廟會的相關性指的是這些東西在廟中出現的頻率，或者說是被使用的概率。如在馬路邊，賣的主要是日常的衣服、工具等；小巷裡賣的主要是水果、寵物、糕點、糖果、小吃等；挨著廟門的一段，賣的主要是香料、香、燭臺等；進入廟中，隨處可見的是香、香料、作為供品的水果、糖和穿著白族服飾的中老年婦女。

廟會路邊攤

　　廟會上賣的東西與平常集市上賣的東西既有相同之處也有不同之處。相同之處在於，水果、工具、日常服飾等都有賣；不同之處在於，平常的集市主要是滿足人們的衣、食、用等日常需求，香、香料、燭臺等較為少見，而在廟會上，食材、調料等各類日常用品難見蹤影。因此，不論是平常的集市還是廟會集市，都有著自身的獨特性。

三　廟會之中的交易體系

廟會之日，人們除了恭祝城隍的壽辰這一目的之外，最主要的是為求得城隍的庇護，包括安全、財富、婚姻等方面。為求得城隍的保佑，人們會透過不同的方式向城隍爺傳達自己的心願，如捐功德、祭供品、上表等。因此，在廟堂之中，人們對城隍進行捐供或上表等，體現了人神之間的交易。而在廟堂之外，人與人也進行著交易。正如前文所言，城隍廟會之日，各地的商販會聚集到城隍廟周圍，為來拜城隍爺的人們以及其他人們提供了交易的機會。

（一）人神交易

1. 供品

不論是祭祖先，還是祭神靈，上供品是必不可少的一部分。在廟會時，各類供品在廟中隨處可見，各神像前也放滿供品（這類供品不僅在廟會時上供，日常時也擺放著）。供品有水、茶、酒、齋菜、齋飯等，它們都有著特殊的含義：供水有希望來客心平氣和之意；供酒表示要招待客人；供齋菜、齋飯有希望客人吃飽之意。除此之外，還有生雞蛋、生雞、生魚、鴨蛋、肉、糖等，這類供品能在供後自己食用，或帶回家與家人一起食用。除了供給神像，供品還可以放在蠟庫，因為蠟庫有通天地之意，將供品放在蠟庫，即等同於將供品送到神仙面前。

2. 拜經

拜經的婦女

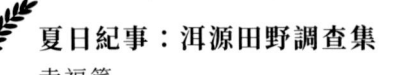

拜經的主要是蓮池會的成員。廟會時，各村蓮池會都會組織會員們一起來到城隍廟，擺放好貢品後，在供桌後排成幾列。前幾排是敲鼓打铓的，後幾排是敲木魚的。筆者從杜家營的楊奶奶處瞭解到，蓮池會拜經的內容主要從上一輩口中傳下來，在不同的場合，講述的經文內容不同。拜城隍時，所拜經文可分為兩部分，第一部分為開堂先念的經，開堂經有《開門擺設》《太陽經》《太陰經》《地母經》《敖光經》。唸完開堂經，才進入正式拜城隍的經，包括《城隍經》《拜壽經》與《老公公經》。其內容主要是對城隍的讚揚及拜經的作用。由此可知，拜經實際上包含了唸經之人與所拜對象之間的交易，如拜太陽得保平安。

3. 捐功德

捐功德是指來參加廟會的人們為積德而捐錢。不論人們捐多少功德，都能得到一條紅綢帶，將其戴在手臂上，有保平安之意。此外，紅綢帶不僅能保佑捐功德之人的平安，若將其綁在新車或家門口，還有保車或家人出入平安之意。

4. 上表

廟會當中一項重要的活動就是寫表。寫表就是人們將自己的所求寫在一張黃紙上，然後將其裝進一個長方體的黃色紙殼中。紙殼的表面畫著三道符，一道是紫色的長符，從底端延伸到頂端；在紫符的中間位置有一道綠符或紫符，上面畫著神使；紫符的頂端有一道紅符，畫著一道門，這道門可以通向天界。上表就是將裝有表的紙殼燒掉，透過紙殼上所畫的符先將表送到神使手中，然後神使再將表送到所求之神面前。人們上表多為求平安、求學以及求財等。

（二）人人交易

廟會當日，城隍廟外的商家比比皆是，賣的東西也多種多樣，人們可以選購自己所需的東西。廟會集市與日常集市一樣，賣家喊價，買家或講價或直接購買，雙方始終秉持著一手交錢一手交貨的規則進行交易，是一種錢與物之間的交易。這種交易不僅在廟外的集市上有所體現，在廟內也有所體現。

比如捐供得紅綢，捐了錢才能得到紅綢，是捐錢之人與給紅綢之人間的交易；寫表，付了錢才能寫到表。不過廟內的交易是人為了得到神的保佑，而與神進行的交易，與廟外的交易存在著差異。

廟外的交易中，交易雙方秉持著錢貨兩清的原則進行交易。由於賣家決定著商品的價格，當買家認為價格不合理時，就會與賣家討價還價，使得整個交易熱鬧而又充滿矛盾。而人們在廟中的所作所為都是為求得神的保佑，與神的交易不是實物間的交易，而是一種精神或信仰上的交易，人們在交易中保持著虔誠的態度，使得整個交易環境較為平和。可以說，因為交易的對象不同，交易的環境與規則也存在著不同。

四　總結

廟會作為一種民間化的節日，集祭祀神靈、交易貨物、娛樂身心於一體，並已融入民眾的日常生活，鄧川城隍廟會也是如此。廟會之日，鄧川壩子的人們來到城隍廟，或拜城隍，或採購商品，或販賣貨物。由此可知，城隍廟會不僅涉及民眾的經濟生活，也涉及民眾的精神生活，滿足了民眾的多種需求，具有文化與經濟的雙重意義。筆者在本文中闡述的主要是廟會當中的市民交易，既有市民與神的交易，也有市民與市民的交易。人與神之間主要透過捐功德、祭供品、舞蹈娛神、上表等方式進行交易，這種交易不只包括實物方面的交易，也包括精神方面的交易。由於神的地位崇高神聖，人們的態度較為虔誠，使得整個交易氛圍平和而有序。而市民與市民的交易則遵循著世俗的原則，由於買賣雙方都是普通市民，自主性較強，易產生矛盾與爭執。可以說，交易對象的不同使得各自的交易規則與方式也有所不同。

參考文獻

（一）專著

［美］杜贊奇：《文化、權力與國家——1900～1942年的華北農村》，江蘇人民出版社，1996。

［英］羅尼斯拉夫·馬林諾夫斯基：《西太平洋的航海者》，華夏出版社，2001。

王雲校勘：《重新鄧川州志》，洱源縣誌辦公室翻印，1986。

楊鎮奎：《雲南少數民族文化史叢書。白族文化史》，雲南民族出版社，1997。

趙世愉：《狂歡與日常——明清以來的廟會與民間社會》，生活·讀書·新知三聯書店，2002。

（二）期刊

李秋香：《廟會文化研究論略》，《松遼學刊（社會科學版）》2002年第2期。

李永菊：《廟會的文化功能分析》，《湖北省社會主義學院學報》2003年第6期。

劉曉春：《非狂歡的廟會》，《民俗研究》2003年第1期。

張宏宏：《歷史上大理地區的宗教信仰》，《中國民族報》2011年6月14日。

（三）學位論文

黃超：《城隍信仰初探》，碩士學位論文，湘潭大學，2011。

李然：《傳說、廟會與村落生活——以費縣龍王堂廟會為例》，山東大學，2006。

宋永誌：《城隍神信仰與城隍廟研究：1101—1644》，碩士學位論文，暨南大學，2006。

淺析白族服飾發展和傳承——以雲南省大理州洱源縣右所鎮西湖村為例

凱麗比努爾·伊力

摘要：白族服飾是白族人民長期積累的成果，它隨著白族歷史的發展，歷經演變形成了獨具特色的服飾文化。本文以雲南省大理州洱源縣右所鎮幸福村為例，分析了不同時期、不同地區的白族服飾的演變過程，不同場合、不同年齡段的白族服飾的風格，白族服飾中花紋圖案的含義，白族服飾發展現狀及趨勢，白族服飾文化在傳承和發展過程中出現的問題並提出相關建議。

關鍵詞：白族；服飾；變遷；現狀；傳承；發展

一　緒論

（一）研究背景

1. 調查地概況

本次調查的地點選擇在雲南省大理市洱源縣右所鎮幸福村。

幸福村有 8 個自然村，9 個村民組織，總人口 3345。村民主要是白族和漢族，還有少數回族、藏族、彝族、傣族、傈僳族、納西族、苗族等。耕地面積 2475 畝，主要農作物是水稻，1992 年開始種植大蒜。

2. 選點理由

選擇幸福村作為田野點，一是考慮到它的地理位置幸福村離右所鎮較近，調查地交通較為便利，能夠在最短的時間內去往其他村民小組、集市、西湖村村委會的「土風計劃」展臺、西湖旅遊景點等地。二是幸福村主要是白族居民，便於瞭解不同性別、不同年齡段的白族居民在不同場合中所穿服飾的特點、如何選擇現代服裝與民族服裝的搭配、對白族傳統服飾文化的認識及評價等。

（二）研究的目的和意義

1. 研究目的

服飾文化的發展和演變體現了社會文化的不斷變遷。隨著社會的變遷、經濟的發展，各民族優秀傳統文化的生存空間日漸萎縮，加之不斷受到外來文化的衝擊，面臨著消失的危險。白族服飾文化作為中國優秀的傳統民族文化的重要組成部分，也同樣面臨著各種不同文化的挑戰。因此本文主要著眼於當下白族服飾面臨的挑戰，試圖對大理白族服飾手工藝傳承的現狀及未來發展進行探尋。

2. 研究意義

本文一方面從歷史緯度出發，分析了不同時期、不同地區的白族服飾的特點，服飾中花紋圖案的含義，不同年齡段、不同場合所穿服飾的特點等，對白族服飾進行了較為系統的分析，不僅可以豐富中華民族的優秀傳統文化，

而且可以使得白族居民更加重視服飾文化的傳承與發展，培養出更多白族服飾工藝傳承人。

另一方面，基於民族學的調查方法研究白族服飾，力圖對白族服飾的工藝傳承現狀與發展進行分析，將民族文化中服飾的研究與個體、民族自身緊密聯繫在一起，為日後的研究提供參考。

（三）研究方法

1. 文獻分析

筆者收集與翻閱了與白族服飾文化相關的資料，初步瞭解白族服飾文化。

2. 觀察法

筆者對幸福村不同年齡段、不同性別的居民的日常穿著及不同場合中的穿著，不同年齡段的婦女對服飾顏色的選擇，不同款式服裝的搭配等，進行觀察與分析。

3. 個案訪談法

筆者依照事先準備好的訪談大綱，對相關人群進行一對一訪談。訪談對象包括不同年齡段、不同性別、從事不同職業的居民、手工藝傳承人、服飾製作人、賣白族服飾的商人等。

二　文獻綜述

關於白族服飾的研究主要包括服飾的類型、色彩、花紋圖案、文化內涵、服飾文化變遷等方面。《雲南少數民族圖庫·白族》一書介紹了白族服飾文化，囊括大理、劍川、鶴慶、麗江等地區的婦女的服裝及頭飾，書中有大量的白族服飾的圖片，為白族服飾的區域性差異、服飾的變遷研究提供了重要的素材。《中國少數民族風情游·白族》一書詳細介紹了白族的風俗習慣、宗教信仰、文化藝術、風景名勝、美食等，其中風俗習慣部分涉及了白族服飾的介紹。《雲南少數民族文化大觀叢書》一書系統介紹了白族服飾的形成和發展，各個地區現代服飾的特點及服飾的製作等。孟妍、徐人平則闡述了白族服飾圖案所具有的實在、審美、意象的功能。在白族服飾文化變遷方面，李趲緒、

楊應新在《白族文化大觀中》一書提到了從青銅時代到民國時期，白族服飾的特點及變遷。金少萍探討了清末民國以來白族服飾習尚的變遷。由此可知，學術界對白族服飾文化的研究雖然取得了重大的進展，但是關於白族服飾文化的手工藝傳承等方面的研究較少，不利於全面掌握白族文化，傳承與發展傳統文化中優秀的服飾文化。

三　白族服飾概述

（一）男性服飾

一般而言，白族男性上身白色對襟衣，外套坎肩，下穿白色或藍色寬褲，頭纏白包頭，肩掛繡花掛包，腳穿黑色剪口鞋。

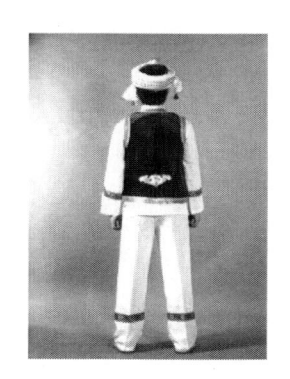

白族男性服飾

（二）女性服飾

1. 衣式

白族女性多上穿白色右衽大襟衣，外加紅、藍等色的領掛和圍腰，下穿緊身束腰花邊褲。色調上追求明快大方，對比強烈。手上喜戴玉石手鐲和戒指，腳穿繡花鞋。未婚姑娘頭戴色彩鮮艷的繡花頭巾或手帕，形如滿月，髮辮盤於頭帕外，纏以大紅絨線，一側垂下雪白的纓穗。

白族服飾中最有特色的是頭飾，「上關花，下關風，蒼山雪，洱海月」，代表著「風花雪月」，象徵著白族居住區的四大景觀，圓圓的帽子代表著「洱

海月」，堆繡的白絨象徵著「蒼山雪」，帽子上刺繡的紅花象徵著「上關花」，側邊飄動的雪白纓穗象徵著「下關風」。

白族女性服飾

2. 服飾顏色

白族服裝越往南，越顯艷麗飾繁；越往北，越見素雅飾簡。西湖村白族居民的服飾色彩明快，搭配協調，挑繡精美，上裝和頭飾比較華麗多姿，下裝比較樸素典雅。服飾顏色以白色、粉色、嫩黃、水藍和淺綠為主，象徵著白族人民淳樸、寬厚、開朗豁達和善良熱情的天性。

（三）白族服飾的花紋圖案

白族服飾圖案紋樣種類繁多，表現形式及工藝技法也是千變萬化的。因該村年輕人對相關知識所知不多，因此筆者主要採訪的是村裡年紀較大的人、服飾製作人以及手工藝傳承人等。依據圖案表現的對象、內容、類型等，將該村白族服飾中的花紋圖案分為以下幾種：

1. 植物類

白族服飾中，以花卉為題材的刺繡圖案非常多，如：山茶花、梅花、杜鵑、菊花、牡丹、蓮花等。

（1）山茶花：山茶花有花中「妃子」之稱，是大理最有代表性的花，代表著白族姑娘的純潔善良、開朗熱情。（下兩圖為山茶花）

山茶花圖案

（2）蝴蝶花：蝴蝶花常常繡在婦女系的圍腰、飄帶等處，讓蝴蝶繞人飛舞，寓意著子孫滿堂、家庭和順等美好心願。

2. 動物類

有虎、獅、猴、松鼠等。

白族服飾圖案中常有一些誇張變形的動物紋飾。如在裹背、帽子、鞋幫上常繡有松鼠或虎、獅等紋樣圖案。小孩戴的獅子帽、穿的虎頭鞋等，都喜用誇張變形的動物圖案。

3. 鳥獸類

主要有鳳凰、孔雀、喜鵲、飛燕、鴛鴦、雞、鴨等。在結婚時，白族姑娘要準備繡花鴛鴦枕、繡著喜鵲登枝或是鳳凰牡丹等圖案的帳圍，寓示著夫妻白頭偕老，大福大貴。雞在白族習俗中有特殊的意義，被稱為「金雞」「神雞」，戴繡花圖案的雞冠帽，是白族婦女的重要裝扮之一，充分體現了白族人民對雞的特殊情感。

4. 文字符號類

在文字符號的圖案中，既有宗教信仰的符號，也有像徵吉祥的文字。文字符號類圖案既可以造成裝飾作用，同時也是對幸福的祈禱。如壽字紋、福字紋、品字紋等。

5. 幾何紋類

在白族服飾中，衣袖上常繡有幾何紋、水波紋、條紋、籐條紋等不同形狀的紋飾。圍腰邊常用綠色的線條鑲幾字形紋飾，內鑲條條花、扭扭花等，既大方又美觀。

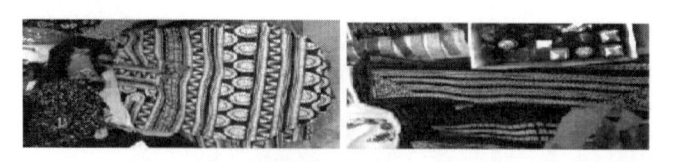

白族服飾圖案

除此之外，白族服飾的紋樣還有很多，有老年的，有兒童的，應用在不同的服飾上各顯其美。大理地區因受宗教信仰的影響，服飾中的童帽、兜肚、老人壽衣等，上面大多繡有八卦、祥符蓮花、龍及避邪紋符等。

四　白族服飾的變遷

（一）男子服飾的變遷

在白族服飾文化中，男性服飾的變遷比起女性服飾的變遷更為迅速，主要體現在以下幾點：

1. 頭飾

白族男子過去常戴八角帽、八角巾、麥稈草帽以及白包頭、黑包頭等。包頭兩邊繡花，吊有玻璃圓珠纓穗。20世紀60年代後，白族男子不再包頭，改戴為「紅軍帽」。

2. 衣飾的變遷

過去，白族男子的衣飾有三滴水、五滴水、對襟褂子、黑領褂、多層多包的麂皮褂、一丈多長的白布腰帶等。中老年男子腰繫的裝草煙的麂、羊皮兜，很有民族特色。如今，白族男子多已改穿漢族服裝，只有在繞三靈、火把節等民族節日時，才能看到一些具有民族特色的白族男子服飾。

3. 鞋子的變遷

鞋子有像鼻鞋、涼草鞋等，鞋尖與鞋幫處往往繡有圖案。老年人穿的有紅緞萬壽鞋、翅頭鞋等。隨著社會經濟的發展，人們生活水平的提高，鞋子也多變為普通的手工布鞋或膠鞋等。

（二）婦女服飾的變遷

相對男子服飾而言，白族婦女服飾受外界影響較小。但是隨著生產技術的提高，白族婦女的服飾也多由手工製作轉變為機器製作。以前，婦女腰帶上的紋樣都是手工繡上的，而現在，腰帶上的花紋基本上都是機器繡的。隨著文化生活的豐富，白族婦女的審美觀也發生了變化，年輕白族婦女除了大型節日或重要儀式之外，在日常生活中不再穿民族服飾，而是穿現代服飾，向新潮化方向發展。

（三）兒童服飾的變遷

以前，白族兒童穿對襟上衣和寬腿褲。小男孩戴用百家布拼接出來的半球形帽子，帽頂縫一個小圓球，而小女孩戴帽頂縫成兩個耳朵狀的布帽。走路前，男孩女孩都可以穿繡花鞋；會走路後，男孩不再穿繡花鞋，女孩還是可以穿花紋不同、顏色鮮艷的繡花鞋。如今，白族兒童不再穿對襟衣服，也不再戴飾有銀飾、胎毛的帽子了。

五　白族服飾區域的比較

服飾是一個民族身份的象徵和標誌，因地域不同，白族服飾也體現出種類繁多、體系複雜、異彩紛呈的特點。筆者雖然只對洱源縣右所鎮西湖村的白族服飾進行了調查，但是透過與之前閱讀的有關麗江、鶴慶、劍川等地白族服飾文化的文獻進行對比，總結出西湖村白族婦女服飾與大理白族婦女服飾的差異。

（一）洱源縣（西湖村）白族女性服飾

該村的白族女性服飾由頭飾、襯衫、領褂、褲子和鞋子等組件構成。相對於「大理型」而言，洱源地區的白族服飾色彩對比不是十分突出。以右所鎮來說，其女性服飾的色彩以淡藍色、灰色、淺黑色為主。衣襟、袖口、前擺、後擺、鞋等都有紅綠相間的精美繡花裝飾，是一種穩重、質樸的服裝類型。除此之外，洱源縣白族婦女注重胸前的裝飾，胸掛刺繡，常配以精美的銀質項鏈。

夏日紀事：洱源田野調查集
幸福篇

1. 少女服飾

少女服飾以鮮艷的紅色為主，花紋圖案以山茶花為主。洱源少女喜戴「鳳凰帽」；穿青、藍、黑色上衣，深紅色領褂；系白色、綠燈芯絨或紅筒絨圍腰；戴耳環、手鐲、戒指、項鏈等首飾。年輕人的飄帶挑花圖案豐富，有花卉、飛禽等，飄帶兩頭皆挑繡蝴蝶。

白族少女服飾

2. 中老年服飾

中老年女性常系青、藍、白色圍腰。洱源山區的白族對山區自然條件依賴性較強，其服飾也充分反映出這一特性。服飾色彩較貼近大自然原色，以藍、綠、深紅為主，色彩濃厚。

白族中老年婦女服飾

（三）大理白族女性服飾

大理白族女性服飾由頭飾、襯衫、領、褂、褲子和鞋子等組件構成。不同年齡的婦女在穿著上又有所不同。

1. 少女服飾

少女喜梳獨髮辮，用紅頭繩繞著長長的獨髮辮，把辮子挽在頭頂。上衣多為白色或淺色，袖管上鑲有各色花邊。多穿紅色、紫色或黑色絲絨、金絨、燈芯絨、毛呢或化纖領褂。圍腰為單層，較短，腰帶繡有色彩鮮艷的圖案，穿藍色、白色、黑色或者與上衣顏色一致的長褲，穿圓口繡花鞋，僅在鞋頭繡一組圖案，如梅、桃、山茶等花卉，左右對稱。鞋子裡常墊上鞋墊。鞋墊均由姑娘親手製作，並繡有圖案。

2. 中老年服飾

中老年女性為高髻，裹以扎染頭巾。多著白色上衣，暗紅、藍色或黑絲絨領褂。圍腰常用黑、藍色布料，少數用綵綢，較長且寬大，雙層。腰帶均用挑花裝飾，以白線為主，少用紅線。下身穿藍色、黑色長褲。穿圓口繡花鞋、船型繡花鞋等。佩戴「三須」「五須」的銀飾，手上戴絞絲銀鐲、戒指，手腕上戴銀質或玉石的手鐲或手錶。耳戴玉環或金銀耳環。

六　不同場合的服飾類型

（一）日常生活

白族日常生活服飾

日常生活中，白族男子、白族年輕婦女幾乎不穿民族服裝，穿著較為隨意，但白族老年婦女還是在一定程度上保持著傳統服飾文化特色。服飾主要是由頭帕、上衣、領褂、圍腰、長褲幾個部分組成。上衣多為白色，也有鵝黃、湖藍、嫩綠、淺粉，外配大紅色或黑色領褂，腰繫繡花或深色圍裙，下著白色、淺綠色、淺藍色長褲。在衣袖和褲腳的下邊繡上花邊，配以黃色繡花圍裙等。

（二）大型活動節日儀式

白族歷來有趕廟會的習俗。透過調查得知，參加廟會的人群主要是老年婦女。她們在趕廟會那天，身穿精美的民族服裝，挎著香包，戴著佛珠項鏈，腳穿黑色、灰色的繡花鞋。除此之外，還戴上平常不戴的蛇骨鏈。

白族婦女節日服飾

（三）婚禮

白族婚禮喜穿盛裝。新娘全身大紅色，穿著極為講究。新娘出嫁的時候，要把家裡所有的山茶花插在頭上。白族新娘不蓋蓋頭，卻戴著墨鏡，脖子上掛著一塊鏡子，有闢邪之意。除此之外，白族姑娘出嫁時要制一套首飾，有蛇骨鏈，「三須」「五須」銀質掛鏈，金、銀、玉、藤手鐲，串珠鐲，小腿鐲等，以玉器手鐲和銀質掛鏈最為名貴，佩戴二物是已婚婦女的象徵。

（四）葬禮

白族家裡辦喪事時，死者要穿壽衣。死者的親屬頭戴白布，稱為「戴孝」，衣服禁忌紅色，其他可以按照平時穿著，但是死者的第四代重孫要「戴

孝紅」，也就是戴紅布，意義為死者長壽，屬於喜事。要按輩分，戴不同顏色的布條：去世人的兒女戴的是白色的布條，第一代孫子也是白色的，重孫戴的是紅色的，曾重孫是黃色的，依次往下是綠色、藍色等。除此之外，沒有親緣關係或屬於遠親關係的，將穿戴較深顏色的服裝。白族男子在腰間繫一根麻繩，女子則將麻繩纏在帽子上。辦完喪事之後，男子在死者墳頭將麻繩燒掉，女子到附近的廟旁邊將麻繩燒掉。

白族男性壽衣

（五）霸王鞭舞

洱源右所鎮女子在表演「霸王鞭舞」時，所穿的服飾色彩相對樸素，多以紅、白、藍為主。現在比較常見的頭飾一般有兩種，一種是置一塊四方形的繡花手巾於頭部，正面手工抽須藍翹穗；另一種是將白色或粉色的繡花毛巾疊成長形，尾端處接上長度約為15cm的白線穗，長辮纏於頭上，最後用紅線固定頭飾位置。上衣是用布或綢緞製成的前短後長的大襟衣，以淺色係為主。圍腰一般可分為長尾腰和短尾腰兩種。顏色和布料基本與領一致，圍腰兩側和下圍繡花用與服飾顏色相一致的布料縫合。在圍腰兩側腰帶的前端縫製一個繡花「腰帶頭」，纏於後腰兩側，飄帶自然下垂。鞋為船頭形，鞋尖上翹，顏色多為粉、綠色。老年婦女有打黑色綁腿的習俗。

七　右所鎮白族服飾的現狀及趨勢

（一）簡約實用化

　　白族服飾的簡約實用化主要體現在日常服飾方面。筆者在調查過程中明顯地觀察到，右所鎮白族男子不再戴包頭，不再穿多層相套的三滴水樣式，而是普通的短衫。女子服飾的樣式、圖案有所精簡，服飾風格也隨著大眾的審美有所變化，更適應現代的生產生活方式。

（二）漢化

　　筆者根據對當地不同人群的調查得知，白族服飾在 20 世紀 30 年代之前，受到漢族的影響較少；之後，隨著白族文化與其他民族文化交流與融合的密切，白族服飾一方面逐漸走進大眾視野，另一方面呈現出漢化的趨勢。

（三）舞臺化

　　舞臺表演最能體現出一個民族的個性與文化，很多民族的文化都透過舞臺表演的形式展現出來的，白族文化也不例外。比如「斯甘俏」藝術團的服飾，在保持傳統服飾文化特色的同時，在服裝的長度、花紋，所穿的鞋子等方面融入了新元素，形成了更適合在舞臺上穿著的、更加體現本民族特色的白族服飾。

八　右所鎮白族服飾的傳承與發展

　　一個民族如果完全喪失了自己的文化傳統，這個民族也就失去了存在的意義。針對右所鎮白族服飾文化的現狀，筆者認為應從以下幾點入手，促進白族服飾文化在現代社會的傳承與發展。

（一）非物質文化遺產保護

　　白族服飾是白族文化的重要組成部分，也是非物質化遺產的組成部分。因此，當地政府應透過各種渠道，如建立白族民俗、服飾文化博物館，在當地組建民族文化工作隊伍，積極尋找和培養傳承人等，加強對白族傳統民族服飾文化的收集、整理、記錄、保存工作，以保證民族文化基因的相對完整。

（二）本民族文化的自覺意識

每個民族在加速現代化進程的同時，要有意識地保護好自己優秀的傳統文化，保持本民族文化的精髓。白族服飾作為白族文化重要的組成部分，更明顯體現出了獨特的白族文化特色。在這次調查過程中，筆者發現很多年輕人對自己民族的服飾文化缺乏瞭解，更沒有保護、傳承和發展的意識。因此，筆者認為只有提高本民族年輕人的文化意識自覺，讓更多年輕人去瞭解本民族文化，才能使得白族文化進一步傳承和發展。

（三）手工藝的傳承

隨著生產技術的進步，服飾製作體系發生了變化，現在的機器繡大大提高了生產率，節約了時間，使得越來越多的人願意去買機器繡的服飾，不再自己親手製作服飾。因此，白族服飾應與時俱進，在保留本身特有的文化特色的基礎上，不斷完善自己的製作體系。除此之外，還應注重對手工藝傳承藝人的培養，將本民族優秀傳統服飾文化一代一代傳承下去。

（四）傳統服飾與現代化

現代服飾作為歷史進化的產物，是傳統民族服飾文化的延續與發展。從古至今，白族服飾文化也發生了巨大的變化，在現代化過程中，白族服飾應在保持民族傳統特色的同時，加入新的元素，使服飾文化更加體現時代特色，迎合人們的審美需求。此外，要創造自己的品牌，將服飾文化加以推廣。需要注意的是，在服裝製作、設計等方面，應該注重對本民族傳統文化的發掘與發揚。

九　總結

服飾是一個民族的個性與文化的最直接體現，隨著社會的發展，生產力的提高，各民族服飾因受不同因素的影響，其特色也發生了變化。服飾作為一種無聲的文化，既是物質的，也是精神的。它不僅能保護身體，美化生活，也記錄了不同歷史時期、不同民族、不同地區的特色文化。當今服飾所呈現的多元化、舞臺化、實用化等趨勢，不僅是右所鎮白族服飾變化的趨勢，也是中國其他少數民族服飾變化的趨勢。因此，只有各少數民族將傳承優秀傳

統文化和創新相結合，採取適合傳承發展本民族文化的措施，才能使本民族文化得以繼承和發展。

參考文獻

（一）專著

《白族簡史》編寫組編：《白族簡史》，民族出版社，2008。

段梅：《東方霓裳：解讀中國少數民族服飾》，民族出版社，2000。

郝翔等主編：《周城文化——中國白族名村的田野調查》，中央民族大學出版社，2001。

李春生：《中國少數民族頭飾文化》，中國畫報出版社，2002。

李纘緒：《白族文化》，吉林教育出版社，1991。

楊敬懷、楊文高等編：《洱源縣宗教民族志》，雲南民族出版社，2006。

楊聖敏主編：《中國民族志》，中央民族大學出版社，2008。

楊鎮圭：《白族文化史》雲南民族出版社，2002。

詹承緒、張旭：《白族》，民族出版社，1990。

趙寅松：《白族文化研究》，民族出版社，2002。

鐘茂蘭：《中國少數民族服飾中國》，中國紡織出版社，2006。

（二）期刊

陳萍：《大理地區白族服飾圖案釋義》，《大理學院學報》2010年第1期。

丁文早：《淺談大理白族服飾文化》，《大理日報（漢）》，2011年5月4日。

李東紅：《從考古材料看白族的起源》，《中央民族大學學報（哲學社會科學版）》2004年第1期。

楊玉蓮：《淺析白族服飾》，《大理文化》2005年第4期。

尹素卿：《白族服飾》，《中央民族學院學報》1992年第1期。

周夢：《少數民族傳統服飾傳承的現狀與出路淺析——以貴州少數民族服飾為例》，《中央民族大學學報（哲學社會科學版）》2013年第5期。

（三）學位論文

李薩麗：《大理白族女性服飾藝術的比較研究——以洱源、鶴慶、劍川為例》，碩士學位論文，昆明理工大學，2013。

劉北夏：《「風、花、雪、月」意蘊在白族傳統圖形中的體現》，碩士學位論文，雲南藝術學院，2014。

唐忠斌：《大理鉅融城居住區景觀設計中對白族文化元素的應用》，碩士學位論文，昆明理工大學，2014。

王柯：《強勢文化碰撞中的傳承與流變——環洱海地區白族服飾藝術研究》，碩士學位論文，昆明理工大學，2009。

肖麗瓊：《大理地區傳統白族婦女服飾的變遷》，碩士學位論文，雲南大學，2006。

張娟：《散雜居白族服飾文化的嬗變——以雲南省麗江地區的白族鄉為例》，碩士學位論文，中南民族大學，2012。

白族「霸王鞭舞」調查與研究——以大理白族自治州洱源縣右所鎮為例

蘇放

摘要：「霸王鞭舞」最具有白族民間舞蹈特色，老少均可參加，人數越多，氣氛越熱烈，場面就越壯觀。表演時，手中的霸王鞭發出有節奏的、清脆悅耳的響聲。霸王鞭舞有上百種打法，常與男性舞蹈「八角鼓舞」以及「雙飛燕舞」相配合，動作連貫自如，剛毅矯健，表現了人體形態的優美，形成獨特的風格。作為白族文化藝術的重要組成部分，「霸王鞭舞」與其他白族文化藝術共同反映著白族的社會生活。同時，「霸王鞭舞」並不是一種孤立的文化現象，它融合在民族集團的社會生活之中，是白族民眾獨特的人體敘事。

本文以田野考察中蒐集的資料為寫作基礎，梳理白族「霸王鞭舞」的表演形態，分析「霸王鞭舞」發展的歷史語境，探討新時期舞蹈發展的現狀及未來發展趨勢。

關鍵詞：霸王鞭舞；白族舞蹈；繞三靈

一　白族「霸王鞭舞」的概述

據統計，白族民間舞蹈有 70 余種，而最具代表性和流傳最廣的是「霸王鞭舞」，它不僅在「繞三靈」「田家樂」和「鬧春王正月」等民俗活動中存在，而且在建房、娶嫁和喜慶佳節中也都有表演。作為白族最具代表性的民間舞蹈之一，「霸王鞭舞」滲透著白族的民族習俗和文化娛樂，具有清新活潑、歡快明朗、典雅剛健等諸多特點，反映了白族人民純樸善良和團結進取的精神，它已成為白族人民生活中不可缺少的一部分，也是千百年來白族人民智慧的結晶。

（一）「霸王鞭舞」簡介

白族稱霸王鞭為「搭哇瞥」「的度靴」。「搭哇瞥」直譯為「大王鞭」，「的度靴」是模仿霸王鞭道具響聲的白語擬聲詞。

「霸王鞭舞」表演時人數為 10—20 人不等，但須雙數，每人各執一條霸王鞭。舞時上下左右揮鞭，並在肩、胸、背、四肢等處撞擊，不斷髮出有節奏的鏗鏘之聲，眾舞者且歌且舞，唱詞內容多反映勞動和愛情。

流行於白族民間中的「霸王鞭舞」基本上都是以群體性的舞蹈為主。通常，各地的白族「霸王鞭舞」是一種載歌載舞並以舞為主的隊舞，屬情緒舞。它的伴奏多以白族傳統嗩吶曲為主，中間插入白族民間打擊樂以烘托氣氛。常見的嗩吶伴奏曲有《大擺隊舞》《將軍令》《耍龍調》《龍上天》等；此外，很多白族地方的「霸王鞭舞」還有專用的舞曲。

（二）「霸王鞭舞」傳承方式

「霸王鞭舞」作為白族民間的表演藝術形式，自然傳承是其主要的傳承方式，其中也不乏師徒傳承。「霸王鞭舞」的表演空間具有一定的侷限性。據當地人介紹，他們平時都是白天務農，只有到了傍晚收工、晚飯以後才會聚在一起切磋「舞藝」。通常會在農家院裡學習和表演，由領隊編排動作，

然後教授給前來學習的村民，最後大家再一起排練隊形。每次排練並無具體的時間限制，盡興後便各自回家休息。

二　「霸王鞭舞」表演形態的田野考察

作為白族民間舞蹈藝術的「霸王鞭舞」，傳統的表演形式仍然在其播布區域興盛，並自然地傳承。本部分將以田野調查為基礎，以大理白族自治州洱源縣具有典型特徵的村、鎮為樣本，透過對民間藝人和普通農民的大量走訪和考察，對「霸王鞭舞」在民間發展的現狀進行分析和比較。

白族青年男女跳的「霸王鞭舞」往往帶有競技比賽的含義，此類型的「霸王鞭舞」動作組合多變，幅度較大，具有一定的技巧難度。節奏變化較多，節拍由慢漸快，在疾速的快板中將舞蹈推向高潮，因此具有強烈的感染力。

白族老年人跳的「霸王鞭舞」則顯得莊重平穩，舞蹈動作講究準確規範，舞蹈節奏徐緩穩定。其動作幅度不大，但造型端莊，含著內秀，耐人尋味。

除集體舞外，少數白族地區的「霸王鞭舞」還有獨舞、雙人舞和三人舞形式。「獨舞霸王鞭」多出現在白族巫教的儀式中，並以不常見的動作、較高的技巧取悅觀眾，配合其宗教活動，成為這些地區巫教儀式中必不可少的項目和內容之一。

三　「霸王鞭舞」的文化內涵

文化對於民族認同有著重要的作用，它既是一個民族存在的基礎，也是構建起認同的重要力量。民族文化在歷史的長河中隨著人們生活內容的增加，逐漸豐富和發展起厚重的文化積澱。白族人以其對本土文化的理解詮釋著文化的內涵，用自己豐富的情感和獨特的藝術表現力豐富著民間文化，並使之不斷增加新的表現方式。

（一）道具與服飾在舞蹈中的表意功能

1. 霸王鞭

據史書記載：「霸王鞭者，以竹竿五尺長等身，節鑿孔，三寸置笥，嵌以二三銅錢，其孔參錯相間，拍之則錢動搖，以作喧聲。」由此可知，霸王鞭多用竹子做成，兩端裝有銅錢、鐵片和絲穗，棍上纏著彩色布條，舞動時靠銅錢、鐵片撞擊發聲。霸王鞭聲音圓潤、清亮，舞姿既柔和輕盈，又剛勁有力，能表達歡快的感情，使人樂而忘憂。

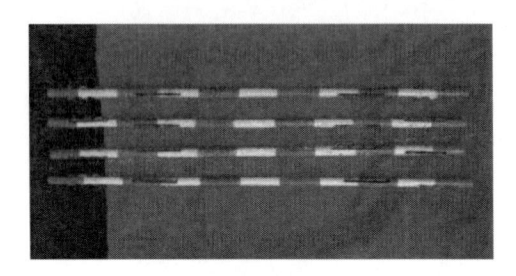

霸王鞭實物圖

白族霸王鞭製作的竹棍取料長短和粗細有大略一致的要求：竹需沉竹、實心，在大理，民間素有「七竹八木」之說，即七月的竹子較不易生蟲，所以選此作為道具材料保存時間較長。

霸王鞭一般直徑約 3cm，長約 80cm 的竹截為材料，長短因地而異，最短者不少於 50cm，最長者與舞者肩齊，多以從地面到奏者腰部高度為宜；粗細以握手中轉動靈活為佳，少數用木質。嵌裝銅錢之長方形槽，須方向相錯，一般開四槽，兩端各二，在其兩端各鑿穿兩個方向相對的長方形孔，以象徵四季，每孔中嵌入一串三枚或兩串六枚銅錢。「霸王鞭舞」傳承人杜瑛解釋說：「銅錢的數目分別表示一年四季十二個月或一年四季二十四節令。表演時在霸王鞭的一端繫上紅綢紮成的綵球或拴上一枚銅響鈴，作為裝飾或增加音響效果。」

（二）民族文化的體現

舞蹈存在的一個很重要的根基就是因為人類文化的多樣性。「霸王鞭舞」包含了白族特有的舞蹈文化內涵，其存在和延續都決定於當地人們對其民族文化的認同。民族認同是白族「霸王鞭舞」存在的一個基礎，也是舞蹈不斷延續的重要根基。因而，可以得出結論，從文化認同中得到的民族認同，有著特別持久堅定的凝聚力。

（三）「霸王鞭舞」折射的民俗象徵

1. 稻作文化的顯現

在農業生產過程中，圍繞歲時更迭，逐漸形成了圍繞生產習俗的節日和舞蹈，白族「霸王鞭舞」就是其中之一。它透過「繞三靈」儀式活動予以表示，使它從平常的勞作生活中突出出來，以表達人們對風調雨順、五穀豐登的由衷期望。在生產中表演「霸王鞭舞」，造成了團結互助、調配勞力的作用；在生產節氣轉換之時表演這種民間舞蹈，舞蹈將被賦予祈祝或慶祝豐收之意。這種民間自發的表演組織形式，不僅傳衍了農事民俗歌舞，同時在農忙季節也發揮了集中勞力和工具的作用。

2. 漁獵生活的寫照

此外，由於魚、螺是白族先民賴以生存的食物，因此出海作業是他們主要的勞作方式，在頻繁出海的捕撈過程中，人們的身體長期處於上下起伏的體態中。人口的不斷增長，使得他們需要捕獲更多的食物，以滿足生活的需要，於是出海作業的次數也隨之增加，甚至以船為家。隨著作業時間的延長，這種隨船體起伏而形成的左右搖晃的波動感也越發強烈，從而形成了白族「霸王鞭舞」基本的動律。如「雙腿微彎，稍做跨」的體態，是人們在漁獵過程中為保持身體平衡而做出的姿態。由此可以看出，白族「霸王鞭舞」動律的形成與其民族的勞作有著緊密的聯繫。

白族民眾

舞臺表演的「霸王鞭舞」

四 當代社會文化背景下的「霸王鞭舞」

　　白族「霸王鞭舞」雖然產生於農村，但其在城鎮卻具有一定的群眾基礎，某種意義上講，這些城鎮可以算是「霸王鞭舞」的播布區，並且在適宜的條件下不斷發展、延伸。當下，白族「霸王鞭舞」展現的是雙軌並行的發展走向，即群眾娛樂和專業藝術團體的雙線傳承與創新。就專業藝術團體而言，「霸王鞭舞」的表演者在保留其舞蹈形、神、韻的同時，不斷豐富動作的難度和打法技巧。而對於廣大普通群眾而言，「霸王鞭舞」更是一項健康快樂的健身運動。

(一) 民間「霸王鞭舞」的保護及發展

不論是來自民間的傳承還是專業化的發展，對「霸王鞭舞」而言都是一股推動力，並且這種發展也得到了大理州民間藝人、文化部門以及專業團體的關注和支持。白族「霸王鞭舞」是在特定的地域和特定的歷史時期生成發展起來的藝術，並長期生存在於固有的文化和環境下，當人類社會發展到工業文明時代，其原生的舞蹈形態也隨之出現了變異。解放以來，經過白族民間藝人及藝術家的傳承和發展，「霸王鞭舞」已經逐漸與現代社會生活相貼近，這種漸進式變化是符合文化發展規律的，所以它至今仍是白族人民抒發情感和追求審美理想的方式之一。

(二) 文化教育部門對「霸王鞭舞」的改革與創新

我們可以發現白族「霸王鞭舞」的當代變遷主要表現在兩個方面：其一是形態的變化，即舞蹈的傳統形態發生了變異。這種變異主要以元素重構和特徵提取的方式來實現，在儘可能保留原始形態的基礎上，對整體舞蹈形態進行加工。其二是精神面貌的變異，即舞蹈的編排和表現形式體現了現代人的精神氣質和審美要求，同時也反映了傳統舞蹈在新時期中的一種自我調整。白族「霸王鞭舞」的當代變遷是一種現代化意義的體現，更是白族傳統舞蹈本身的現代化進程，同時也是白族舞蹈隨著時代發展所帶來的一種必然走向。

舞臺表演的「霸王鞭舞」和「八角鼓舞」

五　結語

　　作為白族文化載體的表現形式，「霸王鞭舞」以其特殊的表達方式將白族的民族精神傳達給外界，使民族文化得以傳承、發展和保護。

　　透過對白族「霸王鞭舞」的調查研究，可以得到這樣的啟示：「霸王鞭舞」的民間表演帶有濃重的娛樂功能，而這種功能發展到今天已被人們賦予了更多層面的含義，並且已經向著專業化的道路發展。「霸王鞭舞」在某種程度上滿足了白族人民的多方面活需求，並且這種需求越廣泛，越強烈，就越推動「霸王鞭舞」的發展和壯大。

　　「霸王鞭舞」的繼承者和創作者們必須瞭解「霸王鞭舞」的原生形態舞蹈元素，透過提煉與整合，最終形成符合白族舞蹈文化形態的元素動律，然後進行重新組構和舞蹈文化形態再造，從而創作出源於民族文化但又能被白族人民接受和認同的當代「霸王鞭舞」。

參考文獻

（一）專著

　　大理白族自治州文化局、《中國民族民間舞蹈集成雲南卷》編輯部編：《白族民間舞蹈》，雲南民族出版社，1994。

　　郭淨、段玉明、楊福泉主編：《雲南少數民族概覽》，雲南人民出版社，1999。

　　施惟達、段炳昌：《雲南民族文化概說》，雲南大學出版社，2004。

　　石裕祖：《雲南民族舞蹈史》，雲南大學出版社，2007。

　　薛琳主編：《新編大理風物誌》，雲南人民出版社，2000。

（二）期刊

　　邊吉：《白族的霸王鞭舞》，《滿族研究》1998年第1期。

　　段鼎周：《白族源流之我見》，《白族學研究》1996年第10期。

　　靳麗芬：《白族及其音樂文化》，《民族音樂》2006年第3期。

李靖寰：《雲南少數民族服飾藝術淺談》（上），《雲南藝術學院學報》2001年第1期。

李靖寰：《雲南少數民族服飾藝術淺談》（下），《雲南藝術學院學報》2001年第2期。

羅越先：《略談白族舞蹈的審美特徵》，《大理學院學報（社會科學版）》1986。

聶乾先：《關於白族舞蹈》，《民族藝術研究》2001年第1期。

清華：《「繞三靈」並非繞洱海》，《民族研究》1985年第4期。

石裕祖：《簡論白族霸王鞭舞》，《民族藝術研究》1989年第6期。

史紅：《舞蹈生態與中國民族舞蹈的特異性》，《文化研究》2006年第6期。

王鋒：《白族文化價值概說》，《白族文化通論》2006年第4期。

王煒：《從「繞三靈」的活動形式看白族文化特徵》，《大理文化》2006年第1期。

王雲慧：《雲南大理白族的民族性特質和形成》，《雲南師範大學學報（哲學社會科學版）》1995年第3期。

羊雪芳：《劍川白族民間舞蹈藝術與生活》，《民族藝術研究》1999年第5期。

楊明：《白族的傳統節日》，《西南民族大學學報》1983年第5期。

楊宴君：《大理白族「繞三靈」——人與自然、人與神和諧的文化實證》，《白族文化研究》2004年第7期。

喻良其：《白族的霸王鞭舞》，《舞蹈藝術》1988年第4期。

喻良其：《白族舞蹈動律成因探析》，《舞蹈論叢》1988年第4期。

張文：《白族曲藝霸王鞭曲》，《民族藝術研究》1993年第5期。

張亞錦：《談雲南少數民族舞蹈的傳承》，《民族藝術研究》2002年第4期。

藝人、大本曲與生命史——大理白族自治州洱源縣兩位老人的過往

任思齊

摘要： 本文以兩位白族大本曲藝人的生命歷程為主要線索，書寫了他們從拜師學藝到「土風計劃」實施之間的生活軌跡。從他們的表述中展開關於其生命的獨立敘事，分析其中包含的與他者表述不相一致的話語、含有官方意識形態的特殊詞句，從中分析當地與大本曲藝術核心地區、以「土風計劃」為代表的國家藝術中心三者之間的關係，從中探索當地的歷史發展軌跡。最後站在較為具體宏觀的角度得出結論，並審視描繪生命軌跡的題中之意。

關鍵詞： 生命歷程；大本曲；藝人

一　緒論

　　每個人都只有一次生命，每道人生軌跡都會在世界上留下不同的痕跡。而隨著時間、空間的變化，影響個人生命歷程的諸種力量也截然不同。我們既可以在個人的生活中一窺當時當地的社會環境，亦可透過當時當地社會的諸多記錄建構出符合當時當地人群生活的日常圖式。本次調查主要透過記述並還原一對白族大本曲搭檔的生命歷程，既從兩位藝人的視角出發看歷時與共時的諸多面相，也結合前人的相關研究、村莊他人的表述，發掘不同歷史敘事所體現的復調書寫，也即芥川龍之介的小說《密林中》之狀態，輔之以國家政策的進入方式，最終建構起較為完整可信的相關歷史流變過程。

　　以一位或幾位人物的生命歷程為線索書寫歷史的著作已有不少，其中已有中文譯本的是曼素恩的《張門才女》以及沈艾娣的《夢醒子》。其中，《張門才女》透過張家自身的詩集以及人們對當時士族群體生活的描繪，記述常州張家數代女性的生命歷程，以情節化的方式勾勒出當時江南地區女性的日常狀態及當時的社會環境。而《夢醒子》則以山西名人劉大鵬的《退想齋日記》為主要材料，以劉大鵬諸種社會角色的轉變劃分生命歷程，結合劉大鵬心態的變化，對當時國家與個人的關係進行了細緻描繪，以小見大，窺得社會景象。而借由某一事件描摹世人心態、地方風貌的著作則有娜塔莉·戴維斯

的《馬丁·蓋爾歸來》，借由真假馬丁·蓋爾事件的前前後後，反映當地人的心態與當時的司法體系，更是從歷史學的角度體現了小人物對歷史的認識以及對過往事件進行彌補修改的能力。在雲南當地則有劉琪的《命以載史》，劉琪透過在當地進行走訪調查，並翻閱相關史料，對迪慶兩位家喻戶曉的人物進行生命史寫作，構建了一套國家—地方體系的聯繫與互動的歷史過程。

綜上，我們可以看出，有關生命史的寫作多為情節式，利用諸多歷史材料，加上一定意義上科學的推斷與想像力書寫而成，最終的結論既可能是對某個或某些人物的具體記述，更會是透過小人物或地區性的歷史，即所謂「邊緣」的歷史體現整個社會、文化的發展流變。不過我們需要注意，這些被記述的人或物或是當地的卡里斯馬，或是有一定聲望的文化精英，或是名噪一時的奇特事件，在當地具有一定的影響力。而筆者在此所要展開的則是影響力較小的兩位大本曲藝人的生命歷程。

二　藝人的生命歷程

1946 年，張大川出生在舊洲，家中還有一個兄弟和兩個姐妹。在上完 6 年小學之後，張大川對大本曲十分感興趣，當聽聞江尾有一位姓蘇的農民會彈唱大本曲後，便前去拜師學藝。張大川學的是所謂大本曲的北腔，也即鄧川右所腔。透過連續不斷學習，張大川逐漸學會了大本曲北腔的各種唱本，如《磨盤記》《趙五娘尋夫》《王石鵬祭江》等。在精學大本曲北腔的同時，張大川也學習了南腔的相關曲目，如平板轉高腔的《上關花》。在學習記憶各唱本的過程中，張大川逐漸體會到，大本曲不是一種簡單的文藝活動，它是白族人民宣揚高尚的品格與精神的藝術形式，它宣揚的是傳統精神中的忠孝節義，更是和諧團結的潤滑劑，是白族人民為了更好生活而選擇的具有一定形而上意義的藝術表現方式。

在江尾住了約莫 3 年的張大川雖然學會了演唱大本曲，但並沒有學會彈奏大本曲用的樂器——三弦。1963 年，他被分配到右所鎮工作，其後透過親戚關係到西河埂做了上門女婿。張大川來了之後，逐漸有村民知道他會演唱大本曲，便牽線讓他與杜家營的杜文盔認識。杜文盔老師會彈唱大本曲，二人開始搭臺唱戲。

夏日紀事：洱源田野調查集
幸福篇

　　而此時，張大川與他未來 20 多年的搭檔，同住在西河埂的杜建華結識。杜建華年長張大川一歲，土生土長在西河埂，同時家中有一定的藝術氛圍：杜建華的爺爺會演唱大本曲，他的父親則會彈奏三弦，還能唱幾句大本曲的唱詞。從小看著父親擺弄三弦的杜建華，常常請父親彈奏一曲。

　　隨著年齡的增長，杜建華也有了學習大本曲的想法。在父親處學習部分內容之後，前往杜家營的杜文盉處，繼續學習大本曲的彈奏和演唱。在學習彈奏三弦時，因杜文盉患有眼疾，在杜建華把好三弦後，他要一邊聽杜建華彈奏的音調，一邊要手把手教杜建華將手指放在何處，如何彈撥以及用力大小等，十分用心。而教授演唱大本曲時，杜文盉先唱一句，然後讓杜建華跟唱一句，一句又一句地慢慢學習記憶。

　　5 年之後，杜文盉認為杜建華可以獨當一面了，因此某天叫杜建華在院子裡唱一曲。杜建華唱得很好，杜文盉很滿意，當場便宣布杜建華出師，杜建華便開始了自己的大本曲演藝生涯。杜建華於 1967 年結婚，而在與師傅搭檔一段時間後，因與張大川居住較近且有親戚關係，二人便正式開始搭臺唱戲。

　　大本曲流派不同，人員與樂器配備也有所不同。南腔大本曲除了歌者、三弦彈奏者外，還常常配備一名胡琴彈奏者，而北腔大本曲則僅需一位歌者和一位三弦彈奏者。據村民回憶，唱奏大本曲時，兩位藝人或坐或站，身旁配好茶水小食，以較為優雅的姿態進行唱奏。

　　隨著上臺次數的增多，張大川和杜建華配合得日趨默契，同時對唱奏以外的相關事項也有了進一步瞭解。

　　首先，大本曲並非下里巴人的音樂，而是高雅的藝術，不會下田為農事活動加油助威，而是有人相邀後才會前去唱奏。而在正式唱奏前，往往要打聽邀請者的相關訊息，如相邀的原因為何，是建房、婚事、生子還是白事；此外，還要瞭解邀請者其他方面的訊息，以便選取合適的唱本。而在唱奏大本曲時，需要注意唱本的內容、要幹什麼、表白時說什麼、做些什麼。只有把這幾個環節做到位，才能把本子唱好、唱出水平。

搭臺唱戲初期，幸福村還是以大隊為單位，彼時的報酬是工分，相較於農活要划算一些，唱本的選取也相對自由。加上中央提出了「古為今用，洋為中用」的方針，二人的演藝事業發展得越來越好。但沒過多久，「文化大革命」就開始了。

據兩位藝人介紹，此時出現了不少的「新本子」，如《白毛女》《血海深仇》《十五貫》等。這些新本子成為當時的主旋律，而許多老本子則被定性為「牛鬼蛇神」、封建殘餘等。在當時的形勢下，張大川和杜建華只能唱新本子，不能唱老本子，不久便停止了相關的活動。

「文革」結束後，張大川和杜建華才有了更多唱奏大本曲的機會，他們既可以在右所鎮管轄的村屯唱奏，也可以前往鄧川鎮所轄的村屯唱奏。一般在農曆的六月到八月密集唱奏，常常是剛剛唱完一家，就要前往下一家準備。由於大本曲的唱本眾多，且內容豐富，唱完一整本大本曲最少也需要4個小時，最多的需要一天一夜。而唱完一天一夜的大本曲，可以得到16元人民幣的報酬，在當時可以說是相當划算。但與此同時，南邊的大本曲藝人也來到北部地區進行彈奏演出，二人的演出事業受到一定的影響。

南邊來的大本曲演唱者名叫劉沛，被稱為南腔的代表人物。[17] 即使如今大本曲式微，仍然可以在右所鎮上看到劉沛演唱大本曲的磁帶以及配套的播放設備。其他村民小組的老人一說起大本曲，第一個提到的是劉沛，紛紛表示「劉沛來唱過」，「唱得好，可惜已經去世了，還好有錄音」。根據諸位老人的回憶，劉沛唱奏時一般為三人組合，即歌者、三弦演奏者和胡琴演奏者，三人一般一同前來。杜建華也曾與劉沛搭檔演出，他負責彈奏三弦，但次數不多。

在實力較強的南腔進入右所後，兩位藝人也經受著考驗。雖然每年的演出很多，1981年、1982年更是「聲勢浩大」，但因為張大川患有季節性支氣管炎，在連續唱了數百場之後，嗓子沙啞了很多，唱出來既費力又有些渾濁，審美效果打了折扣，觀眾也產生了些負面評價。直到1983年，「憶苦思甜」成為當地文化生活的重要組成部分，會唱奏老本大本曲的兩位藝人迎

來了又一個好時節，不僅演出紅火，而且洱源縣文化局成立大本曲協會時，張大川也成為創始會員之一，會員證至今還掛在張大川家的牆上。

然而好景不長，文化領域逐漸擺脫了束縛，卻也帶來了新的文化內容與表現形式。從 1984 年開始，杜建華與張大川的藝術生涯便逐漸開始走下坡路，即便是能夠演唱大本曲的白潔聖妃廟以及廟會等地，也沒有兩位藝人的身影。隨著開放的不斷深入，右所出現了更多的休閒娛樂活動，其中，電視機的普及對唱奏大本曲的影響最大，人們往往坐在電視機前看《霍元甲》《射鵰英雄傳》《西遊記》，而不再花很多錢請兩位藝人去唱奏大本曲。加上杜建華的三弦被孩子們弄壞後，他也就不再彈唱大本曲了。

而現代歌舞劇的傳入轉移了人們的興趣，大本曲也逐漸失去了往日的市場。加之張大川患喉疾，兩位藝人雖保持著平日的往來，卻只得放棄搭臺彈唱。

時光流逝，兩位藝人步入老年，精力已有些下降，似乎再無可能同臺彈唱大本曲。然而，事情在 2014 年 11 月有了轉機。著名音樂人陳哲發起了旨在保護傳承民間優秀文化的「土風計劃」，[18] 他們希望杜建華作為大本曲藝術的傳承者，出面教授學員大本曲。杜建華很是開心，一口答應了此事，張大川也欣然加入此事，兩位藝人便開始在西河埂的老年協會教授大本曲。一般為杜建華彈大本曲，讓學員用手機錄音；張大川教學員唱一些大本曲的著名選段，如《血汗衫》《趙五娘尋夫》等。多次排練後，兩位藝人帶領學員們在位於西河埂北側的西湖村進行藝術展示，即「土風計劃」之展演，計劃發起人陳哲亦來到了現場，兩位藝人發揮了極高的藝術水平。

三　分析與思考

杜建華和張大川兩位藝人，出生於新中國建立前，學藝於社會主義建設時期，在改革開放初期名噪一時，隨著中國對外開放程度的不斷加深而漸趨平凡，直到發起「土風計劃」，才讓兩位藝人在晚年再次與大本曲產生火花，可以說是歷經波折。而在感慨兩位藝人的生命歷程的同時，筆者注意到兩位藝人對自身過去的追憶方式與摻雜其間的外部話語。

作為普通的農民以及社會主義塑造的「新人」，兩位藝人的表述中存在諸多官方的、國家的話語要素，而這些要素也滲透進了兩位藝人的藝術生涯。首先出現的便是「古為今用，洋為中用」這一文化方針，其在一定程度上確認了大本曲的合理性，有利於兩位藝人的藝術生涯。「文革」時期，大本曲唱本首當其衝，老本子無法見光，只能私下唱奏，不能公開在村屯表演，取而代之的是「新本子」。其中有兩個「新本子」值得一提，一是《西門豹》，一是《十五貫》。西門豹破除迷信的故事人們早已耳熟能詳，然而這一故事在「文革」時期卻有著獨特的政治內涵，不論是「法家的無神論」「反動勢力」還是「奴隸主復辟」，都具有鮮明的政治立場，都是意識形態與階級意識的話語表現。《十五貫》是受官方宣傳影響而產生的新唱本，是官方意識形態在當地文藝界的體現。而「文革」結束後出現的「憶苦思甜」，則反映了當時右所鎮的精神生活仍然處於一種青黃不接期，舊的意識形態尚未完全消散，新的意識形態還未樹立。

每個獨立的個體都具備獨立敘事的能力，兩位藝人以自身為中心述說其藝術生涯，可以說在對自己的敘述上是具備權威性的，但一旦牽扯到更大範圍的歷史流變，則一家之言難以全信。筆者每次問及大本曲的問題，絕大多數當事人都會提起劉沛，講述劉沛來此表演的故事。僅有一位當事人提到了張大川，並表示他「聲嗓不好」，確是實情，然而這種表述與兩位藝人的表述有所不同，這意味著什麼？

大本曲主要分佈於洱海周邊，距洱海有一定距離的右所鎮實際上已非大本曲的中心，而不論是張大川的學藝處，還是劉沛的大本營，均位於洱海附近，是大本曲較為核心的位置。藝術流傳區域上的「中心─邊緣」形態是否有助於我們理解此種現象？在筆者看來，其正是解釋這一現象的敲門磚。

從地理位置上看，右所鎮西靠連山，洱海則位於地勢較低的東南側，不論從哪種角度看，右所都處於洱海文化圈的邊緣地帶。而正因為此，在評價兩位藝人的大本曲藝術歷程時必須注意，雖然兩位藝人現如今仍在發揮光和熱，但二人當年的藝術成就不及劉沛也是實情。受制於自身處於較為邊緣的

文化環境，他們雖然不能形成更加廣泛的歷史影響力，卻也能形成獨立且真實可靠的歷史敘事，使我們得以瞭解此地的社會歷史情況。

然而這一視角只是敲門磚，我們還需要思考更大範圍內的格局關係。既然兩位藝人是大本曲藝術在藝術邊緣地區的傳承人，那為何「土風計劃」不選擇洱海中心的傳承人，而是來到了這裡？換句話說，為何「土風計劃」與大本曲會在右所鎮相遇？雖然筆者不太清楚這一事件的具體運作，但根據兩位藝人的觀點，正是有了「土風計劃」，他們才重拾大本曲，並將其教給年輕一代。這一過程與所謂的「衝擊─反應」模式十分相似，雖然技藝精湛的兩位藝人自身具備自反性，但他們並不能在藝術傳承方面有許多獨自行動。而在兩位藝人的生命歷程的敘述中，我們也能看到官方話語的滲透。由此可知，藝術的地區邊緣可以憑藉國家的力量讓自己的藝術重獲新生，也可以借此力量讓自身的藝術傳承下去。這一「借力」是必需的，倘若沒有這一借力，相關的組織、活動甚至教學都難以進行。而在地方的社會生活中，邊緣地區的藝術雖然無法與中心地區的藝術抗衡，卻可以憑藉自身具有的力量，單獨展現出一套藝術的獨特系統。

四　結語

兩位藝人的生命歷程是我們理解當地文化格局的重要支撐，兩位藝人所唱的北腔相較於南腔，距大本曲中心稍遠，造成了自身處於邊緣的局面。幸運的是，兩位藝人得到了「土風計劃」的支持，使他們作為普通的大本曲藝人得以借力傳承大本曲藝術。縱觀全文可以看出，某一地區特殊事項的核心往往具有強大的生命力與延續性，一般而言，除非遭遇重大變故，否則可以延續很久，而地區邊緣則沒有那麼幸運。不論是何種事項，在邊緣地區既缺少較為穩定的社會文化發展環境，也容易與其他地區的文化相互接觸交流，穩定性也稍遜一籌。但是邊緣地區如果能得到強大的支持，如官方政策的支持，便能形成強大的發展力量，使得自身的敘事更加獨立，更加飽滿。

參考文獻

（一）專著

[美]娜塔莉·澤蒙·戴維斯：《檔案中的虛構》，北京大學出版社，2015。

[美]娜塔莉·澤蒙·戴維斯：《馬丁·蓋爾歸來》，北京大學出版社，2009。

[美]詹姆斯·C. 斯科特：《國家的視角》，社會科學文獻出版社，2004。

[美]詹姆斯·C. 斯科特：《農民的道義經濟學》，譯林出版社，2013。

劉琪：《命以載史》，世界圖書出版社，2011。

曼素恩：《張門才女》，北京大學出版社，2015。

曼素恩：《綴珍錄》，江蘇人民出版社，2005。

沈艾娣：《夢醒子》，北京大學出版社，2013。

（二）期刊

董秀團：《白族大本曲的文化內涵及傳承發展》，《雲南民族大學學報》2012年第2期。

董秀團：《雲南大理白族地區大本曲的流播與傳承》，《民族文學研究》2006年第3期。

高濤：《憶苦思甜》，《檔案天地》2011年第3期。

梁黎：《陳哲和他的「土風計劃」》，《中國民族》2007年第2期。

孫國林：《毛澤東「古為今用，洋為中用」批示的來龍去脈》，《黨史博采》2010年第11期。

白族大本曲的文化價值及其傳承——基於大理洱源縣的研究

陳彥奇

摘要：大本曲是白族的一種曲藝，民間常把唱大本曲稱為「唱大本子曲」，即演唱長篇故事的曲子，主要流傳於雲南省大理白族自治州所轄的大理、洱

源、賓川等地。在每年五月農忙後和九月收割前的農閒時節，農村傳統風俗活動本主會、三月街、繞三靈、火把節等節日，是藝人演唱大本曲最繁忙的時期。本文梳理了大本曲的文化內涵，分析了大本曲的文化價值，並探討了大本曲的發展趨勢及傳承的應變措施。

關鍵詞：大本曲；文化；傳承；曲藝音樂

一　緒論

（一）研究背景

雲南是中國西南邊陲一個美麗神奇的地方，這裡有著多樣的自然環境，無盡的綺麗風光。雲南少數民族藝術和民族音樂，美不勝收，猶如一片沒有盡頭的藝術海洋，許多文化研究者和藝術愛好者為之魂牽夢縈，吸引了無數國內研究者的目光。[19]但是，由於大理的白族在中國西南地區各民族中經濟較為發達，尤其是旅遊經濟較為發達，和其他民族特別是漢族的交往很多，自然環境、社會環境急速變遷，文化交流和文化變遷迅速，缺乏對傳統曲藝音樂藝術文化的保護與傳承，這就導致了白族傳統藝術文化和曲藝音樂的流失。針對現在可以用來研究的資料，雖然有對大理白族地區民族藝術和民族音樂文化的研究、資料、文獻，但是對於洱源地區的研究不是很多，因此，從人類學、民族學的角度對大理洱源地區的民族藝術和民族音樂文化進行的研究有著重要的現實意義和學術價值。

（二）研究意義

1. 現實意義

在如今的社會背景下，民族藝術和民族音樂生存發展的自然環境、社會環境急速變遷，缺乏對傳統曲藝音樂藝術文化的保護與傳承，造成文化多樣性的減少。雲南白族大本曲的研究和傳承，不僅可以保護和傳承雲南民族藝術和民族音樂，更可以保護非物質文化遺產。因此，從人類學、民族學的角度對大本曲進行研究，可以保護這些傳統文化藝術遺產，為當代藝術創作以及民族文化產業、旅遊產品開發等提供參考。

2. 學術意義

近年來，對雲南民族藝術和民族音樂的研究呈現上升的趨勢，研究成果所涉及的領域也越來越廣，多為在田野調查的基礎上進行的宏觀研究。但是，運用藝術人類學、民族學理論對雲南白族傳統曲藝音樂藝術這一專題領域進行的研究還比較少。因此，本文將對雲南白族傳統曲藝音樂藝術形式——大本曲，做一個簡單的整理，並以此為出發點，探討白族曲藝音樂的發展趨勢及傳承的應變措施，對於促進民族文化的發展，具有重要的學術意義。

（三）文獻綜述

1. 大本曲的形成和發展

大本曲的形成受到研究者的關注，眾多研究中都對大本曲形成的確切時間有所討論，現在的研究主要贊同的觀點是明代的「山花詩體」[20]。從民族文化角度來說，董秀團認為大本曲的形成是多種民族文化交流的結果。僅從文化的保留角度來看，一些研究主要是在白族文化下探究大本曲。但從形成上來看，大本曲具有跨文化交流的特點，這個觀點在《白族大本曲傳承發展與研究——從傳播學的視角》中有所闡釋，文中列舉了白族民間故事對大本曲的內容的影響以及漢族文化對大本曲曲調形式和演奏方式的影響，說明了大本曲跨文化交流產物的屬性。[21]

2. 大本曲傳承方式及現狀的研究

就傳承方式以及現狀來說，董秀團總結了民間具有師徒傳承、家庭傳承、現場觀摩傳承、藝人交流傳承等傳承方式，口頭傳承與曲本書面傳承有機結合的傳承體系。然而，同眾多少數民族文化一樣，研究者也意識到大本曲的傳承危機。董秀團提到政府介入傳承保護大本曲文化，《白族大本曲的文化內涵及傳承發展》中針對大本曲傳承危機提出了建議，比如傳承時注重結合大本曲的音樂形態特點，既注重口頭的表演和傳承、培養新的傳承人，也要注重對曲本的搶救和保存，充分發揮曲本的作用；以及在手段方式上利用現代傳媒。總結起來就是：在傳承中既要保持傳統特色，又要努力創新。[22]

（四）研究方法

本文主要采用的是文獻分析法、田野調查法和個案分析法。

文獻分析法是蒐集大量「大本曲」相關文獻資料和白族文化相關資料，為說明「大本曲」在整個白族文化體系中的位置提供了充足的研究資料，保證了調查的順利進行。

田野調查法即實地調查法，主要包括參與觀察和訪談法。所謂參與觀察，就是調查者與被調查者共同生活、共同勞作，即「同吃同住同勞動」，從實地去觀察、體會。訪談法是蒐集被調查者口述資料的調查方法。在實際的調查過程中，訪談總是與觀察並用的。[23]

個案分析法，又叫案例分析法，是一種運用歷史材料、文獻檔案、觀察等多種方法收集典型案例，並遵循一定的原則和技巧對案例進行深入的分析，從而得出帶有普遍性的結論、可推廣的方法。

良好的理論訓練以及對最新成果的熟悉，與「先入為主的成見」不同。[24] 如果在進入田野之前就對田野工作的結果進行一個假設，就像是先有了確定的「模子」，再往其中填充材料一樣，這樣的做法完全忽略了田野調查中的行動者及其變動的情境。調查者是否要帶著自己的理論框架進入田野進行調查，這是一個非常值得討論而且迫切需要得到答案的問題。

（五）田野點簡介

本研究的田野調查點是西河埧村（自然村），屬於洱源縣右所鎮幸福村委會管轄。西河埧自然村在民族成分上幾乎全是白族。2000年以前，西河埧村民收入主要以種植業、養殖業為主。種植業發展主要是分兩季，五月到九月以種植水稻為主；十月到次年三月主要以種植大蒜為主。養殖業主要是以養家畜為主，普遍養奶牛和豬。一般日常的經濟開銷主要是靠養奶牛擠奶，然後交到奶站獲得報酬。村裡的一些村民會做乳扇，但耗時長，做乳扇的收入要比把牛奶直接交到奶站要高一些。村民生活大多時候比較簡單，多數60歲以上的老年人以在西河埧老年協會打麻將為樂，別的娛樂活動較少。筆者

的房東同時也是主要訪談對象杜老先生，一天當中，除了基本的田間勞作、餵豬、做飯外，娛樂活動以打麻將和唱大本曲為主。

二　何謂大本曲

大本曲是白族的一種曲藝，民間常把唱大本曲稱為「唱大本子曲」，即演唱長篇故事的曲子，主要流傳於雲南省大理白族自治州所轄的大理、洱源、賓川等地。田邊地頭，街頭巷尾，皆可表演。除少數專業藝人外，多由農民業餘表演。在每年五月農忙後和九月收割前的農閒時節，農村傳統風俗活動本主會、三月街、繞三靈、火把節等節日，是藝人演唱大本曲最繁忙的時期。白族民間流傳著「三齋不抵一曲」的俗語，意思為做三次宗教的齋事，還不如唱一回大本曲。白族還有一句民諺說「不放鹽巴的菜吃不成，不唱大本曲的日子過不成」，可見大本曲在白族人民的生活中有著多麼重要的位置。

（一）大本曲的源流

大本曲歷史悠久，起源很早。有關大本曲的來源，一說起於唐代，一說源於明代，尚無準確的文字記載，僅能從少量的現存文史資料中推測。據徐嘉瑞的《大理古文化史稿》所述：「大本曲歷史，最早的記載見於《五代會要》所記的《南詔上大唐皇帝舅書》（大唐皇帝即後唐莊宗，時唐已亡），附有《轉韻詩》一章，詩三韻共十聯，有類擊築詞。這是大本曲最古的記載。」如果徐嘉瑞所言可靠，那麼早在公元 925 年，便已有了這種藝術形式。

（二）大本曲的唱腔

大本曲的音樂素有「三腔、九板、十八調」之說。

1. 三腔

「三腔」就是各地藝人在長期的演唱實踐中，因旋律進行、處理方法、襯詞處理和演唱風格等因素的不同，形成了以大理古城為中心，流行於城南、城北和城東洱海對岸海東一帶的「南腔」「北腔」和「海東腔」三種不同演唱特色的大本曲流派。

2. 九板

「九板」是白族大本曲常用的九個基本腔調，無論抒情敘事都用。「九板」為：〔平板〕（也稱〔正板〕〔簡板〕）、〔高腔〕（也稱〔黑淨板〕）、〔脆板〕（也稱〔路路板〕）、〔大哭板〕〔大哭邊板〕（簡稱〔邊板〕）、〔小哭板〕〔小哭趕板〕（簡稱〔趕板〕）、〔提水板〕和〔陰陽板〕。曲調的名稱在借用漢族戲曲術語同時，結合曲調音樂功能來命名，如〔高腔〕〔脆板〕〔黑淨板〕等。[25]

「九板」是白族大本曲的基本曲調，可以塑造各種音樂形象，抒發不同的情感；既可單獨使用，也可按一定規律連綴成套曲。筆者在田野調查中，向大本曲傳承人杜瑛老先生瞭解到：由於大本曲有人物、故事情節，因而對音樂也就提出了表現各種人物、複雜思想情感的要求，於是大本曲藝人在實踐中逐漸創造出了多種套曲形式，如：高腔→脆板→平板、平板→高腔→脆板等。這些套曲形式給人以如泣如訴、聲淚俱下或怒火滿腔、極力控訴的感受，豐富並發展了原有的樂意。

「十八調」即〔新麻雀調〕〔老麻雀調〕〔螃蟹調〕〔家譜調〕〔琵琶調〕〔花子調〕〔花譜調〕〔道情調〕〔放羊調〕〔祭奠調〕〔上墳調〕〔拜佛調〕（又名〔仙家樂〕）、〔問魂調〕〔起經大會調〕（又名〔大會調〕）、〔思鄉嶺〕〔陰陽調〕〔血湖池〕（又名〔玉河池〕）等。

（三）大本曲的唱本

大本曲的「曲」，就是有故事內容的曲調，「大本」即長篇的本。大本曲的唱本、唱詞，大都是「成本大套」的敘事詩。這些曲目除了取材於白族人民的生活，如《血汗衫》（又名《磨盤記》）、《火燒松明樓》、《上關花》等，大多取材於漢族歷史故事和民間傳說，甚至有不少是直接從漢族地方戲曲移植過來的。其中比較常見的有：《鍘美案》（又名《陳世美不認前妻》《秦香蓮》）、《琵琶記》（又名《趙五娘尋夫》）等，不下數十種。大本曲曲目所包括的題材也非常廣泛，有反映封建社會中青年男女爭取婚姻自由的曲本，也有表現重大的歷史事件的曲本。[26]

（四）大本曲的唱詞

大本曲唱詞的格式決定了唱腔在音樂上的結構，同時，大本曲唱腔的基本結構是四行一個樂段。大本曲常用的有「花上花」「勞利勞」「油魯油」「翠茵茵」四大韻，唱詞格式大多為三七一五，即三行七字句，一行五字句。

大本曲唱詞的格式比較固定，基本特徵是，四句一段，前三句七個字，後一句五個字，即「三七一五」，如：

正在此間把花看，

那邊來了一姑娘，

看她眉清又目秀，

人才一朵花。

—— 《上關花》

大本曲的唱詞是漢語和白語夾雜，白語也用漢字寫出，但在句旁加注說明。如：

亥利高尼丈子亥（要活我倆一起活）

西利高尼丈子西（要死我倆一起死）

一心要把臟官殺，

乾硬菜更希（救出我的妻）。

—— 《上關花》

前兩句和最後一句是漢字記白語，唱時用白語唱，第三句是漢語，唱時用漢語。

（五）大本曲的伴奏樂器

傳統大本曲演唱的伴奏樂器用自製的大三弦。這種大三弦十分有特色，以木雕的龍頭裝飾，音箱呈橢圓形，以蛇皮蒙面，音量大，音域寬，音色圓潤渾厚。[27] 定弦無固定音高，常根據演唱者的需要作調整。演出時，用牛角

圓形指套套在右手食指上。在演唱之前要先彈奏過門，過門（包括前奏和間奏）演奏的音調，一般是唱腔主題的變奏。獨立的伴奏樂曲和豐富的伴奏手法和形式，使大本曲演唱的表現，更具感染力和表現力。

（六）大本曲的演唱形式

　　大本曲的傳統演唱形式比較簡樸，一般為一人坐唱，一人以三弦伴奏，類似姑蘇評彈。在大型節日的隆重場合中，還需搭建彩臺，擺設香案。二人分坐於高臺之上，演唱者持一方手帕、一把摺扇、一塊醒木為道具，坐於桌後，伴奏者懷抱三弦坐於桌旁。據杜老先生介紹，通常的表演程序是：三弦曲「大擺三臺」「小擺三臺」（造成情感醞釀的作用）→上詩（念四句七言詩，接著是一段道白，再起唱）→以平板開唱。杜老先生向筆者介紹道：起唱前通常加「叫板」，如當表演者喊：「好苦，唉咳咳唷！」時，伴奏即起〔小哭板〕過門；當表演者喊：「真正好看哪！」或讚歎之後起〔平板〕；當表演者喊：「好傷心……」之後起〔大哭板〕，演唱的人和伴奏的人配合得十分默契。

三　大本曲的價值

（一）文學價值

　　大本曲唱本中包含著大量的豐富故事，它們或反映一個深刻的主題，或反映廣闊的生活，或表現深刻的思想。有些內容是揭示勞苦大眾不屈於被宰割、被汙辱、被損害的境遇，他們疾惡如仇、奮起反抗；有些內容不但傳授了一定的歷史知識， 展現了大理絢麗的自然風光，還培養了民族團結的感情，增進了民族間的交流和認同；有些內容反映了白族人民的審美觀點和道德觀念。因此，大本曲有著重要的文學價值。

（二）藝術價值

　　大本曲曲目所包括的題材也非常廣泛，有表現重大的歷史事件的曲本，有反映封建社會中青年男女爭取婚姻自由的曲本，也有反映白族人民日常生活的曲本。這些作品，從不同角度反映了白族人民在各個歷史時期的社會現實和日常生活。例如，大本曲《血汗衫》所表現的善與惡的鬥爭，善最後戰

勝惡的主題，完全符合白族人民的審美觀點和道德觀念。這些都反映了大本曲的藝術價值，是白族群眾審美和情感的集中體現。

（三）娛樂價值

聽老藝人演唱大本曲，是白族地區群眾文化娛樂生活的主要內容之一，逢年過節或趕廟會，當地人們都要請附近著名的老藝人來唱大本曲，有的唱半天或一天，有的要唱三天三夜或七天七夜，還有的甚至要唱一個月之久。一般在廟裡或街頭搭一個簡易的臺子，放上一張桌子和兩把椅子，二位藝人就座，一彈一唱就拉開大本曲的表演序幕了。大本曲在農閒的時候演唱，老少皆宜，因此，大本曲有重要的娛樂價值。

四　大本曲的傳承

在民間，大本曲也形成了一套相對完整的傳承體系，具有師徒傳承、家庭傳承、現場觀摩傳承、藝人交流傳承等傳承方式，並將口頭傳承與曲本書面傳承有機結合，為大本曲在民間的生存和輝煌奠定了基礎。[28]

（一）傳承場合、方式和途徑

傳承場合在傳承人家裡和一些表演場所；方式和途徑以口傳心授與曲本書面傳承有機結合為主，也輔以一些現代的傳媒技術，如錄音和錄像等方式。在田野調查過程中，杜老先生就讓筆者用手機錄了許多有趣的大本曲彈唱的片段。

大本曲的傳承主要有唱腔、唱本和伴奏即彈奏三弦的傳承。筆者瞭解到，杜老先生在教學中先教學員唱腔，讓學員記錄唱詞，並用手機錄下杜老先生彈的大本曲伴奏；至於三弦的彈奏有一定難度，而且定弦無固定音高，常按演唱者的需要作調整，因此，彈三弦的傳承遇到了很大的阻礙。筆者在向杜老先生學習彈奏三弦的時候，杜老先生說三弦無固定把位，只能靠感覺找，從而讓筆者感到十分迷茫，到最後也沒有學會三弦的彈奏。

（二）對傳承的一些建議

首先，注重唱本的保護。大本曲是一種口頭、非物質的文化，因而，對於大本曲的保護，也應該從其自身性質出發，既注重口頭的表演和傳承，培養新的傳承人，也要注重對曲本的搶救和保存，充分發揮曲本的作用。[29]

其次，積極利用現代傳媒。現代傳媒拓展了大本曲保護和傳承的手段和方式，電視節目的播出、VCD和DVD視頻的製作，使得大本曲演唱保存的時間被延長，傳承的方式更加靈活，觀眾可以隨時隨地聽到演唱，還可重複播看，而不必像過去那樣受制於場合、場所、藝人的表演。

最後，加強三弦的教學。可以借鑑其他音樂的傳承方式，例如：洞經音樂、姑蘇評彈等用音符記錄伴奏旋律的方式。這樣可以使之更好地被演奏出來，從而流傳下去。

五　結論

大本曲是白族曲藝音樂藝術中的一朵奇葩，不僅具有較高的文學、藝術和娛樂價值，而且十分值得傳承。大本曲是白族文化系統中的重要內容，其中包括了豐富的文化內涵，我們應該給予它更多的關注。總之，我們既要「陽春白雪」，也要「下里巴人」；我們既要重視大本曲質量的提高，也要重視它的普及。

參考文獻

（一）專著

[英]馬林諾夫斯基著，梁永佳、李紹明譯：《西太平洋的航海者》，華夏出版社，2002。

洱源縣民族宗教事務局：《洱源縣民族宗教志》，雲南民族出版社，2006。

費孝通：《社會調查自白——怎樣做社會研究》（第1版），上海人民出版社，2009。

汪寧生：《文化人類學調查》，文物出版社，1996。

謝崇抒、謝自律：《中國雲南少數民族音樂考源》，上海三聯書店，2012。

（二）期刊

丁慧：《雲南白族大本曲的音樂特徵》，《歌海》2009 年第 1 期。

董秀團：《白族大本曲的文化內涵及傳承發展》，《雲南民族大學學報（哲學社會科學版）》2012 年第 2 期。

董秀團：《學術史視界中的白族大本曲》，《思想戰線》2004 年第 4 期。

楊亮才：《談白族大本曲》，《中央民族學院學報》1985 年第 2 期。

楊育民：《白族大本曲的藝術特徵》，《大理民族文化研究論叢》2010 年第 4 期。

（三）學位論文

王小亞：《白族大本曲的傳承與發展研究》，碩士學位論文，雲南大學，2011。

農業企業化下的奶牛養殖場——基於雲南西河埂村的田野調查

溫浪

摘要：養奶牛是西河埂村一種重要的農業活動，村民們習慣於每天趕著奶牛兩次往返養殖場的日常。另外，仍有一部分村民維持著傳統的人工方法，他們擠好奶以後送往養殖場。在農村，奶牛養殖場實質上就是農村企業的一種形式。本文透過系統分析奶牛養殖場[30]，探究農業企業化視角下的農村奶牛養殖場的發展。

關鍵詞：奶牛；養殖場；農業企業化

一 選題地介紹

西河埂村屬於雲南省大理白族自治州洱源縣右所鎮幸福村下轄的一個自然村，位於洱源縣東南部，其所屬的幸福村共有 3345 人，分佈有 8 個村民小組，9 個自然村。

二 文獻回顧及相關概念界定

（一）關於農業企業化

胡鞍鋼、吳群剛認為農業企業化是以市場為導向，以經濟效益為中心，以主導產業、產品為重點，優化組合各種生產要素，實行區域化佈局、專業化生產、規模化建設、系列化加工、社會化服務、企業化管理，形成種養加、產供銷、貿工農、農工商、農科教一體化經營體系，使農業走上自我積累、自我發展、自我約束、自我調節的良性發展軌道的現代化經營方式，是對於傳統農業增長方式的轉變。[31]

（二）關於農業現代化

農業企業化的目標是邁向現代農業，而現代農業和農業現代化存在著密不可分的關係。孟秋菊認為現代農業與農業現代化是目標及手段的關係，同時，她總結道：現代農業是相對於傳統農業而言，是傳統農業逐漸發生量變，最終發生質變後的新農業，是從傳統農業轉變而來的農業發展的新階段。[32]

（三）關於農業機械化

山寶琴、劉亞鋒總結了農業機械化的作用：是生產發展的有效途徑、生活寬裕的強大保障、鄉土文明的重大載體、村容整潔的重要前提。總之，農業機械化在社會主義新農村建設中發揮著重要作用。[33]盧秉福、張祖立、胡志超以哈爾濱糧食的實際生產為例，分析了農業機械化技術進步對農村經濟發展的影響：增加農業機械化的貢獻率，提高糧食綜合生產能力；有效抵禦自然災害，提高土地產出率；加快農村勞動力轉移，形成規模效益。[34]

三 農業企業化下的奶牛養殖場概況

（一）奶牛廠自身

1. 奶牛廠介紹

（1）奶牛廠空間

一區：機器擠奶機房，房內有全自動化的擠奶設備和兩個牛奶儲藏倉庫。

二區：奶牛養殖區，二區①養殖的是產牛奶的奶牛，二區養殖的是不產牛奶的奶牛（包括小奶牛、斷奶期奶牛）。二區①上面蓋著藍色硬鐵篷，用鐵柱把二區①分成三個獨立的空間。

三區：住宅區，這是奶站的主人一家居住的地方。

雜物間：二區最南側的雜物間用來停車或者堆放一些奶牛吃的青飼料（青玉米稈、青草等）。

辦公區：辦公區有三間房，最南側的一間房用來存放飼料、粉碎機等雜物，中間一間房是奶站主人的辦公室，用來會客；最北側的一間房是工人的住處。

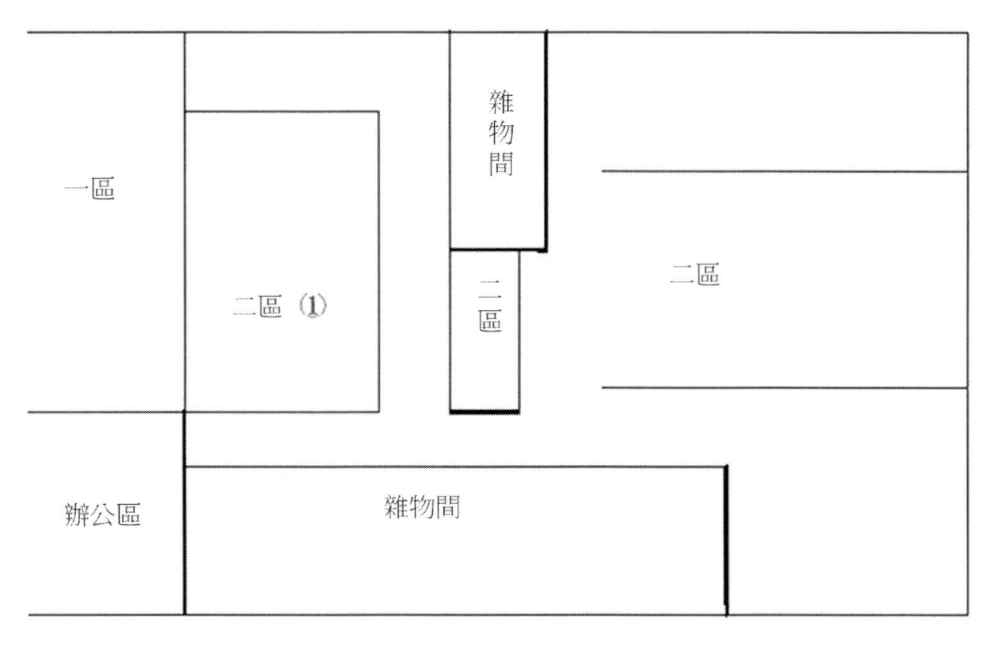

奶牛廠空間示意圖

（2）奶站的一天

早上5點半，電閘一拉，機器發出了「轟轟」的聲音，擠奶開始了。當奶站主人家的奶牛隻剩下最後幾頭時，其他農戶家裡的牛也被趕了進來。擠奶的順序基本上是不變的，嚴謹的奶站會計敏銳地看著罐上的讀數——這是

奶農收入的憑證。筆者看完整個機器擠奶過程，正打算往回走的時候，遇到了河對岸（也是屬於西河埂）的李阿姨。她沒有趕牛，騎著電動摩托車，車子前面放著一桶剛擠好的牛奶。她和我打完招呼後，就把牛奶放在奶站會計前面的稱上，然後拿出本讓會計做好記錄，將桶裡的牛奶倒進儲藏倉庫。原來這是奶站在收散奶，全村的人並不是都會把牛趕到奶站，有部分人會選擇在自己家把奶擠好，然後送到奶站。

（3）奶牛養殖一天流程

當奶站的機器還在轟鳴時，隔壁的奶牛養殖工人開始了一天的工作。早上 7 點，開始餵食。工人先給牛餵完飼料，然後打開自來水，讓牛喝水，再給牛投放青草。餵食結束以後，工人要清理牛的排泄物。工人把糞便鏟到一起，裝在小推車上，統一拉到二區北側。由於需要較大的力氣，因此做這個活的都是男性。奶牛吃的主要是飼料和麵類，還有大量的草，所以牛糞便的氣味並不是很臭，但是村民都異常排斥這個活兒。

奶牛廠的內景圖

2. 奶站的建立

（1）奶站建立的過程

提出申請—建設廠房—與奶粉廠簽訂協議—政府補貼機器—開始營業，這是「政府補貼＋私人投資」相結合的方式，也是農業企業化的一個過程。

（2）奶站建立的原因和初衷

被訪談對象都提到了增加收入，這是最根本的原因，也是建立奶站最原始的動力。

3. 奶牛廠的人事組織

（1）奶牛廠的人事組織安排

董事長：男主人，負責奶牛養殖場的重大戰略決策。

總經理：女主人，負責奶牛養殖場的日常運營。

兒子（幫工）：同工人一樣幹活，但是作為家庭的幫工，沒有工資。

工人 A：廠裡唯一的全職工人。

工人 B：工廠的兼職工人，目前有三個。他們家裡還有農活，每天在廠裡事務較多的時候（比如擠奶的時候）過來。

```
        董事長
          ↓
        總經理
      ↙    ↓    ↘
    兒子  工人A  工人B
```

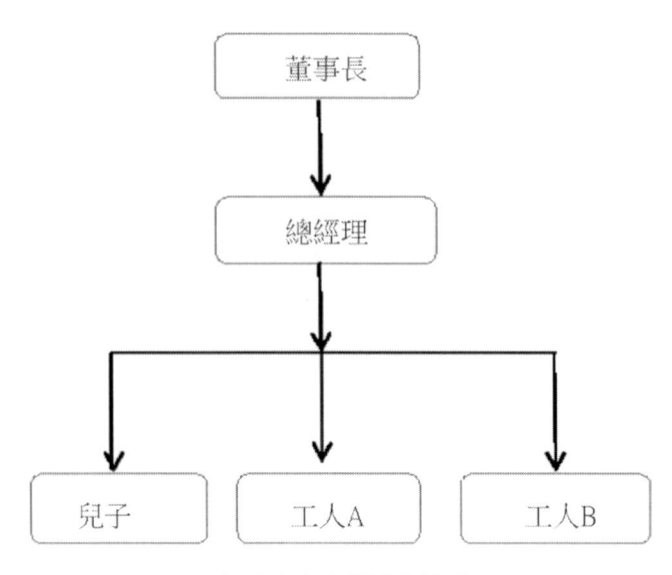

奶牛廠人事組織安排圖

(2) 養殖場的家庭性別分工

　　由上面的人事組織圖可知，男主人對養殖場的事務起著最後的決定作用，並代錶廠子對外進行聯絡。女主人起著維系養殖場日常運營的作用，她自己也參與養奶牛的日常事務。

（二）村莊中的奶牛養殖場
1. 奶牛廠在村莊中的位置
（1）位置

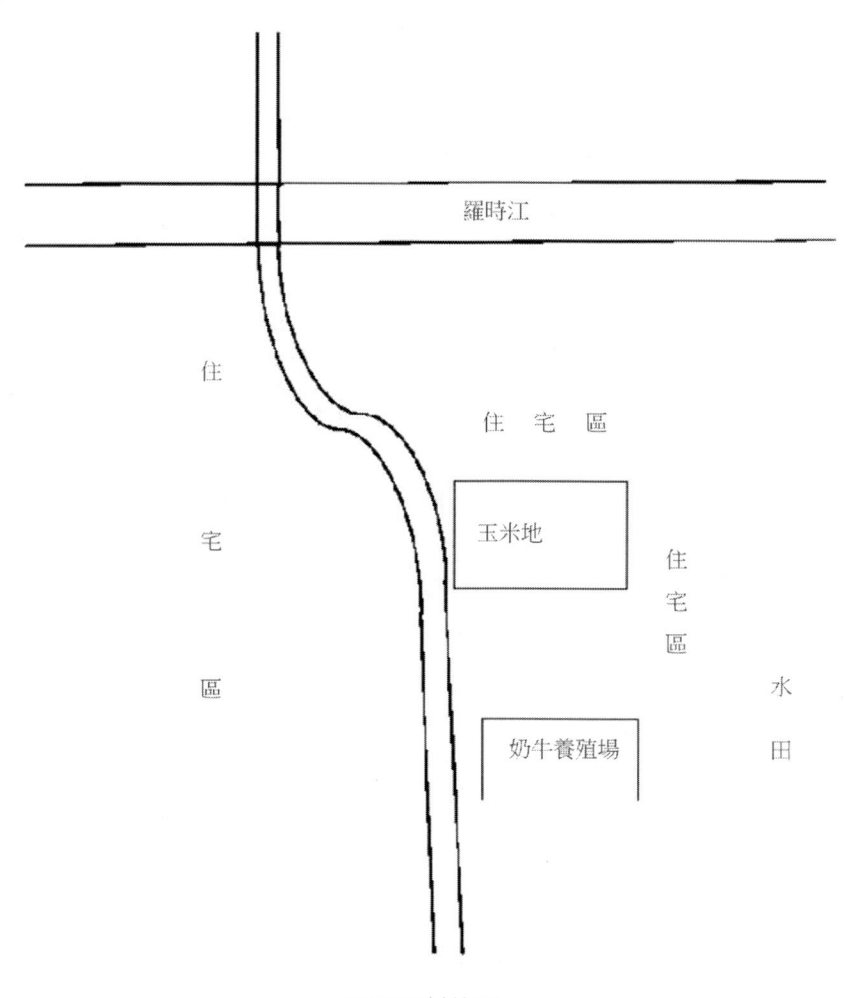

```
                    羅時江


        住                          住 宅 區
        宅
        區                   ┌──────┐
                             │ 玉米地 │
                             └──────┘          住
                                              宅
                                              區      水
                             ┌──────┐                田
                             │奶牛養殖場│
                             └──────┘
```

西河埂村簡圖

　　從上圖來看，奶牛養殖場位於西河埂村的中心位置，北、南、西三個方向都是居民區，這樣的地理位置有利於全村趕牛過來擠奶以及村民過來送散奶。

95

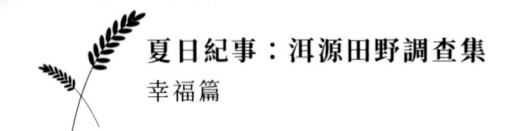

(2) 機器擠奶與人工擠奶

機器擠奶的流程是：奶牛的主人從擠奶房的西北門把牛趕進機房，先用熱水擦洗奶包，然後啟動擠奶機，隨著「轟轟」的聲音，奶牛的乳汁進入奶罐。擠奶結束後，奶站會計登記擠奶量，奶牛的主人從機房的另外一側把牛趕出來。

人工擠奶的方法比較原始，先把桶拿到牛棚，接著擦拭奶包，然後捏住奶嘴不斷用力，牛奶就噴到了桶裡。這是一項體力活，一個人也能夠完成。下面透過表1，對人工擠奶和機器擠奶做一個對比：

表1　機器擠奶和人工擠奶對比

	機器擠奶	人工擠奶
路程	較遠	不需要出去
人力	較小	較大
奶價	高	低
奶質	較好	較差
安全法	低	高
疾病傳染率	較高	較低

當被問及為什麼不選擇到奶站使用機器擠奶時，使用人工擠奶的農戶回答說主要是「怕感染到疾病」，其次是「嫌太麻煩」，再有就是出於奶牛行走安全的考慮。這個地區曾爆發過一次牛的口蹄疫疾病，奶農們至今仍心有餘悸。因此，提高奶站機器擠奶率的關鍵是做好傳染病的預防，加強衛生安全等。

(3) **一般農戶與奶牛養殖場空間對比**

下面，筆者以被訪談對象李阿姨家的居住空間為例進行說明：

```
┌─────────────────────────────────────────────────┐
│                   住　　房                       │
├──────┬───────────────────────────────────┬──────┤
│      │                                   │      │
│ 廚   │                                   │ 牛   │
│ 房   │                                   │ 欄   │
│      │                                   │      │
└──────┴───────────────────────────────────┴──────┘
```

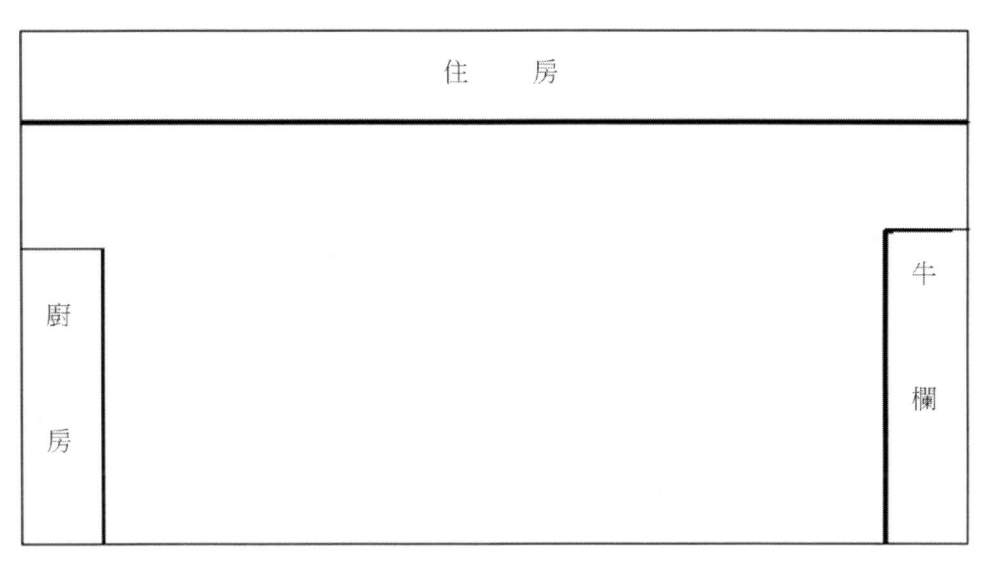

農戶家平面示意圖

　　一般奶農家由住房、牛欄、廚房和院子組成，受限於面積較小，很難擴大養殖規模；加上奶農們一般都是集中居住，房屋外面很難擴大面積。另外，他們很少有專門堆放牛糞便的地方，或是用糞便施肥，或是用糞便換稻草。而養殖場的牛糞便則堆放到專門的區域，然後賣給有機肥公司。

3. 村莊外的奶牛廠

（1）政府

　　在奶牛養殖場建立和運行的過程中，政府造成很大的甚至是決定性的作用。

（2）奶粉廠收購

　　除了蝶泉，還有來思爾、歐亞等奶粉廠透過同村裡的奶牛養殖大戶訂立收購合約等方式，參與村裡的奶源競爭。

四　結論

　　下面，筆者將試從以下幾個方面論述西河埂奶牛養殖場的特點：

第一，私人建廠＋定向協議＋政府補貼：奶牛養殖場採取的是私人提供廠房，向奶粉廠提出合作意向，簽訂協議，然後向政府提出申請，政府提供補貼這樣的一種方式。奶牛養殖場與蝶泉簽訂收購協議，這使得奶牛養殖場成為蝶泉在村裡的收購點。

第二，家庭性＋鄉土性：王銘銘、楊清媚認為，土指的是土地、社、農業和守土意識，鄉指的是群、故鄉和具體的時空坐落，鄉土社會是熟人社會。[35]奶牛養殖場植根於鄉村，其工人是當地農民，主人和工人同桌吃飯，並沒有特別的區分，使得奶牛養殖場具有鮮明的鄉土性特徵，管理實質則是家庭分工的繼續。

第三，機器擠奶和人工擠奶：筆者統計了養殖場41個奶站不同奶農飼養奶牛的數量，從機器擠奶和人工擠奶兩個角度做了統計分析（見表2）：

表2　養殖場奶站不同奶農飼養奶牛數量統計

	>6（多）	4或5（中）	<4（少）	合計
機器擠奶	3	8	11	22
人工擠奶	0	4	15	19

機器擠奶中：「多」組占比13.6%，「中」組占比36.4%，「少」組占比50%。

人工擠奶中：「多」組占比0%，「中」組占比21.1%，「少」組占比88.9%。

統計數據表明，飼養的奶牛頭數越多，越趨向於使用機器擠奶。因此，在選擇機器擠奶或人工擠奶時，奶農考慮的主要是自家飼養奶牛的規模。

第四，廢棄物利用的有效性：一般奶農家的牛糞或是堆在自家門前，或是倒進自家房子後面的一個池子，造成村子裡牛糞的味道比較重，不利於村莊的環境衛生。而養殖場則有堆放牛糞的特定場所，積累到一定數量後賣給有機肥公司，不會對環境造成負面影響。

第五，基層市場的聚合點：施堅雅認為「基層市場為這個市場下屬區域內生產的商品提供了交易場所，但更為重要的是，它是農產品和手工業品向上流動進入市場體系中較高範圍的起點，也是供農民消費的輸入品向下流動的終點」。[36]

作為「離鄉不離土」的一種形式，奶牛養殖場有很多值得借鑑的地方，它的規模能夠帶來一定的經濟效益，同時，也能夠吸納一部分農村勞動力就業。由於處於農村企業發展的初期階段，對政府補貼與政策的依賴性比較強，對其長遠發展來說是非常不利的。

五　結語

儘管西河埂村的奶牛養殖場在發展中遇到了諸多問題，存在著由於環保引發的可能遷移的隱憂，但其建立和發展還是給農村企業發展提供了一種新的思考角度。這裡借用費孝通的一句話加以說明：

強調傳統力量與新的動力具有同等重要性是必要的，因為中國經濟生活變遷的真正過程，既不是從西方社會制度直接轉渡的過程，也不僅是傳統的平衡受到了干擾而已。[37]

同樣地，農村企業的建立也是外部力量和內部力量綜合作用的結果，在調查過程中，筆者看到了政府對奶牛養殖場的扶持，也看到了養殖場主一家人的拚搏，還有養殖場工人盡心盡力的工作。養殖場的發展雖然不會一帆風順，但是筆者相信它的未來一定是美好的。

參考文獻

（一）專著

[美] 施堅雅：《中國農村的市場和社會結構》，中國社會科學出版社，1998。

費孝通：《江村經濟——中國農民的生活》，商務印書館，2007。

劉豪興主編：《農村社會學》，中國人民大學出版社，2008。

王銘銘：《社會學與中國研究》，廣西師範大學出版社，2005。

吳文藻：《吳文藻人類學社會學研究文集》，民族出版社，1990。

（二）期刊

段進朋、李冬：《論中國農業企業化經營的實現途徑》，《三農研究》2007年第8期。

郭振宗、楊學成：《農業企業化：必然性、模式選擇及對策》，《農業經濟問題》2005年第6期。

胡鞍鋼、吳群剛：《農業企業化：中國農村現代化的重要途徑》，《農業經濟問題》2001年第1期。

劉潔、劉永平：《農戶農業企業化經營的影響因素分析——以河北省558個農戶為例》，《中國農村經濟》2007年第4期。

盧秉福、張祖立、胡志超：《農業機械化技術進步對農村經濟發展的影響》，《瀋陽農業大學學報（社會科學版）》2007年第3期。

陸益龍：《鄉土中國的轉型與後鄉土性特徵的人》，《人文雜誌》2010年第5期。

孟秋菊：《現代農業與農業現代化概念解析》，《農業現代化研究》2008年第3期。

山寶琴、劉亞鋒：《農業機械化在新農村建設中的作用》，《河北農機》2007年第3期。

王銘銘、楊清媚：《費孝通與〈鄉土中國〉》，《中南民族大學學報（人文社會科學版）》2010年第7期。

辛嶺、蔣和平：《中國農業現代化發展水平評價指標體系的構建和測算》2010年第11期。

袁金輝：《中國農村現代化的基本內涵與經驗》，《國家行政學院學報》2005年第4期。

西河埂奶牛養殖業發展分析

王珺涵

　　摘要：本文以雲南省大理洱源縣西河埂村為例，透過梳理西河埂奶牛養殖的歷史變遷，關注在市場需求變化下，農戶的不同反應，深入觀察農戶的具體生產過程，立足於當地存在的三種養殖模式，即農戶散養、家庭牧場和機擠站和散奶點，指出農戶散養有其社會基礎和必要性，規模化養殖是奶牛養殖致富的出路，強調機擠站和散奶點的中間環節作用，對當地奶牛養殖產業的發展具有一定積極作用。

　　關鍵詞：奶牛養殖；散戶；家庭牧場；機擠站；社會基礎

　　大理白族自治州奶牛養殖具有悠久的歷史，在發展過程中形成了不同的奶牛養殖模式，筆者透過在洱源縣西河埂村的田野調查，將當地奶牛養殖模式分為三種，即農戶散養、家庭牧場和機擠站模式。三種模式有不同的形成和發展背景，面對市場變化也有不同的應對措施，普通農戶散養有其存在的社會基礎和必要性，其他模式無法取代，但非奶牛養殖致富的真正途徑。本調查對當地政府制定相關奶牛養殖政策具有一定的參考價值，有利於促進當地奶牛養殖的發展。

一　西河埂奶牛養殖的歷史過程

　　洱源縣素有「乳牛之鄉」的美稱，奶牛養殖歷史可追溯至唐代，據《新唐書·南蠻傳》記載，「爨蠻有昆明蠻一曰昆彌，以西洱河為境，即葉榆河也……隨水草放牧，夏入高山，冬入深谷」，「東爨烏蠻中，唯陽苴咩（大理）及大厘（喜洲），登川（鄧川）各有槽枥」。由此可見，洱源在唐代就已出現規模化的畜牧業，而明清之後乳牛養殖，乳扇、乳餅製作更成為了人民賴以生存的產業。

（一）與市場接軌過程

　　西河埂村一直都有飼養奶牛的傳統，在 20 世紀 50 年代以前奶牛飼養規模小，人數少，牛奶主要用於製作乳扇，產品輻射範圍僅限於村內和附近村

莊。50年代人民公社化運動開始後，原各戶散養的奶牛歸公社所有，1959年在原右所煉乳廠的基礎上建立了鄧川奶粉廠，牛奶需求量猛增，後公社在1961年左右建立了養牛廠，牛奶提供給鄧川奶粉廠。1964年左右，公社養牛廠倒閉，養牛廠的奶牛歸私人，後乳扇製作大大減少，牛奶均以鄧川奶粉廠收購為主。

（二）市場需求擴大後結果

改革開放後，一方面，國家「包產到戶」「以副養農」等政策提高農民奶牛養殖積極性，另一方面，由於鄧川奶粉廠多次技改擴建，成為中國西南最大乳品基地，牛奶需求量不斷擴大，同時村內大量種植蠶豆，使用製作豆粉後剩餘的豆渣餵牛，因此奶牛養殖規模在八九十年代不斷擴大。而隨著2002年新希望集團、東亞集團和娃哈哈飲料集團入駐大理，當地乳品市場需求進一步擴大，在2003至2004年，西河埂奶牛存欄數猛增。2011年幸福機械化擠奶站在西河埂建成，由村民私人投資，與蝶泉公司簽約，吸引了一部分村民到機擠站擠奶。

在2013年全國出現「奶荒」的背景下，各公司透過價格優勢吸引農戶，進入西河埂收購牛奶的公司也相應增多，西河埂村牛奶收購價格也一路走高。2013年，每公斤手工散奶收購價最高為3.8—3.9元人民幣左右，機擠奶價格超過4元人民幣，平均每頭奶牛每月可賺近3000元人民幣。在豐厚利潤的吸引下，村內奶牛養殖規模迅速擴大，根據2014年統計報表顯示，西河埂2013年底奶牛存欄數高達601頭。

（三）市場需求縮小後結果

隨著2014年國家降低進口奶粉關稅，越來越多的乳製品企業選擇使用物美價廉的進口奶粉作為原料，成本相對更高的鮮奶則遭遇冷落。西河埂牛奶收購價格在2014年上半年也開始不斷走低。截至2015年7月調查時，西河埂手工散奶收購價格為2.3—2.5元人民幣，機擠奶價格為2.7—2.9元人民幣。同時，由於玉米麵、麥麩皮等飼料價格的上漲，因此養牛收益不斷縮水，每月養牛純利潤不足1000元人民幣，一些家庭甚至出現虧本狀況。因

此為保住成本，降低損失，村內出現了大量賣牛的現象。針對目前奶價下跌的態勢，也有村民採取不同的應對措施。

二　西河埂奶牛當前養殖狀況

（一）農戶散養過程

1. 養殖技術習得

西河埂村具有較長的奶牛養殖歷史，多數居民透過向父母、鄰里學習，朋友之間交流經驗，習得相關養牛的知識。相關飼料、疾病的知識也主要依靠經驗性的介紹和廣告宣傳。雖然幸福村發展戰略佈局以「依靠傳統養殖優勢，發展壯大乳畜養殖產業」為第一條，但僅有極少數村民知道；多數認為村內養牛都是農戶自發的行為，同時僅有極少數村民表示政府曾有過奶牛養殖知識和相關政策普及的講座和宣傳。

2. 收入

養奶牛獲利主要透過兩方面，一方面是透過牛奶，牛奶收益又受到產奶牛比例、餵養方式、擠奶方式、收奶公司、養牛頭數等因素的影響，但近年來奶價波動大，收益不穩定。另一方面，是透過賣牛，奶牛市場價格同樣受奶價的影響。以2014年為例，對比不同農戶的養牛收益狀況（見表1）：

表1　不同農戶養牛收益狀況調查表

	養牛頭數	擠奶方式	賣牛	養牛收入(元)	養牛收入占總收入比重
LYK	6	機擠	6	4萬—5萬	75%
LMH	2	機擠	0	約3000	6.4%
LZB	4	手擠	3	5萬左右	50%
LDH	3	手擠	0	1萬多	30%
LJH	5	手擠(散奶點)	0	1萬多	37.5%

由表1可見，賣牛是重要的獲利途徑之一，尤其是在奶價下跌、依靠牛奶獲利困難的情況下，賣牛成為了農戶保本獲利的主要選擇。同時，機擠和

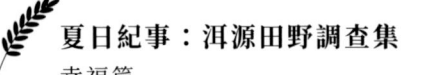

手擠的獲利差異不明顯，也是農戶認為「就差一兩毛錢，沒必要非去機擠」的原因。

3. 養殖投入

養殖成本主要包括牛的飼料、防疫、保險、配種和牛舍建設的投入，其他投入雖與養牛相關但非必須。由表2可知，每頭奶牛每年飼養必須投入9094元人民幣，主要為飼料成本。非必須養牛方面的相關投入包括交通工具、家用小型機械化擠奶機、太陽能熱水器、化糞池的建設等。該部分投入也是家庭日常支出的一部分。

表2　每年奶牛飼養成本

類別	投入	成本
飼料	玉米麵(2.6元/kg)	9000元/頭
	麥麩(2元/kg)	
	米糠(1元/kg)	
	豆粕(3.4元/kg)	
	保險	40元/頭
	防疫	4元/頭
	配種	50元/頭
	每頭小計	9094元
其他	太陽能熱水器	3000元
	農用三輪車	10000元
	化糞池	2000元
	家用機擠機	5000元
	牛舍	3000元
	合計	32094元

4. 時間投入

調查發現，不同的普通散養家庭的時間投入差異巨大，從小時到 10 小時不等，時間投入主要因養牛頭數、人力情況、選擇機擠或手擠等因素而不同，每天飼養至少包括以下步驟：7：00，在家擠奶或將牛拉至機擠站擠奶。8：00，餵牛，打掃牛舍。12：00，餵牛。17：00，在家擠奶或將牛拉至機擠站擠奶。18：00，餵牛，打掃牛舍。養牛的時間有明顯的時間段劃分，與人的作息時間相一致，不同時間段的空餘時間，保證了有充足時間做其他農活。

5. 空間投入

牛舍為磚木結構，可分為兩層，下層奶牛居住，上層儲放乾草。牛舍一般與新房一起建設，如果舊房翻新，牛舍一般也不變，一些家庭不再養牛後，牛舍會做堆放雜物之用。西河埂村居住密度大，各戶之間緊緊相連，每戶都有一個院子，院子由住房、牛舍和廚房組成，下圖為 LXH 家的佈局。從空間上強調了牛作為家庭財產的一部分，也增加了人畜共患病的風險。由於各戶土地有限，難以有新的空間進行擴展，只能進行小規模的散養，且未來也難有大規模發展的空間。

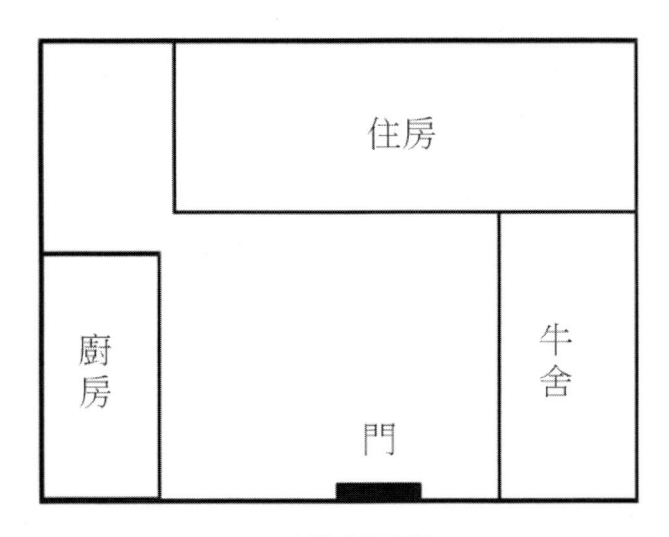

LXH 家院落示意圖

6. 勞力投入

在大部分的散養戶中，養牛隻是日常勞作的一部分。家中人人掌握一定奶牛日常照管的知識，但主要照管人以中老年人為主，年齡在 35—65 歲左右，每戶 1—2 名，但送奶、買飼料則以中、青年人為主，使用電動自行車或農用三輪車。

造成年齡分工的原因在於，一方面，農戶散養是一種農村內部自行化解非精壯勞動力的途徑。西河埠以主幹家庭和核心家庭為主，代際年齡差大多在 20—25 歲左右，家庭中勞動力較豐富。並且，農戶散養的勞動量適中，不需要複雜的技術，只需要做些提水、割草等體力活，中老年人能夠負擔。另一方面，送奶、買飼料屬於重體力勞動，且多為騎車送奶，需要年輕人的幫助。

7. 選擇機擠或手擠的原因

每天早上 7 點和下午 5 點機擠站和散奶點開始收奶。手工擠奶是農戶自己在家中擠奶後，在最短時間內將牛奶送到機擠站或散奶點，稱重記錄後倒入冷卻罐保鮮。機械化擠奶需要農戶把牛拉到機擠站，透過機器將奶吸入奶罐；會計記錄後，將奶罐中的奶流入冷卻罐保鮮。

表 3　手工擠奶和機擠擠奶對比

	手工擠奶	機器擠奶
價格	較低	較高
人力	多	少
時間	多	少
衛生	較差	較好
距離	極近	較遠
危險性	低	高
傳染病感染率	低	高

由表 3 可知，機擠奶的主要競爭優勢在於價格，相較於手工更加省時、省力、衛生，但仍有眾多農戶基於以下考量選擇手工擠奶：第一，對牛安全的考慮，牛到機擠站過程中，可能會受刺激、不適應、摔跤等。第二，機擠

站眾多牛來往頻繁，增加牛患傳染病的風險。第三，飼養頭數較多農戶基於省時省力的考慮，主要選擇機擠，但飼養頭數較少的農戶表示，二者價格差異不大，方便與否是首要因素，但面對奶價日益下跌的態勢，也有手擠農戶考慮改為機擠，提高收益，防止虧本。

8. 風險應對

表 4　養牛頭數與價格變動對應關係

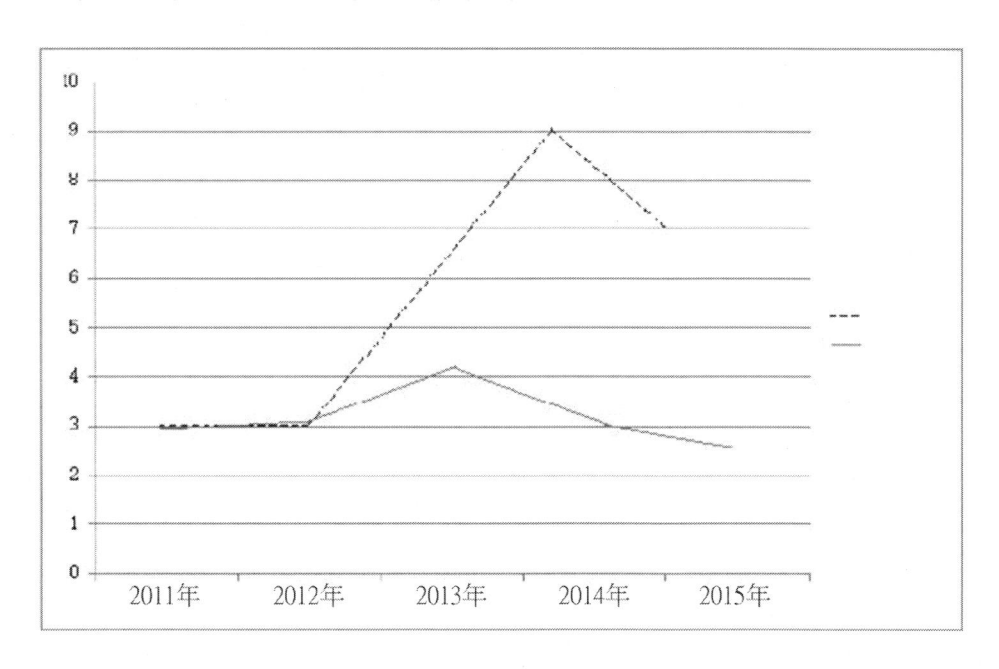

由表 4 可知，養牛的風險主要來自於兩方面，一方面是牛本身，牛死亡主要依靠保險和政府補貼，牛生病吃藥或吃到帶有黃麴黴素的飼料，農戶只能被動接受低價收購，或由於醫治成本高，將其賣掉。另一方面，來自於市場，普通散養農戶不僅缺少對市場和價格的影響力，也缺少對市場的瞭解，面對目前的低價，散養農戶主要透過賣牛應對。然而，極少有農戶將所有牛全部賣出。首先，養牛適應於農業發展的需要，田裡都需要牛糞施肥，並且水稻收穫後的乾草需要牛來消耗，形成了一個「牛糞—乾草」的循環。其次，農戶散養奶牛在一定程度上解決了非精壯勞動力和農閒時期剩餘勞動力的問

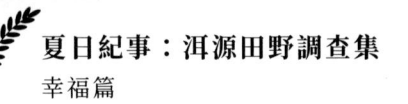

題。最後，一些農戶認為，未來奶價一定還會上升，應保留少量牛等待未來價格上漲。

（二）家庭牧場

家庭牧場於2014年與來思爾公司簽約，追求奶牛養殖的長遠發展，希望不斷擴大規模，由夫妻二人全職共同經營，目前存欄量12頭。簽約家庭牧場的優勢明顯，繞過中間環節，自主性更強，提高了對價格的話語權，收購價可達每公斤3.2元人民幣左右，因此可以把它看作是面對目前奶價下跌的積極應對措施之一，同時它在發展過程中均強調對外部市場、國家政策、企業政策的瞭解。

（三）機擠站和散奶點

機擠站在2011年建成之後，在2013年又建立了小型牧場，由夫妻二人全職共同經營，同時僱有工人和會計，小型牧場目前僅保持40—50頭的存欄量，但仍是村中的最大養殖戶，在目前奶價低、飼料貴、請工難的情況下，盈利主要還是依靠收購鮮奶和從事買賣奶牛的生意。

散奶點由夫妻二人共同經營，與歐亞公司合作收散奶，並於2014年也與歐亞公司簽訂了家庭牧場的合約，散奶收購以杜家營等外村為主，西河埂本村的較少，在目前奶價下跌的情況下，也主要依靠收購鮮奶賺錢。

村中的機擠站和散奶點都是農戶與乳業公司之間的中間環節，它們是適應於農戶散養模式的存在，也是溝通農戶與外界市場聯繫的通道。二者都兼具養殖和收購的功能，受到乳業公司和農戶的雙重牽制。乳業公司方面，各乳業公司對牛奶品質都有相關要求，並與收購價格相關聯。農戶方面，由於無法對農戶的飼料進行管控和監控奶品質量，難以保障所有牛奶的品質，造成收益不高。在奶價較高的情況下，尚可追求養殖和收購的齊力發展，而在當前奶價低迷的情況下，只能減弱養殖功能，重視收購和其他相關的經濟收入。二者都強調了對外部市場、國家政策、企業政策的瞭解。

三　結論

（一）散養的社會基礎和必要性

面對散養戶養殖規模小，科學養殖知識匱乏，環境汙染和衛生問題日益嚴重，奶農在市場中缺乏話語權等一系列問題，乳品行業內曾提出要廢除散養。然而，在調查中發現，散養有其特殊的社會基礎和必要性，很難簡單廢除。

首先，散養保證了農戶經濟來源和生產方式的多樣化，提高農民收入水平。其次，在農牧業的結合中，散養奶牛形成了「牛糞—乾草」的循環，促進農業生產，同時降低了養殖成本。再次，散養充分利用了當地非精壯勞動力和剩餘勞動力，增強了當地「鄉土社會」的聯繫，讓當地農戶既不離土也不離鄉。最後，數量眾多的奶牛散養戶是當地乳業發展的重要推動力量。

因此，思考如何增強奶牛散養戶對外部訊息的瞭解，提供相關科學指導，重視環保措施建設，提高奶農組織化程度，增強與乳業公司博弈的話語權，才是推動當地奶農發展，保障當地乳品供給穩定，提高乳品質量的重中之重。

（二）作為出路的規模化養殖

擴大養殖規模，提高養殖的科學性，透過與乳業公司簽訂長期購銷合約，提高自我話語權，一方面提高了自己的生產水平和盈利效益，另一方面保證了乳業公司的原料供應，緩解了底層生產環節和市場對接的矛盾。

機擠站和散奶點作為連接奶農和乳業公司的中間環節，是適應奶牛散養的必要存在，提高了企業收奶效率，也應成為一個宣傳的中間環節，增強對國家和企業相關補貼和政策的宣傳，透過價格槓桿引導奶農科學規範養牛，提高乳品質量。

因此，以西河埂為例可以看到，不同的奶牛養殖戶有著不同的心理，面對市場競爭和風險時也有其不同的應對措施，政府制定相關的管理措施和發展戰略時，不應一概而論，應充分考慮不同類型農戶的需求，有效促進當地經濟發展，提高農民生活水平。希望本文能對當地奶牛養殖業發展有所啟發。

參考文獻

（一）專著

費孝通：《江村經濟——中國農民的生活》，商務印書館，2012。

費孝通：《雲南三村》，社會科學文獻出版社，2006。

（宋）歐陽修等：《新唐書·南蠻傳》，中華書局，2000。

（二）期刊

麻國慶：《社會結合和文化傳統——費孝通社會人類學思想述評》，《廣西民族學院學報（哲學社會科學版）》2005年第5期。

楊勇：《鄧川牛的歷史演繹與發展》，《中國奶牛》2013年第2期。

張永根、李勝利、曹志軍、周鑫宇：《奶牛散養戶長期存在的必然性和未來出路的思考》，《中國畜牧雜誌》2009年第2期。

周飛舟：《回歸鄉土與現實：鄉鎮企業研究路徑的反思》，《社會》2013年第3期。

莊孔韶：《北京新疆街食品文化的時空過程》，《社會學研究》2000年第6期。

鄉村文藝精英實踐的多重維度——以雲南洱源「斯甘俏」藝術團團長為例

趙一

摘要：本文透過分析雲南洱源「斯甘俏」藝術團團長所帶領的農民藝術團的成長經歷，探討其行為背後的經濟、政治、文化三個維度的意義，力圖呈現一個適應社會發展改革的白族鄉村，以及白族的歌舞傳統對促進白族鄉村文化繁榮的意義。

關鍵詞：農民藝術團；白族農村；文藝精英

一　研究目的及意義

隨著改革開放進程的不斷深入，鄉村越來越被捲入到城市化的進程和市場經濟的大潮中去，大多數學者持「鄉村凋敝」之說，大多數鄉村也呈現凋

敝的現實。鄉村人口的減少，尤其是青壯年勞動力的減少導致鄉村的耕種方式、耕種面積發生變化。留在鄉下的只剩老一輩和小一輩，老一輩的日漸凋零，小一輩的不安分地嚮往著城市。那些已經走出鄉村的城市打工者，徘徊在城市和鄉村之間，既無法真正地融入城市，又已經逐漸脫離了和鄉村的關係。王君柏在《失落的鄉村》中這樣說道：「費孝通主張的落葉歸根的良性循環的鄉村，始終不可得。少數優秀分子透過高考等渠道一去不復返，年輕一代雖難以進城，還是勉強賴在城市，不願返鄉。」傳統的鄉間的倫理、道德、秩序，也隨著城市化進程的加快而崩解，取而代之的是一些不太切合農村實際的生活方式和價值觀念。[38]

筆者於 2015 年夏天去雲南洱源縣幸福村做田野調查，這個以白族為主體聚居民族的村落，有著大片經營良好的水稻田，和成熟的大蒜種植業和乳業。直到 2012 年開始本地才出現了打工潮，但是外出打工也並不是青壯年勞動力占據第一的選擇。全然與「鄉村凋敝」這個詞語掛不上鉤。這不僅是當地良好的自然環境使然，也和當地的文化環境有著密不可分的關係。這裡的白族人民不分男女老幼，自古便能歌善舞，歌舞是他們日常生活中很重要的一部分，婚喪嫁娶、小孩取名、修建新房時基本上每家都會請本村或外村的文藝隊來表演歌舞，熱鬧一番。這樣的文藝隊由村裡的大姑娘小媳婦們自發結隊組成，農忙時候她們是家庭勞動不可或缺的生產者，農閒時候她們是舞臺上美麗動人的表演者，白族的文化在歌舞表演中不間斷地影響著、傳遞給她們的下一代。《失落的鄉村》中談到，能讓鄉村醫生、教師乃至一切鄉村人口，都有機會在本地獲得一個受人尊重的、體面的生活的鄉村，才是一個能留住人才的充滿活力的鄉村。本文希望透過以幸福村的李六妹為案例，分析她作為普通農民家庭的主婦和作為當地有名的農民藝術團的團長的日常生活和社會角色，以及她帶領下的農民藝術團能在眾多農民文藝團體中脫穎而出的原因。借助這個案例，來呈現一個「充滿活力的鄉村」、適應社會發展的新農村。

二　背景介紹

　　右所鎮位於雲南省洱源縣東南部，下轄右所、西湖、幸福、中所等 14 個村委會，105 個自然村。筆者所在的村是幸福村，幸福村現有 8 個自然村，9 個村民小組，農戶 940 戶，共 3345 人。是個多民族聚居的村落，有白族、漢族、彝族、壯族、傣族、傈僳族、藏族和納西族等民族。幸福村位於西湖下游，洱海上游，天然水資源豐富，農田水利發達，故多水稻種植和養魚。特色產業是大蒜種植業和乳業。

　　李六妹是當地很有名的農民藝術團「洱源縣斯甘俏藝術團」的團長，家住在幸福村村尾的西河埂村（自然村），門前就是連接西湖和洱海源頭的羅時江，門口種著大片盛開的三角梅。夫妻二人和婆婆生活在一起，兩個女兒，大的 18 歲，在讀高中；小的 14 歲，在讀初中，週末才回家。養著一條大狗，四頭牛，其中兩頭奶牛，兩頭小母牛。住房是兩層結構，底樓是客廳和臥室。二樓是客房，還有兩間堆放干大蒜的屋子。家中有小三輪和電動摩托各一輛，小木船兩艘。夫妻二人除了種地外，丈夫是建築工地上的大工，家庭經濟狀況比較好。

　　豐富多彩的民族文化傳統使得右所鎮的居民們能歌善舞的很多，歌舞是他們生活中十分重要的一部分。全鎮的文藝隊伍大大小小的加起來有 105 支。這些文藝隊伍的起源最早可以追溯到建國初，那時候不叫文藝隊，一般都叫耍馬隊、耍龍隊、耍蛇隊，每個生產隊都有自己的傳統民族舞蹈表演的隊伍。到了 20 世紀 60 年代，大家都跳「忠字舞」和樣板戲，70 年代末又恢復了一些 50 年代的東西。80 年代流行耍花燈和表演小品、白劇。據老一輩文藝骨幹講，80 年代文藝隊才開始收錢，就是到一個村拉開場地表演，收個一角兩角的門票。90 年代表演的東西和 80 年代很像，因為本地自然環境好，出去打工賺錢的人少，所以受外面影響小，本地的打工潮 2012 年左右才開始。李六妹任團長的斯甘俏藝術團就是這 105 支文藝隊伍裡非常出彩的一支。

三 斯甘俏和李六妹的故事

（一）初識舞蹈

李六妹生於 1975 年，小學文化，開始跳舞的時候是 13 歲，村子裡過春節要表演節目，小姑娘小夥子被大人們組織起來跳舞。讓村子裡比較老的藝人教他們簡單的舞蹈，霸王鞭、空手跳、草帽舞。耍龍的時候需要兩個「龍姑娘」和兩個大頭和尚。李六妹從小就喜歡跳舞，接受能力也比較強，被選為「龍姑娘」，這使得還是小姑娘的她對跳舞產生了強烈的興趣。

20 世紀 90 年代初，國家開始實行改革開放，各項政策開始搞活、放開。在解決了物質生活的貧困之後，人們對精神生活的需求越來越旺盛，隨著旅遊文化的發展，各大城市開始興建民族文化村、民俗文化村、民族文化旅遊點，向各國各地旅遊者展示民族風情的舞蹈節目，有了很大的市場需求。

1991 年，村裡要組織一批人去北京的旅遊景點跳民族舞，李六妹是第一批參加訓練的人。出發前夕，由於李六妹的家人有點害怕她被賣掉，加上她自己又擔心爸爸媽媽種大蒜種不過來，所以就沒有和舞蹈隊伍一起去北京。

（二）有了自己的隊伍

李六妹從 17 歲開始，去幫哥哥（包工頭）在工地上做飯，就沒有跳舞了。直到有了第一個女兒以後，村子裡組織了西河埂文藝隊（老一輩的西河埂文藝隊，當時隊員平均年齡都在三十六七歲），希望李六妹抽空去教她們跳幾個舞蹈。李六妹說她自己的爸爸吹簫、二胡什麼都會，她三個兄長也都會這些樂器，她自己就算四年沒跳也還是能記起來舞蹈，音樂響起來的時候就能跟著跳舞，舞蹈這個東西可能真的講天分。節目一開始都是李六妹編排的，教了一段時間之後，李六妹覺得她們年齡大，接受能力比較差，肢體比較僵硬，跳出來的效果不是特別好。但當時農村舞蹈隊伍少，所以周邊村子的人也很樂意來請她們去跳舞，跳一場只收一二十塊錢。改革開放後，市場經濟的影響已經從沿海城市逐漸深入到了內地，發家致富成了農民們的新目標。跳舞既能鍛鍊身體，使農閒的時候有事可做，又能給家裡增添一筆收入。

4年多之後，李六妹懷上了第二個小孩，由於沒有人教授跳舞，這個隊就解散了。第二個小孩一歲多的時候，李六妹自己開始拉隊伍跳舞。起因是有一次村裡有家人給小孩過滿月酒，請別村的隊伍來跳舞，村裡的大姑娘小媳婦都過去看熱鬧了，同村的葉開、小紅梅就和李六妹商量著在自己村也組織一個。最後她們約到了十多個姑娘一起來跳舞，當時是沒有門檻的，只要願意就可以參加，每天晚上在葉開家排練節目。她們三個主力每個人出一個節目（出的是從別人那裡學來的、已經演過的舞蹈），然後由普通話流利的葉開做主持人。

李六妹覺得一開始組織的那批人，不但個個長得好看，舞蹈動作也好看，比現在的「斯甘俏」都好。組建不到一年的時候，右所鎮當時的文化站站長下基層看到她們的表演後，覺得非常不錯，就把她們推薦給了縣文體局的李麗珠。李麗珠看了她們的表演後，也非常認可，讓她們在縣電視臺的春晚上表演《學子情》，並獲得了二等獎。此外，她們還代表了右所鎮去跳「燦爛輝煌五十年」國慶節的表演項目，但是跳的不是白族舞蹈。

李六妹印象最深的一件事是成立六七年之後，她們編排的一個節目《歡樂的霸王鞭》在右所鎮表演的時候被選上去縣裡跳，然後縣裡派她們去下關跳，下關跳了之後去分宜縣跳，最後在大理電視臺三套的演播室表演，也被選中了。節目裡有兩個吹嗩吶的，兩個吹長號的，兩個耍白鶴的，都被融進霸王鞭裡面，中間還插了一段西山打歌（西山調）。當時的文化館館長楊光輝通知她們準備去省裡跳，但由於是在農忙的時候，大家都沒有什麼閒心和精力去準備，也就不了了之了。結果第二年，下關的一家歌舞劇院偷竊了她們的節目，到省裡去表演了。她們開始不知道，後來洱源搞活動的時候請下關的人來跳舞，跳的居然也是這個節目，她們才知道自己的節目被偷了。李六妹說當時是不懂，沒有維權的概念，如果放在現在，就會去維權。

（三）「斯甘俏」的成立

李六妹帶的西河埧隊一直很有名，有一次，劍川的白族調傳承人李寶妹看到她們的節目後，表示想一起合作，因為她接到了去內蒙古包頭市某個博覽會演出的大單子，會上需要表演白族的傳統歌舞。就在李六妹去內蒙古的

那一年，右所鎮成立了文藝聯合會，聯合會對全鎮的文藝隊伍進行了統計，共計105支文藝隊、2456人。

李六妹回來之後，聯合會組織了一個大型的文藝活動，全鎮105支文藝隊伍全部參加演出，其中《歡聚一堂》這個舞蹈有一千多人一起跳。在培訓演員的時候，李六妹等文藝骨幹精挑細選出30多個既長得好看又跳得好的好苗子，成立了「斯甘俏」藝術團。「斯甘俏」在白語中是「最好、最優秀」的意思，它也是藝術團每個演職人員為之奮鬥的目標。成員找好之後，藝術團就正式成立了。

四 一個成功的農民藝術團

「斯甘俏」藝術團是在縣文化部門的推動下成立的有限公司，杜瑛任董事長，李六妹任監理，李永勝任經理。成立有限公司是需要底氣的，藝術團平均每年演出50場左右，每場收入1600元人民幣到1萬元人民幣不等。它並不是一支只在農家宴席上表演的隊伍，自組建以來，參加過大理市「民族火把節」文藝會演、大理州「洱海源杯」開幕式暨迎賓晚會演出、中央電視臺《美麗濕地中國行》欄目拍攝等活動。主打節目有白族歌舞《金蛇飛舞》《白子白女鬧風情》《白月亮白姐姐》《歡聚一堂》《百鳥爭鳴》《歡樂霸王鞭》等。

雖然大多數民間文藝隊伍都是活躍在田間地頭的，但是那些跳得好的文藝隊，如「斯甘俏」藝術團就會被鎮政府、縣政府選去參加一些文藝會演等活動。能去參加這些活動，一方面是因為她們本身實力強，二是她們得到了各界的一致認可和喜愛。

「土風計劃」是曾經創作過《黃土高坡》《同一首歌》的音樂人陳哲發起並推動的一項原生態文化傳承行動，是一項紮根鄉村、立足現實、輻射廣泛、利在長久的文化建設工程。洱源縣右所鎮西湖村的「土風計劃」是由鎮政府組織推動實施的，組長為鎮長，副組長為鎮紀委書記和副鎮長，成員有文化站站長和兩名農村文藝骨幹。針對需要傳承的三個類別「霸王鞭」「吹腔耍馬」「大本曲」，分別走訪了溫水村、幸福村、梅和村等地的民間藝人

和民間文藝表演者，收集了大量的白族歌舞表演的一手圖片和視頻資料（包括用於表演的白族服飾和道具）。根據收集到的資料編寫了具體的教案，交縣文化產業辦公室領導組討論定型以後，開始實施傳承計劃。聘請三個傳承老師分批次進行集訓，最後一一進行考驗核收。

「霸王鞭」是白族最具代表性的民間舞蹈之一，群眾基礎廣，各村的白族男女老幼，幾乎只要操起霸王鞭，每個人都能舞上幾個動作。「斯甘俏」藝術團的許多團員都加入了霸王鞭的傳承計劃，並且都透過了最後的驗收。

「斯甘俏」的演出對象主要有本地居民、外地遊客和各種文藝表演的評委們，表演的節目內容也與時俱進，除了白族傳統的歌舞，還有其他民族的舞蹈、現代舞蹈。當地的村民一般會要求一場演出中要有印度舞或新疆舞，為了滿足這一需求，團裡特意請了老師來教授這些舞蹈，但由於團員基本上是白族，跳習慣了白族的傳統舞蹈，跳其他民族的舞蹈，尤其是新疆舞，效果不是很好。而外地遊客和文藝比賽的評委們都只愛看白族舞蹈。李六妹說，她跳了這麼久的白族舞蹈，對白族舞蹈非常有感情，也正因為跳了這麼久，才更清楚觀眾們想看什麼，不同觀眾的需求是不一樣的。藝術團要生存，就不能只侷限於跳白族舞蹈。

五　結語

今天的鄉村教育普遍缺乏對本民族獨特文化的欣賞與繼承，李六妹這一代人的機遇在於她們很好地繼承了自己民族的文化，而市場的需求、旅遊業的發展使得她們能夠將白族的傳統歌舞延續下去。但是在表演中遇到的困境，例如本地年輕人不愛看白族歌舞，愛看現代舞等問題，對她們的發展提出了挑戰。外來的遊客想要看民族的，本民族的人想要看流行的，如何將二者協調起來，也就是說如何在現代化的、多元化的文化背景下，保持和創新自己的民族文化，始終是她們面臨的最大問題。

參考文獻

（一）專著

〔美〕馬歇爾·薩林斯著，趙丙詳譯：《文化與實踐理性》，上海人民出版社，2007。

費孝通：《鄉土中國》，上海人民出版社，2007。

（二）網絡資料

王君柏：《失落的鄉村》，《愛思想》，http：//www.aisixiang.com/data/92471.html。

大理白族獨院式民居營造過程及其儀式——以大理洱源縣右所鎮幸福村西河埂民居為例

余林蔓

摘要：洱源白族民居的傳統營造藝術在中國民居建築史上獨具代表性。由「一正兩耳」組合而成的獨院式民居在白族聚居地是最為常見的建築形式，本文對這一形式的白族民居營造體系進行解析，以營造過程為框架，將白族的建造儀式、審美取向、傳統宗族觀和文化氣質納入白族民居建築之中，以理解白族民居的營造理念和白族人與其家宅的內在聯繫。

關鍵詞：大理白族；白族民居；獨院式；營造過程；營造儀式

一　緒論

（一）研究背景

白族傳統民居的特點常用「三坊一照壁」「四合五天井」等口訣來概括，實際上，擁有完整「三坊一照壁」結構的民居在白族聚居地和白族歷史上僅占較少比例。時至今日，在白族村莊最受推崇的民居是一種獨院式房屋。這種獨院式民居只有一坊，坊兩旁各一座一層的耳房。「坊」是指一棟三開間或五開間的二層樓房，是白族民居的基本單位。該空間結構也被稱作「一正兩耳」，正樓耳房之間圍出一個場院，以大門封之，省去照壁。如今的坊大

多以磚木取代了更為傳統的「木骨泥牆」結構，本文所描述的便是這種磚木結構的獨院式民居。描述白族民居營造過程有利於保護白族傳統文化，也對理解白族精神文明構造意義重大。

（二）文獻綜述

白族民居的研究起步依託於中國民居建築史學的發展。雲南設計院《雲南民居》編寫組編著的《雲南民居》，大理白族自治州城建局、雲南工學院建築系 1994 年編著的《雲南大理白族建築》，對白族民居都有介紹。趙勤的《喜洲白族民居建築群》和郝翔、朱炳祥的《周城文化——中國白族名村的田野調查》，對白族民居的形制特徵、文化背景和建造技術均有所概括。

對白族民居的營造過程進行了詳盡而系統研究的是賓慧中，她於 2006 年發表了《中國白族傳統合院民居營建技藝研究》、2007 年發表了《白族傳統合院民居營建口訣整理研究》、2011 年發表了《大理白族傳統民居結構體系源流探析》。其研究側重於從建築學角度考察白族民居，對白族民居的具體施工過程、木結構房屋節點構造、榫卯製作等進行了精準記錄，但對白族民居營造中的儀式和象徵體系研究不足，且近年來田野點發生了一定程度的變遷，因此需要重新對白族民居營造進行研究。

（三）田野點

西河埂位於大理幸福村。據村委會統計，2015 年西河埂 219 戶，共 753 人，主要人口為白族和漢族，於 1992 年開始種植大蒜。隨經濟實力增強，當地每年都會有一部分房屋在建或重建。建房時間多安排在農閒時候，即每年插秧後至農曆八月十五，七八月是當地的建房高峰期。

二　白族民居營造過程

一座磚木結構的獨院式民居成本為 30—100 萬元人民幣不等，主要取決於所用材料和營造方法。西河埂民居可分為三種：傳統磚木結構、新式混凝土結構以及二者混合結構。新式建築無論在形制還是空間佈局方面，都是對傳統建築的模仿，本文主要記述的是在當地比例最大、最受喜愛的磚木結構民居建造過程。

（一）下石腳

西河埂所處之地從前為水域，後雖經人工填埋，但由於地底土質成分主要為古代濕地植物堆積分解而成的草煤，越往下挖土石越不穩定。因此，當地人省去下挖，採取平地下石的方式修造基牆。平地下石也稱「下石腳」。

1. 十字梁

墊地基首先需要堆大體積的石塊，大石塊約半人高，是從周圍山上（東山）的採石場運來，採石場一卡車大石塊的價格為 150 元人民幣。當地人也可以自己去山上鑿石運下，但所需人工成本太高。將大石塊組合成十字形堆在地上，同時圈出地基範圍。這樣的十字形石塊組合稱為「十字梁」，是整個房屋承重的基礎。用小石塊填補大石塊之間的空隙後，十字梁才算完成。

2. 地圈樑

在石面上以鋼筋條沿十字梁圈出框架，以水泥澆築之，築成 1—4 層的鋼筋水泥體，即為地圈樑。它基於十字梁澆成，做幾層取決於屋主意願和經濟實力。

以十字梁和地圈樑為基礎的地基打好後，鋪上油布，保養兩個月左右，靜待水泥乾燥定型。建好後的地基高於地面 1—4 米不等。由於土質鬆軟，加上大路的修建、填造，地基高度隨著時間流逝而下沉。下沉後，屋主可以選擇重建房屋，因此地基高度可以反映屋主富裕程度。地基完工後，泥水匠們可以稍事休息或者去別家做工，交由木匠接手下一步工序。

（二）造木樑豎屋架

木結構是傳統民居的骨架，造屋架需要約 10 天時間，雖然用時少、週期短，但它卻是整個營造的核心，包涵著數千年來白族民居木造的技藝傳承與精神內容。

1. 擇料加工

豎木樑屋架的第一個步驟是擇木料並對其進行加工。木料價格主要由樹種和長度決定，運輸成本也要考慮其中，因此屋主需要綜合考慮木匠要求和

自己的經濟能力而擇木。而據史料記載和木匠自述，從前木料選材由木匠中被稱為「掌墨」的大師傅決定，「掌墨」意為執掌畫墨，同時，這位木匠師傅還可以決定山中哪棵樹可留、哪棵樹可伐，為屋主擇好建房木料的同時，也維護著山林的自然秩序。

木匠畫在木料上的墨線便是施工圖紙。畫墨前先備好工具，常用工具包括斧子、鑿子、刨子、曲尺、木馬、墨鬥等，其中最特別的工具是木馬——用以穩固木料，以便對木料進行加工的一個支撐。彈墨借助各種工具和木匠的經驗在木料上描畫規條，以確定各木料的安裝構造位置，使由個體木料搭建起來的屋架整體達到平衡。

2. 榫卯結構

木料初步加工後便開始製作榫卯。傳統木結構建築的榫卯構造是維持其自身穩固的根本。木匠以榫為公，以卯為母，將其結合，搭扣出堅實的整個屋架。榫卯製作要求極大的精度，過鬆過緊都會影響整個房屋的穩固程度。榫卯的形貌類別多種多樣，包括直榫、大頭榫、掛榫、滑榫、上下榫、騎馬榫等。[39] 在不同文獻中，對榫的形制有不同的記載，一部分榫已經失傳或不再使用。

3. 豎柱上樑

每根柱子和每塊構件上都用墨寫好名字（見表1），說明它們所處的位置，木工們再依其名字和墨線的指示將它們拼合，在算好的豎柱吉日，將拼好的屋架整體豎起。

表1　五格房承重柱名（房屋面向東）

廈柱	廈柱	廈柱	廈柱	廈柱	廈柱
北山前	北山中前	北中前	南中前	南山中前	南山前
北山中	北山中中	北中中	南中中	南山中中	南山中
北山後	北山中後	北中後	南中後	南山中後	南山後

木匠師傅打造好木料後，把這些字寫在柱上。除承重柱外，橫樑、椽子、掛方等構件上也都會寫上各自的名字。寫好名字後，豎柱在一天之內便可完成。

（三）大門

正樓和耳房建好之後建大門。大門是功能與審美的統一，是一個家族的「門面」，其營造尤為重要。房屋的落成儀式之後通常會為大門落成再舉辦一次儀式。

在西河埂等白族農民聚居地，獨院式民居的大門建造已然發生改變。為了便於家中車輛出入，門檻常省去，門的寬度和高度也有所增加。為了提高安全性，門的材質也少有木質，常由金屬鑄造而成。門柱和房檐也會以水泥取代木材。儘管如此，對門的修飾仍然備受重視，即使用料改變，大部分民居仍會採用傳統的形制和雕飾。即使水泥門檐平坦單調，白族人家也會儘量在其上安置一個像徵性的檐雕。在現代化浪潮的衝擊之下，這是傳統自身所做的應對。

三　建房儀式

（一）建房前

1. 算吉時

動土前，需要先找當地算命先生根據屋主夫妻二人生辰八字算黃道吉日，以確定動土、上樑、做灶、封頂、搬進家具、遷入新居等事項該在哪天哪時進行，時間常精確到分鐘，所算的建房日子常在農閒時，算好的日子不可變動。

算命先生也可以觀風水擇址。然而由於人口增長和土地政策的影響，每家人可以分到的土地在面積和位置等方面都受到限制，所以看風水常被省去。算吉日的收費通常為 68 或 86 等帶了 6 和 8 的吉利數字，費用多少依親疏關係而定。白族人信奉風水良辰，自營造之初就為房屋做了周全的祈福。

2. 祭木神

木匠開始動工打造木構時，要首先進行一個祭木神的儀式，稱之為「祭木神」或「請木神」，也叫「開木」。開木時，木匠從中柱的根處截下一塊圓木片，留做木神牌位。隨後，木匠大師傅為木神進貢香燭、殺豬宰雞，祈求木神庇佑木匠施工順利。屋主賞一筆吉數喜錢給每位木匠。祭完木神當天便可以正式開工了。待到木材全部加工好，即將豎房子的頭天晚上，木匠還需在木神牌位前殺雞貢香，將木神送出村去，稱為「送木神」，送完木神次日方可豎房子。

（二）建房中

1. 提梁儀式

木匠用 10 天時間將木材打造成柱樑、椽子、榫頭等，並在算好的日子將這些木頭結合，將整個房屋框架豎起。豎房子當天會舉行提梁儀式，也稱上樑儀式。

提梁儀式中的「梁」特指房屋頂梁正中的一條橫木。木匠將房屋框架豎好後特意留下這根橫木，將其染紅，貼紅紙，上書四字吉言，綁上一塊被稱為「梁衣」的紅布。待到儀式開始，修建了該房屋的泥水匠和木匠都爬上屋頂，一人站一邊，從上往下將這梁用繩子提上屋頂，將其固定。提梁當天要殺一頭豬、一只公雞以祭梁。這一天也要「辦事」，即辦酒席，以八大碗宴請鄰居、親友。

2. 祭祖儀式

提梁後請泥水匠砌牆。廚房和堂屋分別砌好後，即使其他房間還未完工，也要在這兩格房內分別上香，在堂屋內還需奉置豬肉、公雞肉及柴米油鹽。白族人在房屋內上的香都是為祖宗而上，一旦房屋成型便在屋內點香進貢，這是對家族祖先的祭祀，以祈求祖先庇佑家人。這一儀式也是讓廚房成為廚房、讓堂屋成為堂屋的過渡儀式。儀式連接著意義與空白，更連接著神聖的祖宗與世俗的日常生活，使二者得以相互溝通。儀式行為對建築空間的整合作用顯露於此。

（三）建房後

1. 封頂儀式

白族建築屋脊兩側有龍頭雕，因此封頂儀式又稱「封龍口」。房屋竣工當天即封頂之日，由泥水匠師傅主持，他面向房屋念祝語：「接過主人一隻雞，雞是五彩鳳凰雞。吉日良辰點吉禮，點幸福根基；大紅公雞生得好，好似鳳凰來祝賀，今日借你開金口，幸福自來朝。」隨後爬上屋脊將雞血點在屋頂上，也將屋主的一點金或銀埋在正中一塊瓦片下，寓意此家房屋為金屋，為其祈求富貴福祿。

2. 入住儀式

搬入家具後、主人正式入住新屋前，需要請法師在「場心」，即院子裡舉辦一場法事。儀式當天，屋主一家早飯必須吃齋，要進入這座新屋的其他人也必須未在當天吃過葷，否則法事作廢。儀式中法師身著法衣，在場心設壇，壇內有一紙屋，一口帶蓋的鍋，法師圍壇唱跳，為此新屋消災避難、祈求福祿。法事做完後，當日屋主家裡晚飯則必須吃葷。早飯吃素、晚飯吃葷，隱喻著入住新房後的生活質量有所提高，作為希望將來生活會過得更加美滿的一種祈福。

3. 落成儀式

有些人家建房要辦兩次事：上樑（老式木構建築）／封頂（新式鋼筋混凝土建築）時辦一次，大門落成時再辦一次。辦事須辦三日，富裕人家有時延辦兩三日。主要是宴請全村老人、街坊鄰居和親朋好友，並舉行一系列儀式。

辦事第一天鄰居去新屋幫忙，這一天被稱為「吃生飯」。婦女幫忙雜務，男人幫忙殺豬，將豬皮和一部分肉切下，當天生食。辦事第二天最為正式，上午9點左右，村裡老人聚齊一起進入新房的院子。先是村裡的老爺爺即老年協會全體成員進門，屋主長輩中的男性成員站列在院內大門右側（當地以右為尊）接待。隨後是村裡的老奶奶即蓮池會全體成員進門，由屋主長輩中的女性成員站列在院內大門左側接待。進院後老年女性須進入底樓正中堂屋

內，面朝堂屋中所掛「中堂」以白語齊唱一段經，大意為祝賀主人遷入新屋。其後是主人的至親進門，進門前主人要先在門口放鞭炮以示歡迎，每來一家放一次炮。親戚們捧一盆米，米上插禮金，到記帳先生處報到，禮金50元人民幣至上千元人民幣不等，依親疏而定。此外還會帶粑粑、毛毯、掛麵等物前來。飯後到下午2點左右，舉行另外一項重要儀式：丟粑粑。

粑粑即當地一種米麵饅頭，所丟粑粑印有紅色圖案或吉祥文字。此儀式由修建房屋的木匠泥水匠二人主持，二人先吃老麵，以活公雞血祭屋，執粑粑上樓梯至房頂丟粑粑任人接搶，能接到粑粑便被認為沾到了喜氣。但前兩個大粑粑要先丟給屋主自家用床單接住，餘人不可爭搶。第一個大粑粑由屋主長輩接，第二個由屋主夫妻接。由泥水匠念祝語。用公雞血在柱子上點血以開光時念：「接過主人一隻雞，雞是鳳凰雞。頭戴烏紗帽，身穿五色衣。今日遇著黃道日，我為主人祭梁衣。左邊點的是青龍抱玉柱，右邊點的是玉鳳繞金梁。一點點龍頭，吃不愁穿不愁。二點點龍尾，千斤穀子萬斤米。」第二段：拋五方，即打五鬼。在屋頂上丟粑粑時邊丟邊念，根據念詞往所念方向丟粑粑：「太陽出來蒸粑粑，今日主人真大方，大的蒸得三百對，小的蒸得六百雙，我為主人拋五方。一打東方甲乙木，一對童子來進屋。二打南方丙丁火，一對童子來進寶。三打西方庚辛金，一對童子來進金。四打北方壬癸水，一對童子來進水。五打中央戊己土，粑粑留在匠乙手。張魯弟子不愛財，丟回主人去。接得著榮華富貴，接不著富貴榮華。」

不同文獻所記載的不同地區的祝語有所不同，但主要意象和所表達的情感以及該祝語在儀式中的地位是基本一致的。念祝語時要配合動作行為，泥水匠透過念唱與手勢動作為每一個儀式行為進行意義闡釋，讓這一過程賦予新建成的房屋以連接實用功能與象徵價值的空間意義，讓新房屋被納入地方的和歷史的結構系統之中，使其正式成為真正意義上的房子。落成儀式後，民居營造整體完成。

四 結語

白族民居在營造過程中的每個環節都有其特殊價值，營造環節的一系列儀式也把成體系的象徵意義賦予民居之中，使白族人得以安居其中，世世代

代的白族人便是這樣在他們的房屋和傳統中生生不息。家的概念不只是一棟房屋，更是房屋建築中所包納著的宗族血脈、生活觀念、福祿壽喜。由此可知，房屋建築凝集著社會變遷和人的情感，是修建者與居住者的寄所和依託，更是人類自身內在集合的在外反映。

透過對營造細節的觀察記錄，筆者對白族民居有了更深的理解，也與白族更覺親切了。在右所的這次調查是筆者人類學生涯中的第一次實習調查，在整個調查過程中雖然有許多缺漏和遺憾之處，但也在與老師、同學和村民的相處中獲得了成長。

參考文獻

（一）專著

賓慧中：《中國白族傳統民居營造技藝》，同濟大學出版社，2011。

大理白族自治州城建局：《雲南大理白族建築》，雲南大學出版社，1994。

蔣高宸：《雲南民族住屋文化》，雲南大學出版社，1998。

楊汝鑒：《雲南白族建築博覽》，雲南科技出版社，2008。

雲南省設計院雲南民居編寫組：《雲南民居》，中國建築工業出版社，1986。

張崇禮：《白族傳統民居建築》，雲南民族出版社，2007。

（二）期刊

張海超：《建築空間與神聖領域的營建——大理白族住屋的人類學考察》，《雲南社會科學》2009年第3期。

趙陽：《從民居的文化意蘊看白族文化的多元性》，《民族論壇》2013年第10期。

夏日紀事：洱源田野調查集
溫水篇

溫水篇

指導老師：朱靖江　黃志輝

小組成員：任婕　王藝旋　羅贏莎

艾琳娜·艾沙　田亞慧

班超　姜龍

調查時間：2015 年 7 月

白族耍馬的概述、傳承以及發展面臨的問題——以洱源縣右所鎮元井村為例

任婕

　　摘要：關於白族耍馬的研究在學界一直以來都處於一種僧多粥少的局面，並且對白族耍馬的研究多侷限於對其性質的探討，筆者此次深入白族社會，透過學習白族耍馬劇，將自身融入他者的文化中，以白族人的視角來看待白族耍馬，力求將白族耍馬描述清楚，並以他者的視角審視白族耍馬在發展中遇到的問題，以方便其他學者進行進一步的研究。

　　關鍵詞：白族；耍馬；傳承；現狀；發展；問題

夏日紀事：洱源田野調查集
溫水篇

一　緒論

（一）研究背景

　　耍馬，是白族特有的一種表示喜慶熱鬧的民間傳統戲曲節目，但是卻很少有人知道。據筆者的實地調查以及查找文獻資料發現，目前在洱源縣已知的仍保留著耍馬藝術的村落只有元井村，雖然溫水行政村下屬的 8 個自然村都有由非專業村民自行組織的文藝隊，但元井村是 8 個自然村中唯一一個至今仍然保留著完整的耍馬曲目，並且還會組織表演的村子，其他村子雖有耍龍、耍馬、耍猴子的歷史，但現已中斷。目前元井村文藝隊共有 12 人，但會耍馬並且現在能耍的僅有 4 人，伴奏樂隊 4 人，可以說耍馬文化的傳承迫在眉睫。雖然政府和一些社會知名人士也意識到了這個問題，同時也加大了對元井村白族耍馬的扶持和推廣力度，但是由此又引發了一系列新的問題，筆者透過與受訪者同吃同住同勞動，向受訪者學習耍馬藝術，並結合自身所觀察到的現象，試圖將耍馬這一民族瑰寶的起源、性質、怎麼耍、耍什麼等問題做一個細緻的描述，並將著重從人類學視角分析耍馬、耍馬將如何傳承以及在傳承過程中遇到的問題等。

（二）研究目的與意義

1. 調查地情況

　　元井村是雲南省大理白族自治州洱源縣右所鎮溫水行政村下屬的自然村，地處鄧川壩子西部。壩子呈東南低西北高走向，長約 15 公里，中間有一條彌苴河把壩子一分為二，東有東湖萬畝濕地——水系永安江，西有國家自然濕地公園西湖——水系羅時江，一河二江都是大理洱海之源。東北至西南寬約 10 公里，元井村南邊與鄧川鎮舊州村委會的舊州村相鄰，西背靠大理蒼山第十九峰最北側雲弄峰腳下，北面和本村委會的溫水村和上塘相鄰。元井村和溫水村之間有一條砂溝，砂溝延伸至西后山缺口，為鳳藏澗，蒼山到此為止。根據《洱源縣右所鎮溫水行政村總體規劃（2012—2030）》可知，溫水行政村包括甘家、小邑、上塘、溫水、廠房、元井、清水溝、北沙壩共 8 個自然村。其中元井村農業人口為 1313 人，約占溫水行政村總農業人口的

39%，可以說是 8 個自然村中人口最多、最具有勞動生產力的村落，但其中 2300 元人民幣以下的貧困人口與 785 元人民幣以下的深度貧困人口分別占溫水行政村貧困人口的 49.5% 和 58.3%，貧困比重較大。

2. 研究意義

首先，對白族耍馬的研究目前只集中在簡單介紹耍馬是一種在春節等喜慶的日子裡才會表演的、用來助興的節目，並沒有一篇文獻系統梳理耍馬的前世今生等問題。此次田野實習，筆者將不僅完整呈現耍馬的原貌，還將進一步分析影響耍馬藝術傳承的原因、傳承過程中的矛盾與衝突等問題，現實意義重大。

其次，隨著時代的變遷以及現代化進程的加快，白族人對於耍馬藝術的看法也早已發生了變化。特別是在資金注入與媒體報導之後，政府的決策和學者的考察直接影響了耍馬藝術的傳承與發展。在多重衝擊下的白族耍馬將何去何從，是筆者關心的重點問題。

最後，筆者基於民族學、人類學的調查方法研究白族耍馬，力圖將白族耍馬描述清晰，並對耍馬的基本情況、傳承與發展情況以及發展過程中產生的新問題做出剖析，將民族文化中的物的研究緊密與群體、族群聯繫在一起，為日後新的研究提供參考。

（三）研究方法

此次研究主要運用了人類學的田野調查法——參與觀察與深度訪談。筆者進入白族社會，對白族的社會生活進行了細緻的觀察、學習和記錄，學習了耍馬藝術，獲得了主要調查村寨——元井村居民的基本訊息、村民對耍馬的看法、耍馬的生存現狀等資料。觀察法不僅能夠彌補深度訪談中的疏漏，還能展現白族耍馬更多的細節。

二 文獻綜述

據筆者所掌握的資料顯示，目前學界對於白族耍馬的研究還是處於一種僧多粥少的情況，很少有學者專門研究耍馬，大多是在研究白族舞蹈、白族

傳統文化、白族嗩吶或者是白族的本土信仰的過程中偶爾提及。大多數學者認為耍馬是一種群體性巫舞，與白族傳統的本主或動物崇拜、祭祀相關，帶有宗教性質。

三　耍馬概述

（一）耍馬的起源

筆者在對元井村村民、耍馬錶演者進行深度訪談的基礎上，參照白族嗩吶吹吹腔傳承人楊世才的《白族耍馬劇簡介》和張世樂、杜定科的《玉泉史話》，得出以下三種關於元井村耍馬起源的說法。

一說本村耍馬是宋朝時期從漢族地區傳入，並非當地白族土生土長的民間祭祀巫舞藝術。其原因有三：

第一，元井村耍馬所演唱的曲目只有《趙匡胤送妹》，講述的是趙匡胤送其義妹回家的故事。趙匡胤為宋朝的開國皇帝，是漢族人，非白族。在白族地區長時間傳唱著漢族人的故事，如果排除政策因素和宗教因素，那麼最大的可能性就是耍馬是伴隨著人口遷移，從漢族地區流入白族地區的。筆者經過對元井村多戶居民的訪問以及參照《玉泉史話》，發現本村有一部分居民是土生土長的白族人，另一部分是四五百年前從南京遷到元井村（以前叫玉泉村）的。筆者大膽推測，來自漢族地區的人遷到白族地區後，經過數百年與白族人交流、通婚等接觸，被當地白族人所同化，與當地白族融為一體，後來便以白族人的身份生活。而白族人也受到遷入的漢族文化的影響，唱起了以趙匡胤為題材的耍馬劇，並配以類似於為京劇、秦腔表演者伴奏的打擊樂團，一唱唱到了今天。

第二，如果趙匡胤是元井村所崇拜的本主，那麼當地白族人耍馬唱趙匡胤便順理成章，本村耍馬的巫舞性質也可以確定。但是筆者透過走訪調查，發現主管溫水行政村下屬的8個自然村的本主是很久以前來到村子裡教耕教民，幫助村民抵禦洪水等的三兄弟，不管是老大老二還是老三，都沒有任何記載顯示為趙匡胤，因此元井村本主為趙匡胤的假設不成立，本村白族耍馬起源於宗教當中的祭祀活動的假設也不成立。

第三，由於白族有自己的語言，若是本民族自己創造的劇目，通常會選擇使用本民族語言進行演唱，如白族大本曲，但是元井村的耍馬卻是用漢語演唱。為什麼不用白語來表演耍馬呢？筆者就此問題詢問了本村耍馬錶演者張合潤和張健美，她們表示一直以來都是用漢語來演唱耍馬劇，以前小時候聽老人們唱也是用的漢語而非白語。以前文藝站的人讓她們改用白語來唱耍馬調，但是因為唱本中的一些詞彙，或者白語不能夠直接翻譯，或者由白語翻譯過後不押韻，不符合演唱的基本要求。唱出來不僅不好聽、接受程度低，而且大家普遍不認同這種改變，就沒有推廣，現在還是使用漢語進行表演。筆者認為村中居民普遍認同用漢語演唱耍馬調，而非白語，可以佐證本村耍馬並非當地白族土生土長的民間祭祀巫舞藝術這一說法。

二說耍馬並非起源於民間，而是官方創作的，是自上而下流傳開的。村民張承彥認為，應是本地官員看到趙之感情空虛，虛擬了一位如花似玉的白族姑娘，讓二人相遇相戀，以填補趙之感情空白。創作這個曲目的初衷是為了獻給趙，因種種原因未能如願，卻在本地流傳開來，成為青年男女感情交流之樣板，並流傳至今。筆者認為其說法能解釋為什麼民族地區會歌唱漢族皇帝，但是由於缺少相應的歷史文獻資料佐證，只能作為一種參考罷了。

三說耍馬源自白族的動物崇拜。其依據是元井村位於茶馬古道上，馬是當地人民的主要收入來源以及交通運輸方式，在他們生活中具有重要作用，出於對馬的崇拜而創作出耍馬。這種說法並不能解釋耍馬和耍馬調的先後關係，並且如果耍馬源自於白族人的動物崇拜，那麼這就和在當地一直流傳的耍馬調所演唱的內容風馬牛不相及。如果說是先有耍馬，後來耍馬調傳入後融進了耍馬中，形成了現在還流傳的耍馬劇，也說不通。因為目前仍在本村傳唱的耍馬劇的配樂未曾改變，且跳耍馬的動作除了幾年前進行過些許藝術加工，基本上沒有太大差別，所以筆者認為此種說法的可信程度較低，只可作為參考。

綜上所述，雖然有學者表示洱源縣白族高蹺耍馬屬於巫舞，與白族本主信仰中的祭祀活動有關，具有宗教性質，生根於白族自身文化而發展。但是筆者透過上述分析，認為元井村白族耍馬並非根植於白族傳統文化體系，而

是一種來自於漢族文化的藝術表現形式。它透過兩種方式進行傳播，其一是漢族地區的人遷入後，與當地白族融為一體，自然而然形成文化交流傳播；其二是得益於地方政策的推動，漢族地區流行的表演形式在白族地區得到廣泛流傳。

（二）耍馬的時間和場合

按照舊時的傳統，一般是在重大的節慶、喜慶日子裡才耍馬，例如說春節。春節不管是對於漢族人還是白族人，都有重要的意義。舊州和溫水沒有進行行政區分的時候，溫水行政村的本主們是放在一個廟裡一起供奉的，每到過年的時候，都要用車將在後山上供奉的三個本主拉下山，和信眾一塊兒過年。根據對耍馬錶演者張合潤、張健美的訪談得知，以前耍馬是在將本主接下來後，才跳的一種和耍獅子、唱劇結合在一起的一整套節慶活動，主要是在老年協會的戲臺上跳。而現在，耍馬作為一種喜慶熱鬧的文藝活動，已經不僅侷限於只有春節接本主的時候才耍了，在元井村，遇到辦喜事、房屋落成、歡送參軍等重大事項，只要有人邀請，村裡的文藝隊就會前去表演耍馬。但是不一定要把耍獅子、耍馬和唱劇全部表演出來，而是按照邀請者的意願來跳。

（三）耍馬的性質和功能

由於耍馬在以前一直是春節請本主下山後才耍，因此筆者猜測，本村白族耍馬具有神戲的性質，是跳給神看的，但是經過和本村耍馬錶演者張合潤、尹燦章和張健美的深入探討，發現本村耍馬並不是專門跳給神看的，還具有為村民助興的功能，原因有三。

第一，過年耍馬並不是只耍給本主看，而是全村人集體參與的一種慶祝性活動。第二，雖然耍馬以前在廟會上也耍過，但是筆者詢問多位蓮池會成員和耍馬錶演者之後發現，在廟會上的耍馬僅為助興，並不是一種儀式或者祭祀。有時是有人牽頭，請耍馬隊來表演；有時是一些蓮池會成員為給大家助興，自己唱上一段，並無任何事先準備，也無器樂隊伴奏。而且由於耍馬需要道具和樂師，一般耍一次馬至少要 7 個人參與，所以在廟會上一般不耍馬，只是跳霸王鞭或者唱劇。如果耍馬只具有單純的神戲性質，作為一種宗

教儀式存在，那麼不經過綵排、不帶樂師直接在廟會上表演可謂是對神的不敬。並且在本村，不僅廟會不耍馬，連在火把節、豐收儀式上也不耍馬，要耍也是為了圖個熱鬧，增加喜慶氛圍，與敬神無關。第三，由於耍馬主要講的是趙匡胤送妹的故事，情節歡快有趣，嗩吶調子激烈高昂，唱詞調侃詼諧，其風格與端莊隆重的儀式不符。

筆者每當問及耍馬是否具有宗教性質，是否具有神戲功能時，不管是蓮池會成員、從事耍馬的表演者、一般的村民，還是鄉鎮中學的老師、當地報社的記者，都表示耍馬並不是耍給神看的，是一種文藝娛樂活動，而不是宗教儀式。而當筆者問及為什麼要請本主下山看耍馬這一問題時，眾多受訪者只是推測說因為耍馬集合了說唱、舞蹈以及樂器伴奏，表演起來很熱鬧，適合在春節這個大家歡聚一堂的日子裡表演，正逢本主下山，便接來本主一起觀看，可謂是人神同樂。由於筆者所收集的資料中並沒有相關方面的解釋，只能根據訪談所得到的訊息，作出耍馬是一項在喜慶時刻給人助興的文藝活動，是服務於人，而不是服務於神的集體性文藝活動的推測。

（四）耍馬的人員結構

耍馬的人員構成需分為表演者和樂隊兩部分。先說表演者，由於耍馬唱的是《趙匡胤送妹》，所以理論上需要一男一女兩個表演者來完成，但是因為時代的不同，元井村耍馬錶演者經歷了三個時期的變化。第一個時期，新中國成立前。由於封建主義對婦女的壓迫以及大男子主義的盛行，不可能允許婦女走街串巷、拋頭露面表演耍馬，所以這一時期的耍馬錶演者均為男性。唱趙匡胤的身材魁梧健壯一些，聲音比較粗獷豪邁；唱妹妹的則較為瘦小一些，聲音較為清脆。第二個時期，新中國成立後，婦女解放，地位得到提升，耍馬也由兩個男人耍，改為一男一女耍。第三個時期，市場經濟時期。在工業化進程加快和市場經濟的作用下，農村地區的青壯年勞動力紛紛外出務工，或者將更多的精力放在對田地的打理方面，沒有時間和精力來排練耍馬，而且靠耍馬並不能維持生活，所以此時的耍馬錶演者全為女性，由女性來反串男性角色。

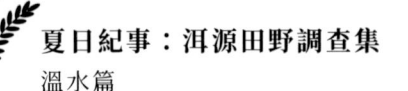

再來是樂隊。樂隊一般由四人組成，都是男性。有嗩吶、鼓、鑔、鑼四樣樂器。在耍馬中，嗩吶占據主導性地位，因為樂師們是根據嗩吶的起調，進入整個耍馬吹吹腔的演奏，耍馬鑔演者也是根據嗩吶的節奏踩著節拍，數著節奏。如果嗩吶沒有起好頭，那麼接下來的表演很有可能會出錯。可以說整個耍馬劇能夠演好的關鍵是樂隊。

負責教授筆者耍馬的張合潤、張健美、尹燦章和另一位張姓阿姨反覆向筆者強調，就算學會了唱詞，學會了舞步，如果合上沒有嗩吶的節奏，也是白費力氣，必須要合著音樂練，才有效果。如果沒有樂隊，就不能算是耍馬，耍出來也不會有人看；同理，如果只有樂隊在一旁演奏耍馬吹吹腔，而沒有表演者在臺上表演，觀眾就聽不進去，那也不是耍馬了。由此可見，在耍馬中，表演者和樂隊演奏人員之間是彼此依存的，是融為一體，不可分割的。

更值得一提的是，所有參與耍馬的演職人員都不是經過專門訓練的專業人員，而是因為興趣才去學習的。他們在閒暇時間裡自己組織排練，並在排練中收穫了比技能更加珍貴的友誼。

（五）耍馬的流程

據舊州扎馬師傅張小壽介紹，扎馬前要先去拜財神，也就是主管舊州的本主，求個好兆頭。馬扎完之後的第一件事就是開光。在本村裡耍馬，一般都是到廟裡去獻馬（開光）。馬開光要殺一只公雞，先用雞血點財神的頭，然後再用雞血點馬，然後念些吉利話就結束了。只有新馬才用開光，已經開光過的馬以後就不用再開光了。但是迎接中央民族大學朱靖江教授和「土風計劃」發起人陳哲老師時所表演的耍馬，也開了光，但不是在廟裡開的，而是在西湖邊的舞臺上。以下是開光時所念的開光詞：

耍馬之前今開光，百花齊放好風光。

傳承白族耍馬劇，子孫繼承花上花。

先開馬頭光，駿馬頭上放豪光。

二開馬眼光，駿馬眼睛亮煬煬。

三開馬鼻光，駿馬鼻通靈四方。

四開馬嘴光，駿馬嘯聲鎮五方。

五開馬耳光，駿馬豎耳跑邊疆。

六開馬肚光，駿馬奔騰踏興旺。

七開馬蹄光，揚鞭躍馬保家鄉。

自從今日開光後，月月吉祥歲歲平安。

上文是由當時的開光者，也就是被「土風計劃」評為「白族嗩吶吹吹腔傳承人」的楊世才老先生編寫的開光詞。據他介紹，以往說的開光詞只有前半句，即「先開馬頭光，二開馬眼光……」，後面的吉利話是他為了增加效果加的。開完光之後，表演者換好服裝，備好道具，準備好就可以開始表演了。

《趙匡胤送妹》共有五部分，除第一部分沒有出現地點之外，其餘四段都有涉及，分別是鵝坡、平陽、廟堂和磨坊。趙匡胤與妹妹的對話基本為：妹問趙此地是何處，趙答，妹吟詩以表自己對趙的心意，而趙也吟詩來委婉地回絕或者一本正經地糾正妹的錯誤，到了磨坊，趙還是不懂妹的心意，在結尾處，趙與妹一同唱道「哥哥心中全不想，妹妹心中亂如麻」。既然是騎馬送妹，動作自然就是儘量模仿人在騎馬時的動作，例如小跳，代表著上馬；撮步，為上馬後的緩衝；步跑，意為駿馬飛馳，小步跑，則是看到一個地方後，拉緊韁繩，放慢馬步；甩手是甩馬鞭；轉圈、二龍吐珠和「8」字跑是後期的藝術加工，跑的花樣增加了耍馬的趣味性和欣賞性。而耍馬唱腔主要是由於口口相傳的緣故，個人口音不一樣，並沒有一個固定的套式，你唱得好聽，大家就學你的，這個唱腔就得以流傳。雖說筆者在走訪時聽過很多種唱腔，但基本變化不大。而現在耍馬錶演者所用的唱腔是原舊州小學校長張世樂和以前的一位耍馬錶演者李正照，經過多方走訪、收集、校訂後形成的，雖然根據實際情況做出一些修改調整，但也得到了村裡人的認可。

（六）馬

耍馬的馬，並不是真正的馬，而是將竹子劈為細長條，分別編成馬的頭、身子和腿，再拼合在一起，做成馬的骨架，骨架用紗布蒙起來，紗布外再裱以油紙。男子跳的馬用白紙裱，女子跳的用紅紙裱，以示區別。舊州扎馬師傅張小壽指出，以前都是用紙來糊馬，馬爛得比較快，現在都是拿布來糊，比較結實。以前扎的馬下面都有四個蹄子，做駿馬奔騰狀，十分精神、形象。現在用的馬是縣博物館送的，對馬的下半身作了藝術加工，馬的蹄子沒有了，取而代之的寬大蓬鬆的長裙。當被問及對這一改變的看法時，扎馬師傅張小壽和普通村民均認為有四個蹄子的馬比較好看，也接近馬的樣子，耍起來威風、精神，有一種躍動、奔跑的感覺。但是耍馬錶演者則認為下擺為裙子的馬比較好耍，一是裙襬可以遮住耍馬者的步伐，即便跳錯了舞步，也不容易被髮現，而且表演者的動作不會與馬蹄子發生碰撞，耍起來比較方便；二是長裙襬在轉圈的時候會飄起來在空中劃出很美的形狀，更加適合上臺表演，更具有藝術表現力；三是有四個蹄子的馬，再加上表演者的腳，一共有六只腳，造型略顯怪異，不美觀。但是有一點是共同的，馬要扎得好看的先決條件是必須要像馬，不能似馬非馬，又像驢子又像騾子的；整個馬要顯得具有充足的精氣神，馬頭要高高揚起，而不是垂頭喪氣的感覺；馬的色彩要鮮艷明亮，不能像祭拜時燒的紙馬一樣。由此可見，元井村普通村民看重的是「馬」的外形的相似，表演者則更看重「馬」所顯示的藝術效果。

（七）耍馬的服飾

元井村耍馬所穿的服裝以前是白族的傳統服飾，無論表演者為男為女，跳趙匡胤的都著男子服飾，跳妹妹的同理。而現在，據耍馬錶演者的介紹，現在耍馬所穿的衣服都是州政府發的，在白族傳統服飾上做了舞臺化加工，頭上所戴的帽子也做成了精練的樣式。

四　耍馬的現狀、傳承以及遇到的問題

目前元井村耍馬錶演者主要是村中40歲左右的女子。老輩的會唱，但是由於年齡問題，已經耍不起來了，小輩的不是在上學就是外出打工去了，

沒有人學。當筆者詢問耍馬鐃演者張健美還在上小學的女兒張銀雪喜不喜歡看媽媽跳耍馬時，她表示喜歡。而當被問及為什麼不教女兒耍馬時，張健美表示想讓女兒多讀點書，將來走出去找個穩定的工作。

樂隊裡吹嗩吶的張幼宜也表示，現在找一個接班人比較難。嗩吶難學，經過三五年的刻苦學習，才能吹出一個像樣的曲子，而現在年輕人都貪快，想要一下子就學會，但樂器除了靠天賦，就是靠一次又一次的練習了，有些人學了幾個星期就走了，出去打工了。由此可見，目前元井村的耍馬正處於一種青黃不接的時期，一旦現在耍馬的人耍不動了，樂隊解散了，那麼耍馬也許就只能在影視資料裡才能看到了。

幸運的是，由於近幾年中央文藝政策的支持，各界對少數民族非物質文化遺產的重視，特別是「土風計劃」在雲南地區的推廣，元井村的問題得到了洱源縣政府的重視。在「土風計劃」將楊世才評為「白族嗩吶吹吹腔傳承人」之後，縣政府也逐漸對元井村的耍馬鐃演者重視起來。耍馬鐃演者張合潤表示，這幾年文藝隊得到了很多演出、比賽的機會，拿了不少獎，省委宣傳部還直接給他們購買了音響設備，所以從去年開始，村裡又成立了幾個文藝隊。可以看出，由於「土風計劃」的刺激，政府的介入，村民們已經認識到耍馬所帶來的經濟利益——成為傳承人之後，每個月有固定的工資拿；就算沒有被評上，只要是有重大活動需要排練的話，也有一天50元錢的排練費可拿——和社會影響力——被派去參加比賽獲獎後，在村裡的社會地位也發生了變化，變得有名氣，促使當地人更加熱情地推廣耍馬。

雖然耍馬的整體氛圍得到了提升，但目前還是面臨著重大問題。由於受到現代化的衝擊，年輕人對耍馬的接受程度普遍較低。對於為何現在請耍馬和看耍馬的人比以前少這一問題，村民張承彥是這樣回答的：

你看現在，年輕的都出去找活了，干建築工啊，搬運工啊，一天就能賺100塊錢，他們都出去了，過年才回來，你想想看嘛，累了一年才回，又那麼冷的天，誰願意出去看耍馬啊，他們又看不懂。你看現在家裡面又有電視啊，又有麻將啊，電視不比你那個耍馬好看啊？大家都看電視了，誰還看你耍馬啊？再說那個耍馬跳那麼久了，大家看也都看多了，我們這種年紀的喜

歡看，覺得有意思，像你們這種年輕人哪裡看得懂喲，又不接地氣，就算看懂了，看這麼多遍早就不耐煩了，還不如在家看電視，又暖和，你說是不是？其實你們能來到我們這裡，我們特別高興，因為你們是為了弘揚我們民族的文化來了，是不是？現在這個耍馬就是要等你們過來，需要改編，要讓年輕人看懂，如果說是實實在在、原汁原味的耍馬，給你們耍一遍，你們也不一定能看懂，要根據你們的眼光，對白族文化的認知，根據年輕人的眼光來改編，年輕人就比較能接受了。

在村民張承彥看來，耍馬在年輕人當中流傳不開是必然的，只有改造傳統的耍馬，將其改編為符合年輕人審美的新耍馬劇，耍馬才能走出元井村，更廣泛地流傳出去。

誠然，耍馬做得好看一些，複雜一些，就能吸引文化研究者的目光，擴大耍馬的知名度，為耍馬爭取更多的資源，但這就牽涉到另一個問題，如果為了獲取更多的資源，就將其改編為迎合他者思維的另一種表現形式，那麼經過改編的耍馬劇還是原來的耍馬劇嗎？以後學者研究的耍馬到底是原汁原味的耍馬，還是由所謂的知識分子、熱心的社會人士創造出來的一個民俗活動呢？經過數百年的發展沉澱在其中的文化內涵和民族感情是否會隨著耍馬劇的改編而逐漸流失？人類學學者在耍馬的傳承和保護中到底該扮演一個什麼樣的角色？如何在保持耍馬的原初性的基礎上，對其進行二次創造？如何在二者之間找到一個平衡點，將是筆者下一階段重點研究的問題。

參考文獻

期刊

郭田、熊永茹：《洱源縣白族舞蹈的動律及功能研究》，《北京舞蹈學院學報》2012 年第 4 期。

石裕祖：《白族巫舞及其流變》，《民族藝術研究》1998 年第 3 期。

楊明高：《白族本土祭祀中的音樂文化》，《藝術探索》1997 年第 1 期。

附錄
白族傳統劇耍馬調《趙匡胤送妹》唱詞

男白：大丈夫可高可下，奇男子能屈能伸。英雄落難時不至，蛟龍無水困干河。在下姓趙，名匡胤，表字玄郎。每日醉酒昏昏，喝了御酒十七口，逃走天涯。在玉皇殿前與妹妹結拜，要送妹妹還鄉，有請妹妹快快上馬！

女白：來矣！

女唱：妹妹我藏在綠林內，那裡只有馬一匹。哥哥打馬來到了，這時有了馬一對。

男唱：送妹妹哥哥打馬走陽關，走了一關又一關。彎彎曲曲黃河水，重重了疊疊山。

女白：哥哥，此地叫什麼地名？

男白：叫的是鵝坡。

女白：既是鵝坡，妹妹要吟詩一首。

男白：還是吟不得的好。

女白：要吟。

男白：任妹吟來。

女白：哥哥請聽。

男白：妹妹請唱。

女唱：哥哥送妹妹到鵝坡，鵝坡腳下一對鵝。雄的雄的往前走，雌的了在後叫哥哥。

男白：妹妹吟得不好，為兄替您改了。

女白：任哥哥改來。

男白：妹妹請聽。

女白：哥哥請唱。

男唱：送妹妹哥哥打馬到鵝坡，鵝坡腳下戲雙鵝。雄的雄的往前走，雌的了你管它叫哥不叫哥。

夏日紀事：洱源田野調查集
溫水篇

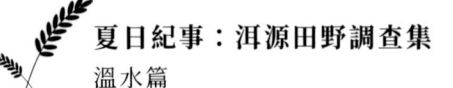

女白：哥哥，此地叫什麼地名？

男白：叫的是平陽。

女白：既是平陽，妹妹要吟詩一首。

男白：任妹吟來。

女白：哥哥請聽。

女唱：哥哥送妹妹到平陽，菜子開花遍地黃。哥哥好比漢劉秀，妹妹了好比李三娘。

男白：妹妹吟得不好，為兄替你改了。

女白：任兄改來。

男唱：送妹妹哥哥打馬到平陽，菜子開花遍地黃。哥哥好比劉志遠，妹妹了好比劉三娘。

女白：哥哥，此地叫什麼地名？

男白：叫的是廟堂。

女白：既是廟堂，妹妹要吟詩一首。

男白：還是吟不得的好。

女白：要吟。

男白：任妹吟來。

女白：哥哥請聽。

男白：妹妹請唱。

女白：哥哥送妹到廟堂，是佛爺爺與佛娘。白日裡來同堂坐，夜晚了他們同房不同房？

男白：妹妹吟得不好，為兄替你改了。

女白：還是改不得的好。

男白：要改。

女白：任哥哥改來。

140

男白：妹妹請聽。

女白：哥哥請唱。

男白：送妹哥哥打馬到廟堂，是佛爺爺與佛娘。白日裡來同堂坐，夜晚了你管他同不同房。

女白：哥哥，此地叫什麼地名？

男白：叫磨房。

女白：既是磨房，妹妹要吟詩一首。

男白：還是吟不得的好。

女白：要吟。

男白：任妹吟來。

女白：哥哥請聽。

男白：妹妹請唱。

女白：哥哥送妹到磨房，四根繩索掛鬥糧。上扇忙得團團轉，下扇了一點也不忙。

男白：妹妹吟得不好，為兄替您改了。

女白：任哥哥改來。

男白：妹妹請聽。

女白：哥哥請唱。

男白：送妹哥哥打馬到磨房，四根繩索掛鬥糧。上扇忙得團團轉，下扇了你管它忙不忙。

男女：哥哥心中全不想，妹妹心中亂如麻。

不同時代土地分配製度及繼承的變遷——以雲南大理州洱源縣右所鎮溫水村為例

王藝旋

　　摘要：中國自古就是一個以小農經濟為主導的農業大國，對於農民來說，土地與他們的生活息息相關，由此而產生的土地的繼承問題也一直存在。自新中國成立以來，中國的農村土地政策幾經變化和調整，加之現代化水平的不斷提高，人們的思想逐漸開放，對於土地的態度也更加多元化。本文透過闡述新中國成立以來，中國土地政策的變化，探討溫水村村民對土地繼承的看法，以及對土地持有的態度。

　　關鍵詞：土地；繼承；分配製度

一　調查區域概況

（一）地理位置

　　本次田野調查地點溫水村位於雲南省大理白族自治州洱源縣右所鎮，下轄甘家、小邑、上塘、溫水、廠房、元井等 8 個自然村，並由此組成 14 個村民小組。

（二）地形氣候

　　溫水村地處低緯高原，平均海拔 1988 米，總體屬壩區，地勢大體呈自西向東、自南向北降低趨勢，全村耕地面積 2417.00 畝，人均耕地 0.7 畝，林地 4128 畝，水面面積 700 畝；屬亞熱帶季風氣候，兼有海洋性小氣候特點，常年主導風為西南風；年均氣溫 15°C，年均降水量為 800 毫米，全年分乾濕兩季，年均日照率為 56%，光照充足，光質好。全年有霜期 125 天。

（三）人口狀況

　　全村現有農戶 928 戶，其中鄉村人口 3470 人，男性 1671 人，女性 1799 人，從事第一產業的有 2037 人。村中絕大多數為白族，有 3367 人，此還有少數漢、彝、苗、傣等民族，主要因婚嫁進入本村。

二　文獻綜述

在土地政策方面，孫麗麗在《改革開放以來中國共產黨農村土地政策的歷史考察》中，從不同角度論述了相關問題。甘雷沖在《改革開放 30 年中國農村土地政策分析研究》中，談到土地政策及運行中存在的問題，總結了 30 年來土地改革的經驗。廖樂煥在《中國農村土地政策考察》中，描述了建國以來中國農村土地政策的歷史沿革、基本特徵和存在的問題，提出了對中國農村土地政策的看法。

土地的繼承也涉及土地的流轉、承包與經營等問題，筆者主要閱覽了與雲南省的土地相關聯的文獻。其中，崔瑛在《對雲南省農村土地流轉問題的思考》中談到了雲南省土地流轉的現狀、特點，看到當地問題並提出了相關建議。譚琳在《加快農村土地流轉，推進高原特色農業——以雲南省為例》中對土地流轉中存在的缺陷進行了分析，提出了相關對策與建議。臺文在《面朝黃土探新途——雲南農村土地流轉和規模經營發展側記》中提出要發展適度規模經營，以促進新型農業經營主體的培育等。

另外，在調查過程中，對筆者影響較大的書籍有費孝通先生的《江村經濟》，閻雲翔先生的《私人生活的變革——一個中國村莊裡的愛情家庭與親密關係》，及許烺光先生的《祖蔭下》。宋猛在《江村土地的占有、繼承及終結——再讀〈江村經濟〉》的文章中寫到了農地的占有與分配、土地繼承及其對土地分散的影響，以及農村土地的拋荒成因和影響，等等。

三　土地的劃分及概念

（一）田地

主要指在國家有關土地政策出臺時符合要求的村民按照政策的內容要求劃撥出的土地。據規定，村民在獲得土地時需優劣搭配，公平地將各等級土地平均分給村民，以為種植提供一個基本公平基準。最近一次政策調整在 1999 年左右，溫水行政村的人均耕地面積約為 0.7 畝。

（二）自留地

　　自留地是中國農業集體經濟時期，組織按政策規定分配給成員長期使用的土地。農戶經營自留地是一項家庭副業，可以利用剩餘勞動時間，生產各種農副產品，滿足需要，增加收入，活躍農村經濟。根據走訪調查，筆者瞭解到大集體時期自留地多為荒地，位置較偏僻，或不便於大面積灌溉。各家在完成集體的種植要求後，可根據能力自行開墾和種植。

　　但隨著包產到戶等政策的實施，土地被劃分開來；人口迅速增長，現有土地不能滿足需求，加之農民對自留地只有使用權，很多自留地被村委會收回管理，再次分配。如今，溫水村內各自然村下農戶人均擁有自留地約9厘至1分。

由元井石向北進入村莊第一個岔路口的自留地，種植了玉米

（三）共有地

　　主要包括公路、田埂、公共道路及建設用地，均由政府統一規劃管理。在近年的一次修路和平整路面的工程中，村委會徵收了村民位於村中心後河壩大拐彎處的土地。雖然此地品質欠佳，但村委會並未將政府自留地劃出一塊，或以現金的形式予以補償。

（四）宅基地

宅基地是農村的農戶或個人用作住宅基地而占有、利用本集體所有的土地。包括建了房屋的土地、建過房屋但已無上蓋物或不能居住的土地以及準備建房用的規劃地三種類型，所有權屬於農村集體經濟組織。

透過訪談借住人家的女主人，筆者瞭解到村中宅基地的獲得以兌換的形式進行，即用一人份的田地兌換宅基地。

（五）墓地

元井村的墓地位於沿福民本主廟所在山中的樹林裡，各家按照姓氏區別開來；夫妻不會合葬，但會挨在一起。

白族的出殯要按照去世人的生辰八字和家人的關係來計算，最少為去世後3—4天，由8人抬棺，一路交換到墓地，進行土葬。葬禮約有七八十人參加，歷時2小時左右。

圖右邊為西湖村的墓地，沿著路向下10米左右的左邊也有墓地分佈

四 農事安排及農事活動

（一）農事安排

溫水村的熟製為一年兩熟，村民將耕作劃分為兩個週期，分別稱為「大春」和「小春」。農曆二月到八月，主要種植水稻和玉米，稱此季為「大春」，每畝田地的水稻產出量大約在1500斤，水稻平均出米率為73%，每人每年的大米需求量一般不超過300斤；農曆八月到來年二月，主要種植大蒜，稱此季為「小春」。

溫水村的代表性農作物為獨蒜，因優良的品質甚至出口到其他國家。相對於水稻，獨蒜單位面積（以6分地為例）成本為2500元人民幣，收益可

達 1.5 萬元人民幣左右。其價格常受到自然環境、災害及消費者市場需求等影響，但總體看來，大蒜種植是當地村民的主要經濟來源。

溫水村出產的大蒜

（二）灌溉水源

1. 自然降雨

除地帶性季風帶來的降水外，西湖在壩區扮演著重要角色，在大環境條件充足的情況下，小環境進一步促進對流，使得正常情況下此地的降水充沛，足以滿足生產生活用水需求。

2. 西湖水供給

在訪談中，筆者瞭解到元井村一組的田地多離西湖較近或緊鄰，因此就近取水。但因西湖水不能自然流入田地，所以成員以小組為單位向國家繳費，在缺水時以 5 元人民幣 / 小時的價格，倒抽 5 小時，供灌溉使用。

西湖村的村民種完田後撐船回家，村民所站的地方即為西湖水

3. 甘家溝抽水灌溉

溫水行政村大體從甘家溝抽水，途徑小邑、上塘、溫水、元井村，可覆蓋至相鄰的舊州村。為防止水量不夠，村民在上塘村安裝了閘門，在將甘家村至上塘村的田地澆灌好後，關閉閘門，再岔開水路，把抽出的水引至上塘村以南各村的田地。如此，基本可以保證絕大多數田地的灌溉。

建立在甘家村的西湖泵站

4. 深井壩

元井村1、3、4組有本組的深井壩，除5組和4組共用一個深井壩外，其餘由本組村民管理，以滿足內部需要。一般情況下，僅在小範圍內（角落或拐彎等澆灌不便處）用深井壩澆灌。

元井村的深井壩之一，因當天下雨院門未開，未能進入院內，圖中金屬質三角形狀裝置下即為深井壩的井口

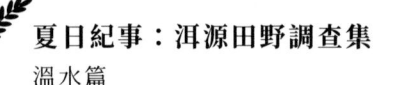

需注意的是，隨著全球氣候變暖，氣候異常，再加上人為不合理用水，溫水村近年來面臨著取水困難等問題。筆者瞭解到，溫水村的田地主要分佈在通往元井村的公路兩側——以南逐漸向山靠近，地勢漸漸升高，距離水源較遠，灌溉相對不便，為二類地；以北逐漸向西湖靠近，地勢漸漸降低，用水相對方便，為一類地。但在降水過多時，北部田地因地勢較低，雨水不能較好排出，加之西湖湖水的倒灌，嚴重時可能會影響嚐年收成，因此成為二類地；南部田地因降水充沛，作物成長較好，又不會受到被淹沒的威脅，反而成為一類地。

（三）慶收儀式及信仰

1. 信仰

溫水村的白族的信仰為本主信仰，村內有由白族老年女性組成的「蓮池會」及由白族老年男性組成的「洞經會」，並且在道路邊或田埂邊修建有小的碑或龕，主要供奉「名人」。

除「名人」外，整個村內無特定作物神，溫水行政村村民主要信仰「三兄弟」——匡聖皇帝、福民景帝及國光皇帝，並且主要集中在農閒時段去本祖廟裡祈福，廟會、朝鬥之類的活動也在此時段舉行。

一般除祈求平安健康外，當家中有考學、建房等大事時，村民也會去請求保佑。這一方面體現了信仰對村民發揮著精神寄託的作用，另一方面體現了信仰活動和農事活動安排緊密聯繫。

位於上塘村的匡聖廟內供奉的人物

2. 慶收儀式

主要有兩種形式，一為白族的火把節——每年的農曆六月二十五日舉行，是白族最古老的盛典。在這天，人們會在大火把上插上寫有祈願內容的小火把，其中便包含五穀豐登、來年收穫。

另一種曾存在於大集體時期，各生產隊在水稻「開秧門」（插秧的第一天）時請專人吹嗩吶、敲鑼鼓，外村人需集體出錢邀請。後來，因包產到戶，不統一進行插秧活動，加之吹嗩吶、敲鑼鼓的人都屬於民間藝人，邀請花費較大，村民普遍表示「請不起」，所以如今到插秧時節，不再有特殊的儀式。

五　不同階段土地的分配製度

（一）1949—1953 年的土地改革

1950 年 6 月 30 日頒布的《中華人民共和國土地改革法》規定廢除地主階級封建剝削的土地所有制，實行農民的土地所有制，沒收地主的土地，分給無地或少地的農民耕種，也分給地主一份，藉以解放農村生產力，發展農業生產。

本次田野調查接近尾聲時，白族的火把節將近，圖為在右所鎮集市上看到的在售賣的火把

（二）1958—1982 年的人民公社化運動

以 1958 年 8 月《關於在農村建立人民公社問題的決議》為標誌，「人民公社化」運動驟然興起，工資制和供給制逐漸成為人民公社分配的主要形式。

（三）1978—1999 年的土地承包到戶

最初稱家庭聯產承包責任制，農村集體經濟組把耕地農作物和某些畜牧業、養殖業和副業生產任務承包給農戶負責，實行超產獎勵，減產賠償。據元井村村民回憶，當時以生產隊管理下的土地總面積除以生產隊的總人口得出人均耕地面積，大概為 7 分 4 厘，另外每人約有 1 分的自留地。

由於是以農戶為單位負責完成整個農業生產週期內的全部生產任務，勞動的最終成果和承包戶的經濟利益聯繫較直接，因此包產到戶大大提高了產量，促進了生產力的發展。

（四）1999 年的《新土地法》

溫水村秉持「大穩定，小調整」的原則，以 1998 年 8 月 1 日出生的人為止，收回出嫁、遷移戶口及去世人的田地，補給新生兒、新增人口，將收回土地平均分配給新增人口。當時基本各生產隊（現稱村民小組）都出現了減少的人少、增加的人多的現象，所以按照分配政策，每個村民小組基本每人只能分到 3 分 3 厘的土地。

六 不同時段下男女分工的變化

（一）促進變遷的條件

首先，土地政策的變化使得人們對田地的熱情經歷了由不關心到熱情高漲，再到日趨穩定的過程。其次，隨著改革開放的深入，市場經濟的快速發展，村民的生產生活方式發了重大改變。最後，女性的社會地位逐漸提升，在家中的話語權不斷增加……多方面因素的共同作用，使得男女分工不斷變化。

（二）承受變化的傳統力量

一方面，出現輔助產業——以乳畜業為標誌的養殖、牛奶供應及乳扇加工。養殖主要有兩種形式，一為家中搭棚圈養，一為送入合作社統一飼養；牛奶供應主要是每天早上村民將自家的牛奶收集後送至村中心，按重量賣給

「娃哈哈」乳業；乳扇加工是當地的傳統工藝，每週將生乳扇送往右所鎮集市上出售。

另一方面，村裡成立了「農閒建築隊」。因村民大蒜種植的收益可觀，村莊勞動力外出務工的現象不太明顯，因此，年輕的男性組成了「農閒建築隊」，活動範圍僅限於村子至縣城之間。

七　不同時代土地的繼承

（一）田地

（1）土地平均分配給兒子，老人獨自生活

（2）將自己的土地給予贍養自己的孩子，女兒也是如此

（3）將土地承包給他人，以收取租金或糧食作為生活來源

一般而言，子女分家另過且子女都比較忙，生活條件較好；或者是分家後，父母沒有和哪個孩子共同生活，且年事較高，種田不便的話，會將土地承包出去，租賃的對象或是村裡兒子多的人家，或者是家中的兄弟姐妹，雙方會商量是用錢來支付租金還是以米面油來代替租金。

（二）宅基地

（1）長子另立門戶，父母與次子生活

（2）子女走出村莊

老宅逐漸成為家的一個像徵，在重大節日的時候成為家庭成員聚會、聯絡感情的地點。

（3）一門兩戶或多戶

如果老宅佈局緊湊，家裡人丁又比較興旺的話，成家後的子女會從老宅中獨立出來，但是依舊在老宅附近建新房。雖然同屬於一個大家庭，但各家之間界限分明，既可以保持家人之間的聯繫，各家還可以獨享私人生活的空間。

(4) 父母獨自生活

筆者還瞭解到,村裡的「80後」年輕人,普遍不希望分家或者不希望早早分家,就算自己成了家,有了自己的新房,也還是偏向於和父母搭夥。究其原因,可能是缺乏獨立生活的技能,對父母的依賴性過強。

八　不同年齡段人群對於土地的感情與態度

(一) 留戀與緊密的聯繫

在筆者接觸的訪談對象中,張小壽去年剛剛放下農活,雖然現在和老伴的生活很安適,但還是有些不習慣。他說不喜歡城裡的生活和在高層建築裡生活的感覺,他喜愛踩在土地上的感覺,享受土地帶來的踏實感以及村裡的新鮮空氣。

尹紹庭對於土地還有一份感激之情。因7歲喪母,9歲喪父,哥哥外出幹活、姐姐們嫁人後無暇照顧他,所以他自幼就獨自生活,是土地給了他生活的來源,養育了自己和自己的家庭。

總的來看,對於老年人來說,幾十年的耕作使他們對土地的感情細膩而綿長。

(二) 「雞肋」——尷尬的存在

持這種想法的多為40歲左右的人群,他們大多有外出打拚的經驗,眼界較為開闊,也較有自己的想法。由於種種原因不得不回到村裡,挑起養活一家人的重擔,贍養老人,撫養孩子。田地對於他們來講是一種尷尬的存在:一方面,農村生活對於他們而言過於單調刻板,他們還留戀著「外面的世界」;但是另一方面,現實已經不允許他們遠離年事漸高的父母,加上思想深處不能允許將田地拋荒,只能留在家中。

(三) 本來沒有獲得多少,所以不明朗

村民張遠山經營養雞場多年,因自幼沒有從事過農事活動,所以對土地耕作不甚瞭解。再加上一家四口只有六分地,由妻子一人打理足矣,因此對於土地的感情並不是很突出。

參考文獻

（一）專著

費孝通：《江村經濟——中國農民的生活》，商務印書館，2002。

[美]閻雲翔著，龔曉夏譯：《私人生活的變革——一個中國村莊裡的愛情、家庭與親密關係（1949——1999）》，上海出版社，2006。

（二）期刊

崔瑛：《對雲南省農村土地流轉問題的思考》，《中國集體經濟》2012年第1期。

宋猛：《江村土地的占有、繼承及終結——再讀〈江村經濟〉》，《經濟與社會發展》2009年第4期。

臺文：《面朝黃土探新途——雲南農村土地流轉和規模經營發展側記》，《致富天地》2015年第3期。

譚琳：《加快農村土地流轉推進高原特色農業——以雲南省為例》，《新農村建設》2013年14期。

楊躍雄：《儀式的社會功能與村寨共同體制度性構建——大理新溪邑村白族火把節的人類學解讀》，《原生態民族文化學刊》2015年第1期。

張瑞才：《從火把節看白族文化》，《雲南消防》1997年第5期。

（三）學位論文

甘雷沖：《改革開放30年中國農村土地政策分析研究》，碩士學位論文，黑龍江大學，

2010.

雷汗青：《雲南省大理白族自治州土地可持續利用評價研究》，碩士學位論文，華中師範大學，2011。

黎春梅：《雲南大理白族自治州土地利用結構研究》，碩士學位論文，華中師範大學，2011。

孫麗麗：《改革開放以來中國共產黨農村土地政策的歷史考察》，碩士學位論文，遼寧大學，2013。

外來媳婦的社會融入狀況研究——基於雲南省大理白族自治州洱源縣右所鎮溫水行政村的田野調查

艾琳娜·艾沙

摘要：流動是人類社會的一種常態現象。隨著中國經濟的迅速發展，人口流動的加快，「外來媳婦」這一群體的規模隨之不斷擴大。她們從最初的社會化場所——家庭開始適應；到慢慢走出家門，去認識其他居民；再到融入這個社會，真正成為社會的一員。這個漫長的過程，即「外來媳的社會融入」。

本文以雲南省大理白族自治州洱源縣右所鎮溫水行政村為例，主要探討在「社會融入」的過程中非白族外來媳的經歷，試圖探究：在一步步融入的過程中，非白族外來媳們是否有不為人知的困難與遭遇？是否因外來媳身份遭遇到社會排斥？她們為此又做過哪些努力？現今的「接受度」是怎樣的現狀？是否已經適應這裡以及被這裡適應？本文希望透過對這些問題的調查與解答，勾勒出橫縱雙向的溫水村外來媳的生活狀況。

關鍵詞：外來媳婦；白族；社會融入；社會排斥

一　緒論

（一）關於本文所述「外來媳婦」的概念界定

學界對於「外來媳婦」並沒有明確的界定，本文所指「外來媳婦」特指由於婚嫁原因將戶籍遷入溫水村的女性，包括遷入的白族和非白族女性。

（二）研究緣由及現實意義

筆者之所以選擇這一調查對象，主要是因為傳統的少數民族村落中也開始有越來越多的外來媳嫁入。這樣的遷移，對少數民族村落發展、村落人際網的重建以及女性本身都將產生影響。

二　現狀及背景分析

（一）溫水行政村現狀概況

溫水行政村，史稱大邑嶺，屬雲南省大理白族自治州洱源縣右所鎮，轄區內共有 10 個民族，其中白族人口占總人口的 96.8%，是名副其實的白族村。

據不完全統計，截至 2015 年 7 月，溫水行政村在籍婚嫁遷入非白族人口 30 多人，分佈在各個自然村。主要是由雲南省內其他地區遷入，兼有少量外省遷入，其中又以漢族居多。從鄰縣遷入的白族媳婦數量沒有進行統計，因本文的研究重點是外族外來媳婦，白族外來媳婦更多是作為對比案例出現。

（二）學術價值

本文的學術價值概括為以下兩點

第一，為「外來媳婦」這個群體的特性研究提供資料。

第二，為少數民族村寨研究及白族研究提供新的視角，即「白族村寨是如何對待外來人口的」「白族的文化是否真的具有包容性」。

（三）應用價值

婚嫁遷入女性的生活融入狀況研究，從微觀來說，對這個群體自身的自我認識、自我發展、爭取自身權利方面有積極影響；宏觀來說，研究民族村寨中外族媳婦的社會融入是民族研究與村寨研究的重要內容，有利於梳理民族村寨社會結構與人員關係、制定合適的政策促進村寨發展，給大眾提供一個重新認識所謂「單一民族村寨」的視角。

（四）文獻綜述

許多學者圍繞「外來媳婦的基本情況及自身特點」「農村外來媳婦嫁入城市後的生活狀況」「外來媳婦婆媳矛盾」「外來媳婦的社會保障政策」等幾個主題，對「外來媳婦」這一議題做過研究，但主要著眼於發展速度快的大都市，可以說是宏觀狀況的研究，研究的主體基本上以漢族為研究對象。

本文的研究特色在於：將研究重點放在較小的地域範圍內。筆者在前人的研究角度以及構建框架的基礎上，對其研究結論進行再次驗證並批判繼承，同時充分考慮到城市與農村的差異、西南少數民族地區與其他農村地區的差異，完成一篇具有少數民族地區社會調查特色的田野報告。

三　研究方法

筆者在調查中運用文獻研究和實地調查研究相結合的方法，即綜合採用文獻法、實地調查法、田野走訪法和訪談法。一方面，收集白族及大理州的歷史及民族志等資料，在村委會收集相關史料與最近數據，並對收集到的資料加以分析整理。另一方面，在日常的聊天中，注意收集相關訊息，多角度瞭解外來媳婦的生活現狀。訪談對象不僅包括外來媳婦本身，也包括村落中與外來媳婦有過接觸的村民。多種研究手段的綜合運用，有助於提高本次調查的可信度與指導意義。

四　農村外來媳婦產生的背景和原因

（一）基於理論與社會現實的討論

1. 引力因素

主要指嫁入地的男女比例失調，男多女少，適齡男青年在本村找不到合適的婚配對象，於是討一個「外來媳」以組建家庭，這種比例的失調為婚姻遷移提供了活躍因素。

2. 推力因素

主要是女方所在地的經濟發展水平比較落後，女性及其家庭希望透過婚嫁改變生活境遇，於是試圖嫁到一個各方面條件相對較好的地區。

這種遷移婚姻背離了美國社會學家 W. 古德所說的「同類匹配理論」，該理論認為在婚姻擇偶中雙方都傾向於同級匹配，選擇與自己階級、地位相同的配偶。但在中國農村，「單向流動」的情況十分普遍，女性傾向於向高一級地區流動，形成一個流動的階梯。

（二）基於溫水行政村外來媳婦產生原因的討論

在溫水村這個田野點，儘管外來媳婦的數量不在少數，但「推力因素」導致的婚姻遷徙極為個別，其原因主要有以下兩點：

其一，外出打工自由戀愛。

其二，媒人說媒（通婚距離、族間風俗差異不大）。

五　外來媳婦的社會初次融入——家庭融入

（一）語言

語言是融入一個社會的重要工具，對於外來媳而言，「融入家庭」與「學習語言」常常是同時進行的，家庭是她們學習語言的主要場所，家人之間的交談形成了她們學習的語境。

經過訪談調查得知，溫水村的非白族外來媳在嫁來前均不會說白族話，現已不同程度地掌握了白族話。由於白族現今沒有文字保留，書面表達依舊依靠漢字，所以相較於那些既有語言又有文字的民族，她們的語言學習多了一個工具和媒介。

儘管外來媳婦們認為自己已基本掌握白族話，只是在部分老舊詞彙的使用上存在欠缺，但原生村民則持不同看法，認為「區別是存在的」。

（二）家庭特徵

1. 夫妻年齡差距

與其他地區的農村大齡男性在本村找不到適齡女子婚配的情況不同，溫水村的外來媳婦與丈夫的年齡差距不會超過兩歲，且是比丈夫小兩歲，並不存在老夫少妻的情況。

2. 家庭經濟狀況

中國農村地區目前還處在「差序格局」社會。「差序格局」是由費孝通先生首先提出的，在這種格局中，血緣和地緣是影響人與人之間社會關係的主要因素。有利的地緣關係有利於形成通婚圈，可以使兩個家庭的聯繫更加

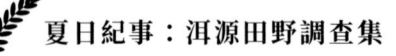

密切，相互幫助。所以，一般情況下，年輕人會按照長輩的意願選擇當地媳婦，且需「門當戶對」。

一般情況下，只有家庭比較貧困或者身心有殘缺的男性因無法承擔沉重的彩禮錢才會娶外來媳婦。根據筆者調查，溫水村娶外來媳婦的男子並不是老弱病殘，反而是在村裡有一定地位或者父母輩有文化有公職的男子。同時，外來媳婦的家庭貧困的情況極為少見，甚至有的外來媳婦的家庭經濟狀況好過男方。

筆者訪談了一位漢族外來媳婦的婆婆，當筆者誇其媳婦又種地又持家，很能幹時，婆婆說道：「地又不多，沒多少活，兒子幹得多。」從她的語氣不難看出，她對兒媳婦不太滿意。外人誇讚自家兒媳婦，作為婆婆應該感到高興，這位婆婆卻沒有給予兒媳婦肯定。

筆者對這位漢族媳婦進行了觀察，發現她確實不如筆者所見的其他兒媳婦能幹。由於中國農村地區衡量一個媳婦是否合格的重要標竿之一就是「活兒做得好不好」，所以外來媳婦只有得心應手地處理好家庭的事務，才能得到家庭成員的認可。

（三）遭遇和感受

溫水村的外來媳婦在新婚初期，普遍找不到可以談心的對象，大部分時間都獨自待在家中，思念父母的情況時常發生。即使飯菜不可口，也不敢挑食，甚至有外來媳表示嫁來的頭一年裡，都沒有吃過合口的飯菜。

溫水村外來媳婦能否順利適應及融入家庭，主要取決於以下幾個因素：

其一，是否與父母同住（夫妻經濟是否能夠獨立）；

其二，夫家父母的知識文化水平與思想開放程度；

其三，外來媳婦本人的勤勞程度；

其四，家中父母和夫妻二人是否分灶吃飯；

其五，白族話的掌握程度；

其六，媳婦本人的家庭背景與生活習慣（村裡曾經有回族媳婦，後因生活習慣不和而離婚）。

筆者在走訪中，發現一個特別的現象——婆婆與媳婦不進行過多的接觸與交談，二人的交談僅限於日常不可避免的用語。婆媳二人刻意保持著一定的距離，想把「婆媳關係」發展成「母女關係」一般親近，幾乎是不可能的。

在外來媳婦的家庭融入過程中，其在一定程度上規避了矛盾。因婆媳二人只進行日常對話，可以有效避免因性格不合引發的衝撞，以及因生活習慣及風俗帶來的衝突，規避家庭矛盾的產生。

外來白族媳婦融入家庭的過程，除少了語言關，其他方面的情況與外來非白族兒媳基本相似。

總體來看，溫水村外來媳婦在融入家庭的過程中，既沒有大的外部阻力，也不會受到不公平的對待，只要她們自身勤勞能幹，就會獲得這個家庭的認可。同時，有限地與婆婆進行接觸，規避了婆媳矛盾的產生。可以說，新的社會化的第一環節——家庭，外來媳婦們基本上都可以順利渡過。

六　外來媳婦的再次融入——社會融入

在步入這個家庭的同時，外來媳婦也同時步入了這個村落。當地人不經意間流露出來的看不起外地人的情緒讓她們感到不安，加上村內的婦女已經形成了相對穩定的交際圈和社交活動，外來媳婦的社會融入通常圍繞以下幾個活動展開：

（一）撿大蒜

大蒜是溫水村最主要的經濟作物，在每年大蒜收穫的季節，婦女們總要聚集到一起，互相幫忙撿大蒜，同時也聊天，整個過程非常熱鬧。勞動完成後，女主人會做好晚飯，招待幫忙撿蒜的婦女們以表謝意。所以撿蒜與其說是勞動，不如說是溫水村婦女們的一種社交方式。

外來媳婦在沒和村裡的其他婦女熟絡起來之前，並不會被邀請去撿蒜，一般從自己家撿蒜開始試著融入。在筆者的田野過程中，恰逢村裡撿蒜的季

節，全村的媳婦們都忙於撿蒜，十分熱鬧。筆者發現嫁入村莊 10 年以上的外來媳已完全融入了撿蒜的團體，除了能出色地完成撿蒜任務，還能準備好招待酒席。

（二）蓮池會

蓮池會是由中老年婦女自發形成的，以地域崇拜以及祭祀活動為核心的女性村社組織。該組織以誦經和趕廟會為主要活動形式，在溫水村甚至整個大理白族自治州穩定而長期地存在著。

在溫水村，60 歲以上的女性都可以自願加入蓮池會，外來媳婦也在被接納的範圍內。在溫水村的蓮池會中，也有曾經的「外來媳婦」，她們大多在 20 世紀 60 年代就嫁入溫水，但本地婦女依然可以稍加思考就說出「誰，什麼族，是從哪裡嫁過來的」。因此，儘管已經嫁過來幾十年甚至已經四代同堂，也加入了當地的蓮池會，「外來媳婦」的身份一直被本村的婦女記得。

筆者同時訪談了不到 60 歲，將來有機會加入蓮池會的外來媳婦們。白族的外來媳婦們表示，這是一種傳統，到了年齡自然就會加入了。而非白族的外來媳婦們則另有說法：「蓮池會信觀音嘛，我不信那些的，不加入。」

同樣的情況也體現在宗教信仰上，溫水村村民一般信奉「匡勝大王三兄弟」。筆者田野調查期間，正巧碰上村民祭拜三位本主的高峰期，白族外來媳婦一般會參與這項民族傳統的宗教儀式，非白族外來媳婦一般不會參加，甚至沒有瞭解的意願。

（三）耍馬及文藝表演隊

耍馬是溫水村特有的文藝表演形式，以「趙匡胤送妹」的故事作為原型，經過數百年的改良，形成了《趙匡胤送妹》這一耍馬劇。在過年及有其他喜事時，耍馬隊常被請上門表演，在溫水村已有數十年歷史。

近年來，村裡成立了專門的耍馬錶演隊。雖然表演要求男女搭配，但是村裡的男性一般忙於其他活動，表演者一般都由婦女擔當。

溫水村能夠外出參加耍馬比賽和表演的只有 6 人，因兩人懷孕，所以能表演的只剩 4 人，其中有一個外縣（村）嫁來的外來媳。她對筆者說道：

我們關係是挺好的，她們對我也好。但是有一次嘛，出去表演，我跳得好，我的位置就在中間，最後領獎的時候也是我去的，因為發言稿是我寫的，還代表隊伍說了話。她們就不願意，說這麼好的機會為什麼就給了一個外人，都不服氣，不高興，好長時間才緩過來。所以表演隊的隊長我也不爭著當了。平時都是挺好的，但是那一次，我就特別難受。

可以看出，雖然在平時的社會交往中，外來媳婦們能夠比較和諧地與本地媳婦相處，可是當發生利益衝突時，無論衝突的焦點是什麼，本地媳婦們仍會用「外來身份」對外來媳婦進行排斥和攻擊。

七　結語——基於溫水村田野調查的社會排斥理論分析

法國學者拉諾爾在 1974 年提出了「社會排斥」理論，強調個體與社會整體之間的斷裂。在前期，這個理論主要輻射在人權和政治權利領域，隨著越來越多的學者的關注，慢慢擴展到文化和心理層面。

從社會排斥成因方面來分析，可以分為以下兩類：功能性的社會排斥與結構性的社會排斥。功能性的社會排斥就是指被排斥的個體、群體或組織因為自身功能上的欠缺而處於一種被排斥狀態。結構性的社會排斥則是因為社會結構的不合理而造成的一些社會排斥。

儘管從大體上看來，溫水村外來媳婦的生活現狀不錯，沒有受到明顯的排斥，但依然有別於本村媳婦，在外來媳婦內部，白族和非白族又有其差異。

從「功能性」的成因來說，外來媳婦固有其不足之處，比如生活和飲食上的不習慣，勞動方式的不適應，宗教信仰上的難迎合，這些都導致了她們難以完全融入當地社會。

從「結構性」的成因來說，溫水村的村民從出生開始就形成了交際圈，這個圈子由於人數少，所以相對固定與穩定，外來媳婦的加入會給這個群體帶來新的不確定因素，影響到固有結構。在日常的生活與勞動中，比如像「撿

大蒜」這種群體性活動，因對結構與利益不會產生大的影響，所以外來媳婦就容易適應與融入。但當發生觸及結構與利益的事情時，矛盾和「排斥」就會透過「語言」「行為」等各種方式爆發出來，讓外來媳婦有受到另類對待的感覺。

在文化和心理層面，筆者認為溫水村內部存在著「外部邊界」和「內部邊界」，外來媳婦們處在這兩個邊界的中間地帶。從表面上看，她們可以加入現存的所有組織，包括宗教組織和民間自發的組織，但她們的外來身份會時不時地被提起，成為村裡其他居民自我保護的方式，這就不同於都市。由於城市大，吸納力強，且沒有保有一套固定的文化傳統和風俗習慣，加之普通話的普及，基本上經歷幾十年之後，沒有人記得住某個人幾十年前是由哪裡遷來這座城市的。前人的研究表明，城市女性婚姻移民的社會適應首先是從心理適應開始的。而農村，尤其是少數民族村落，外來媳婦們從語言開始適應，接下來適應生活習慣及風俗，並非從心理適應開始，但心理適應將會不間斷地貫穿其一生。

筆者透過田野調查，儘量還原了溫水村外來媳婦的生活現狀及遭遇。溫水村的情況和中國其他地區的少數民族村落相比，有其普遍性與特殊性。如果「內部邊界」和「外部邊界」是兩個半徑不同的同心圓，那麼如何縮小「半徑差」，使外來媳婦獲得更好的生活體驗，將成為未來少數民族村寨和諧人際關係建設的重要主題。

參考文獻

（一）專著

[美]W. 古德著，魏章玲譯：《家庭》，社會科學文獻出版社，1986。

費孝通：《鄉土中國》，中華書局，2003。

（二）期刊

黃佳豪：《西方社會排斥理論研究述略》，《理論與現代化》2008 年第 11 期。

劉中一：《身體遷移與性別遭遇——基於外來媳婦城市融合經歷的分析》，《北京青年政治學院學報》2012 年第 3 期。

馬廣海：《社會排斥與弱勢群體》，《中國海洋大學學報》2004年第4期。

彭華民：《社會排斥與社會融合》，《南開大學學報（哲社版）》2005年第1期。

沈海梅：《白族人的族性與白族研究學術史》，人類學高級論壇秘書處編：《中華民族認同與認同中華民族——人類學高級論壇（2008—2010）》，2010。

譚琳、李新建、孫淑敏、黃博文、陳明淑：《農村女性婚姻遷入對遷入地社區發展的影響——關於張家港五個鎮女性婚姻遷入的調查報告》，《南方人口》1999年第1期。

王立業：《社會排斥理論研究綜述》，《重慶工商大學學報》2008年第6期。

（三）學位論文

楊建霞：《社會融入過程中農村「外來媳婦」政治參與研究——以青州市XX鎮情況為分析案例》，碩士學位論文，曲阜師範大學，2013。

▍傳統藝術的地方性呈現——基於洱源縣鎮右所鎮元井洞經會的人類學調查

羅贏莎

摘要：本文在筆者所進行的民族學專業實習的田野調查成果之上整理而成，內容主要為大理州洱源縣右所鎮溫水村元井洞經會的組織結構、談經活動、洞經音樂、白族人文生活等方面的概況以及與之相關的人類學思考。洞經藝術作為文化的表現內容及形式，生動、深刻地體現了大理這一地域的文化特點。元井洞經會所蘊含的文化價值也透過參與本主崇拜的集體儀式得到彰顯，並獲得了廣大民眾的喜愛和傳承，從而使這一古老的傳統藝術獲得了經久不衰的藝術魅力及生命力。

關鍵詞：洞經會；洞經音樂；藝術

一　緒論

2015年7月9日—25日，中央民族大學民族學與社會學學院2013級民族學專業學生在班導師及本專業老師的帶領下，前往雲南省大理白族自治州

進行了為期半個多月的田野實習，筆者被安排到洱源縣右所鎮溫水村進行調查，真正地體會到了與當地人「同吃同住同勞動」的民族學田野調查理念。經過對溫水村大致情況的瞭解，筆者對當地的元井洞經會產生了極大的興趣。所以決定以元井洞經會為研究個案，對其組織結構、談經活動、洞經音樂、白族人文生活等方面進行一個較為全面的調查。半個月的時間然不長，但筆者卻極為幸運，親歷了元井洞經會進行「談經」活動的各種場合，包括本主廟會時的談演、建房辦喜事時的談演以及為迎接我們的到來而進行的表演性談經。參與到他們的生活中進行觀察，做到了民族學要求的局內與局外的互換，獲得了許多寶貴的第一手資料。

二　田野點概況

溫水行政村隸屬洱源縣右所鎮，距州政府所在地下關 55 公里，距離右所鎮人民政府 6 公里。東與西湖、幸福兩個村委會相連，南鄰鄧川鎮舊州村委會，西與臘坪、起勝村委會分疆，北鄰團結村委會。轄 7 個自然村 14 個村民小組，現有農戶 928 戶，3470 人，其中農業人口 3379 人，勞動力 2037 人。全村國土面積 4.83 平方公里，海拔 1986 米，年平均氣溫 15°C，年降水量 800 毫米，適合種植水稻、玉米、大蒜等農作物。全村耕地面積 2417 畝，人均耕地 0.7 畝，林地 4128 畝。2012 年全村經濟總收入 3217 萬元，人均純收入 6104 元人民幣。該村屬於貧困村，農民收入主要以農業為主。

溫水村人民勤勞、聰慧、開放、好客。全村 90% 以上屬白族，都有信仰本主、白潔夫人、大黑天神的習俗。三坊一照壁是白族傳統的典型民居建築方式，它由一坊主房、兩坊廂房組成。這裡的白族居民每年春節都要舉行盛大的接神迎福活動，活動內容有廟會、舞獅子、打霸王鞭、耍馬、歌舞等，並伴之以祝賀詞與白族嗩吶祈求平安幸福，吉祥如意，來年大豐收。村民遇上結婚、建新房等喜事都要貼紅對聯，擺酒設宴招待前來祝賀的親友。

三　文獻綜述

從 20 世紀 60 年代開始，大理洞經音樂受到了宗教學、文化人類學、民族音樂學等方向學者的高度關注與持續深入研究。學者們圍繞洞經音樂的源

流、現狀、功能、組織、社會屬性等，從本體研究出發，對曲目文本、表演形式以及洞經音樂的美學等方面進行了研究，形成了多角度多學科視角的研究態勢。這些研究成果對於人們瞭解洞經音樂造成了非常積極的作用。

但對於洞經會，尤其是洞經會個案的研究則少之又少。

四 調查結果與分析

（一）概念界定

洞經會主要流布於中國雲南省廣大漢族及大理白族、元江白族、麗江納西族、巍山彝族、丘北壯族中。鄰省四川、鄰國緬甸華僑聚居地也有類似組織。此外，據說河北承德、內蒙古赤峰也有洞經音樂保存。

洞經會又名「文會」「禮樂會」。「文會」即是文人儒生的集會組織；「禮樂會」即是習禮習樂又本教化的集會組織。概言之，「洞經會」是儒、釋、道文化混融的談經奏樂的宗教性社團組織。具體來說，因其主要談演道教經籍《大洞仙經》而得名。

（二）元井洞經會

相較於雲南省那些遠近聞名的洞經會，如大理（葉榆）洞經會、巍山（蒙化）洞經會、永勝洞經會、保山（永昌）洞經會、鳳慶（順寧）洞經會等，元井洞經會只是一個初出茅廬的「小生」罷了。它成立於 2002 年，是由一位在洱源縣教育局工作的老師發起創辦的。建立初期，會員有 20 來人，後來由於年齡、健康或死亡等原因，規模逐漸銳減，直到如今的 12 人，並且常駐談演洞經的只有 10 人。麻雀雖小，五臟俱全，元井洞經會也有自己一套完善的組織機構。

1. 樂器、樂手與人員狀況

從所使用的樂器來看，主要有二胡、低音胡、三弦、笛子、鑼、碰鈴、嗩吶、鼓、鑔等，以絃樂為主，尤其以二胡最為重要，10 人的樂隊，二胡 4 人，嗩吶 1 人，笛子 1 人，打鑔 1 人，三弦 1 人，碰鈴和鑼 1 人，鼓和木魚 1 人。

从乐手水平程度来看，大部分乐手在参加乐队前学习过乐器，能看懂简谱。其中，尹绍庭、杨士才、尹乐阳等专业水准较高，能熟练弹奏所有乐器；李武必还能够填词作曲；操碰铃的张锦明以唱民间小调为主。

从成员身份状况来看，依次为：李武必，下关西洱河退休工人，现享受社保退休工资，邓川镇旧州村人；孙九安，元井村六组人，在家务农；张进超，元井村二组原组长，中共党员，洞经会鼓手；张可全，厂房村人，擅长三弦；尹绍庭，元井村三组人，民办教师，中共党员；杨士才，元井村三组人，擅长唢呐，云南民间艺术大师；李红斌，元井村五组人，复员军人，擅长吹笛、二胡、书法，中共党员；杜贵昌，元井村一组原组长，中共党员，擅长二胡；张锦明，元井村七组人，擅长二胡、唢呐；尹乐阳，元井村七组人，下关兵工厂退休人员，中共党员。

2. 经费状况

元井洞经会的经费来源主要是：会费、赞助、演出三个方面。村里每逢喜庆之事，主人家都会请洞经乐队前去演奏，以图热闹、开心，洞经乐队表演所得的报酬，对于十几个表演者来说并不多。在庙会上的演奏，则是义务性质。因此，元井洞经会的经费十分微薄。

3. 会员的入会状况

隆盛时期，洞经会的会员必须是具有较高的文化修养、能唱会奏的社会贤达、名流高士、儒生或有功名之人或隐退官吏等。其他三教九流或有劣迹恶行者，均不吸收为会员。民国以后，各地入会者也就不一定要履行严格的申请手续了。

元井洞经会是一个自发性的民间娱乐团队，入会程序也比较简单。品行端正、热爱音乐、有意加入的个人可以先申请，或者是由老会员引荐，透过审核即可成为洞经会的一员。

从现有会员的情况来看，平时交往多、关系好的同村、亲戚、朋友等群体，加上洞经会其他成员之间的社会关系，共同构成了洞经会的社会关系网络。这种透过同村、亲戚、朋友等关系构成的社会关系网络，一方面保证了

成員之間的相互信任，客觀上促進了洞經會的團結、協作；另一方面，這種關係網絡也是中國特有的人情社會、宗法制度的特定社會人文環境的折射，與洞經會所秉持的弘揚優秀傳統文化的理念一脈相承。

4. 樂會活動狀況

大理地區遇紅白事，比如「生孩子」「嫁姑娘或娶媳婦」「蓋新房」以及「抬喪」等，都會請洞經會樂隊前來演奏。元井洞經會還會在一些傳統節日中進行談演，比如春節、端午節、火把節等。這些節日中的「談經」活動，是一種公益性的表演。

一系列與當地本主崇拜相關的廟會上，也常常出現洞經會的身影。筆者田野調查期間，剛好遇上元井村為了慶祝本主生日而舉行的廟會，時間是農曆六月初三。廟會當天，元井洞經會的成員也來到本主廟演奏，為本主慶生。

由政府或其他部門、組織邀請的表演性談經活動，是維持社會關係、擴大影響力的重要途徑，但這種性質的演出機會較少，基本上還是以一般的慶祝活動演出為主。

5. 元井洞經會的演奏曲目

洞經音樂原是為談演、傳播經文服務的，隨著時代的變遷，音樂逐漸脫離經文，成為音樂愛好者自發組織的音樂團體演奏的曲目。元井洞經會的曲目大多來自大理市龍關榆洞經古樂協會的演奏曲譜專集，總共 40 余首。

包括《南清宮》《原始腔》《永慶昇平》《玄理洞淵》《民賀禎祥》《奉聖樂（原）》《清河老人頌（大）》《慢整衣冠》《天女散花》《雙詩章》《元皇贊（大）》《月調》《秋草泣露》《仙花調》《祝國腔》《元皇贊·後贊（下）》《梅花三弄》《上清宮·鎖南枝》《北洋洲》《小桃紅》《清河老人頌（關）》《虔誠典供》《玉洱秋月》《蜜蜂過江》《鳳舞龍騰》《望西都》《浪淘沙》《三學仕》《奉聖樂（新）》《菩薩蠻》《壇祭曲》《道士歌》《魚江風》《吉祥音》《祈年》《龍上天·龍騰細浪》《朝陽歌》《上表腔》《迎請頌三曲》《果供養》《南海樂》《山坡羊》《花兒與少年》《喜洋洋》等。

廟會時的洞經談演有一定的順序，一般分為開經請聖—詩章—吉祥—供養—清和—咒章六個主要段落，對應的曲目為：《迎請三曲》《清河老人頌（大）》《雙詩章》《民賀禎祥》《奉聖樂》《果供養》《清河老人頌（關）》等。而平常的談演則沒有太多的規定，只要是喜慶的音樂就可以彈奏，演奏曲目也沒有先後之分。《仙家樂》是由宮廷音樂演變而來，在不同的場合演奏，表達的含義有所差異。在本主廟會上彈奏時，表達的是為福民景帝殿下祝壽，希望其福壽萬萬年。遇紅白事時的演奏，表達的是祝福主人家幸福、安康、吉祥。

五　思考

宗教音樂隨著在民眾中的廣泛傳播，不同程度地出現了世俗化的傾向，這是由主體的適應性與客體的需求性所共同決定的必然趨勢。素以正統、高雅著稱的洞經音樂，雖仍不失典雅浩蕩的古風豪氣，卻也不同程度地受到民間音樂的多方影響並呈現出了世俗化的發展趨勢。隨著宗教觀念的逐步淡薄，其世俗化的趨勢將會更加明顯。

使用場合的世俗化、音樂曲調的通俗化和演唱方法的大眾化，是洞經音樂世俗化的主要標誌。隨著談演活動的增多，越來越多的曲調被社會廣泛接納，或被地方戲曲吸收後得到更為廣泛的流傳。可見，包括洞經音樂在內的民間宗教音樂逐漸豐富和發展的過程，也是它與民間音樂進一步融合的過程。

藝術作為文化的表現內容及形式，生動、深刻地體現了這一地域的文化特點。元井洞經會所蘊含的文化價值也透過參與本主崇拜的集體儀式得到彰顯，並獲得了廣大民眾的喜愛和傳承，從而使這一古老的傳統藝術獲得了經久不衰的藝術魅力及生命力。

致謝

本次田野調查的順利開展以及本文的順利完成，第一，要感謝民族學與社會學學院為我們提供了這次實習的機會，為我們創造了良好的實習條件，為將來的田野調查工作積累了寶貴的經驗。第二，要感謝我們的班導朱靖江老師，他為我們班的整個實習過程盡心盡力，從前期田野點的一次次考察，

到最終的確定,都親力親為。第三,要感謝我們的指導老師黃志輝老師在整個實習過程中,為我們指點迷津,兩天一次的匯報,老師有批有獎、有建議有指導,為初次進行田野調查的我們指明了方向。第四,要感謝溫水村所有熱情淳樸、樂於分享的白族朋友們。最後,要感謝整個實習期間與筆者一同生活、調查的同學們,感謝所有幫助和關心本次實習的人們!

參考文獻

(一) 專著

李纘緒、楊亮才:《雲南民俗》,甘肅人民出版社,2004。

楊鎮圭:《白族文化史》,雲南出版社,2002。

張興榮:《雲南洞經文化》,雲南教育出版社,1990。

(二) 期刊

黃林、吳學源:《論雲南洞經音樂組織的社會屬性》,《民族藝術研究》1992年第2期。

雷宏安:《略論中國洞經音樂的起源及其流變》,《民族藝術研究》1999年第6期。

李瓊華:《鳳慶洞經古樂論述》,《民族音樂》2012年第1期。

孫聰:《關於大理洞經音樂的研究綜述》,《考試週刊》2012年總第84期。

張玉琴、楊杰宏:《傳統藝術的地方性傳承——永勝洞經古樂會現狀調查》,《民族音樂》2012年第6期。

朱迪:《雲南大理洞經音樂的歷史價值考析》,《北方音樂》2014年第13期。

白族本主崇拜——以溫水行政村兩本主為例

田亞慧

摘要:本主崇拜是白族文化的核心,與白族人民的每一個方面都息息相關。筆者主要從本主來源、本主節日、本主禁忌、本主傳承、本主影響五個

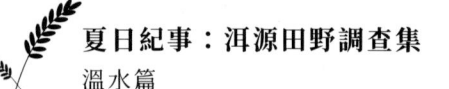

方面對溫水行政村的本主崇拜加以研究，從而總結出本主崇拜對於普通百姓的影響。

關鍵詞：白族本主；溫水行政村；匡聖本主；福民本主

一　導論

本文以溫水行政村的兩位本主——匡聖本主和福民本主為例，從本主來源、本主節日、本主禁忌、本主傳承、本主節日等方面，描述了溫水行政村的白族本主崇拜的現狀，以期能對白族的本主崇拜有更深一步的瞭解。

透過查閱和研究白族本主崇拜的相關資料，筆者對於白族本主崇拜的起源、價值等有了大致瞭解，並確定了本次調查的重點。在整個實習期間，筆者與當地村民同吃同住，得以近距離觀察他們的生活環境以及習俗，對於資料的收集十分有利。此外，在輕鬆的氛圍中與村民進行深度訪談，得到許多真實可靠的第一手資料。

二　白族本主崇拜

（一）白族本主崇拜

本主崇拜是白族特有的一種文化現象。本主即「本境之土主也」，是本地的保護神，它囊括了朝拜本主神的十二心願：「壽連綿、世清閒、興文教、保豐收、本樂業、身安然、齡增壽、澤添延、冰雹息、水周旋、家清潔、宅安康。」本主在白族語言中被稱為「武增」，漢語意為「我的主人」；或稱「鬥波」，意為祖先。對白族人民而言，「本主」相當於一家之主，人們與本主進行交流，將自己生活中的點滴講述給本主。從供奉的神靈來看，有自然神、圖騰神、英雄神、世俗神等。既有自然崇拜、鬼神崇拜和祖先崇拜的因素，又摻雜著佛教、道教、儒教的內容。

（二）溫水行政村的本主崇拜

1. 本主來源

溫水行政村的本主崇拜屬於英雄崇拜，溫水、甘家、小邑、廠房、清水溝等自然村主要供奉「匡聖本主」，元井自然村主要供奉「福民本主」。關於溫水行政村本主的來源，雖然人們講述的具體內容略有差異，但是大致情節是相同的。傳說，古時候有川西的三兄弟，活動於現在的溫水、上塘、元井及舊州一帶，以採藥賣藥並給當地人看病為生，同時教耕教讀，帶來了先進的文化知識和生產技術。有一年，溫水村和元井村發生了大洪水，洪水沖毀了村莊，淹沒了農田，三兄弟便指導村民堆砌石牆，有效降低了洪水的危害，村民們很感激和尊敬三兄弟。幾年後，村民們得知三兄弟的父母已經入土為安的消息後，誠意挽留他們，三兄弟最後決定在此地定居下來。

2. 溫水行政村本主廟的基本概況

匡聖皇帝本主廟坐落在溫水村，始建於明代。1983 年、1984 年、2004 年、2006 年，村民集資重修擴建本主廟，使本主廟煥然一新。現在除了供奉本主之外，本主廟主房北耳房內雕塑有子孫娘娘神像、楊南金神像、孔子神像，本主廟主房南耳房內雕塑著六畜神像。院內古樹參天，院落佈局井然，莊嚴古樸。

福民景帝本主廟建在元井村，現在除了供奉本主福民景帝外，還有財神、子孫娘娘、太上老君、六畜大王等木雕或泥塑雕像。20 世紀 70 年代以後，本主廟又經多次重修。

三 村裡本主祭祀活動

（一）開光活動

每當供奉新的本主像時，本村蓮池會都要舉行開光儀式，他們會邀請別村蓮池會和本村村民參加，舉行燒香拜經、會餐等活動。

（二）會期祭祀

祭祀本主和佛教活動常常結合，正月初三和正月初四的會期祭祀最為熱鬧。元井村的福民景帝本主廟會是農曆六月初三，匡聖皇帝本主廟會是每年農曆六月十五。

（三）一般村民的平時祭祀活動

村民每臨大事，如起房蓋屋、長期出遠門、買來新車等，都要到本主廟「打拚夥」，磕平安頭。家中辦喜事，如結婚、請湯餅客等，事前一天，也要到本主廟進行祭祀。就連孩子中考、高考，家長都要到本主廟「打拚夥」。總之，本主崇拜已經深深融入白族人民的生活和血脈中。

四　本主禁忌

所謂禁忌，就是為遵從禁忌的共同體確立一套秩序，而潔淨就是對於這套禁忌體系的維護，體現在認知和行為上；危險則是對於禁忌秩序的破壞，即為整個共同體帶來了含糊性，使不確定性融入秩序之內，為既有社會規則的解釋和操作帶來困難。對於秩序的破壞，會危及整個共同體的安全感。

村民祭祀本主是為了祈福，完成自己的心願。在本主祭祀活動中，人們講究的是吉慶，一切污穢、不潔淨的事物都不應出現在本主廟中。所有不潔的東西都會玷汙本主廟的神聖性。

透過訪談得知，溫水行政村本主禁忌主要有以下幾點：

第一，有喪事的家庭，在喪事期間不能去本主廟，必須在一百天之後才能去。整個村子如果有喪事，這個村子的蓮池會七天之後才能去本主廟。

第二，婦女在經期和孕期不能去本主廟。

第三，家中有牲畜死亡，也不能去本主廟內參加祭祀活動。

五　溫水行政村的本主傳承

本主崇拜是白族文化的核心，它雖未形成一整套信條，卻以形象化的方式表現於龐雜而紛繁的本主故事之中。溫水行政村本主崇拜的傳承也是如此，

村裡世代流傳著關於本主的故事、神話，人們被潛移默化地影響著，並將本主崇拜一代代傳承下去。

需要指出的是，不同的年齡階段對於本主的傳承採取了不同的方式。第一，老一輩的本主崇拜傳承。老人對於本主信仰的瞭解，大多是從自己的長輩哪裡聽說的，並且從小便和父母一起參加祭祀活動，隨著接觸的增多，對本主的信仰崇拜日益加深。第二，年輕一代的本主傳承。隨著時代的發展，科技的進步，人們的生活發生了翻天覆地的變化，思想觀念與之前相比也大有不同。以前人們活動很少，精神世界匱乏，將生活的希望全部寄託在本主身上。現在，雖然有些年輕人也會偶爾陪著家裡的老者去本主廟祭拜，但自己卻是半信半疑，甚至有些年輕人根本就不會去本主廟參加祭祀活動。

六　溫水行政村本主崇拜的影響

溫水行政村所信奉的本主身上有著超乎常人的品格和道德，本主的德行是村民的行為準則，約束著每個村民的日常行為，使他們不斷完善自己的人格，淨化自己的心靈。

村民把本主看成自己生活的一個重要組成部分，修繕本主廟，每家每戶都會出錢出力；遇到本主祭祀活動，不論路程遠近，大家都會積極參加。本主崇拜雖然沒有嚴格的組織、系統的經典理論，但有約定俗成的崇拜儀式和多種多樣的崇拜活動。透過實地調查訪談，筆者總結出本主崇拜對村民具有以下幾個方面的影響：

（一）教育方面

本主是具有人性的神和具有神性的人，是人間美好品德和民族優良傳統的象徵。在日常生活中，本主為人們提供了一套準則，促使人們不斷完善自己的品性和人格。本主廟會是實施教育的最好場所，人們祭拜本主，就會被本主身上的孝順、博愛、無私奉獻等精神深深感染，從而使自己的精神世界得到淨化，人生境界得到提升。

（二）整合功能

每年定期舉行本主廟會。溫水村等供奉的匡聖皇帝廟會在每年農曆六月十五，元井村供奉的福民景帝廟會在每年農曆六月初三，屆時所有蓮池會、洞經會成員及村民都會來參加。在本主廟會上，人們聚在一起，共同為本主慶賀生日，在無形中加強了全村的凝聚力，培養了集體意識以及團結協作精神。

（三）參與功能

但凡本主廟會，村民大都會參加，除了基本的禁忌外，並沒有其他規定。在本主廟會中，蓮池會的會員主要負責唸經祈福，洞經會的會員主要負責為拜經伴奏，一般村民則或拜或禱，每個人都是這一盛事的主體，每個人都可以找到自己的位置。這種參與，使人們覺得本主崇拜是每個人的事情，每個人都有義務去主動承擔起屬於自己的那一份責任。

（四）娛樂功能

本主崇拜具有娛樂功能。本主廟會期間，一般都會有集市出現，附近村民都會來趕集，場面十分熱鬧。平時大家都忙於農活，即使是在農閒時期，村民也沒有很多機會聚集在一起。本主廟會為村民提供了一次機會，大家或聚在一起聊天，或者一起為本主做飯，共享為本主祭祀的愉悅。

參考文獻

陳繼揚、張潔：《雲南大理白族本主崇拜中的道德與行為規範教育》，《當代教育與文化》2009 年第 1 期。

何燕霞、段敏芳：《淺論白族本主崇拜及其和諧思想》，《民族文化論壇》2009 年第 5 期。

何燕霞：《白族本主崇拜的和諧觀》，《重慶科技學院學報（社會科學版）》2010 年總第 14 期。

何燕霞：《白族本主崇拜中和諧思想的現代啟示》，《重慶科技學院學報（社會科學版）》2010 年第 5 期。

何永福：《論白族本主崇拜的生成環境》，《大理師專學報》2000 年第 4 期。

李愛萍：《試論白族本主崇拜的輔助教育功能》，《大理學院學報》2006 年第 5 期。

李東紅：《白族本主崇拜思想芻議》，《雲南民族學報》1991 年第 2 期。

李東紅：《白族本主崇拜研究述評——兼談本主研究的方法論問題》，《思想戰線》1997 年第 5 期。

李乾夫、王飛：《從白族本主崇拜看白族先民的生存意境》，《貴州民族研究》2014 年總第 35 期。

李學龍：《白族本主崇拜的社會功能試析》，《西南民族學院學報》1992 年第 4 期。

孫僑兵：《白族本主崇拜與民族性特徵的辯證關係探析》，《四川民族學院學報》2014 年總第 23 期。

楊康賢、楊雄英：《和諧社會視域下白族本主崇拜的當代價值》，《青年與社會（上）》2013 年第 10 期。

楊亮才、趙寅松：《白族本主文化》，《大理文化》2013 年第 10 期。

楊仕：《試論白族本主崇拜性質》，《中南民族學院學報（哲學社會科學版）》1994 年第 1 期。

楊憲典：《大理白族本主崇拜研究》，《雲南師範大學學報（哲社版）》1988 年第 4 期。

楊玉庭、李亞瓊：《理性選擇視角下的白族本主崇拜動因初探》，《紅河學院學報》2014 年第 12 期。

張麗芬：《白族本主崇拜——以大理市灣橋鎮向陽溪村為例》，《今日民族》2000 年第 7 期。

鄭筱筠：《佛教與白族本主崇拜神系》，《學術探索》2001 年第 3 期。

夏日紀事：洱源田野調查集
溫水篇

鄉村集市研究——以大理洱源地區溫水村早集為例

班超

摘要：集市作為社會經濟發展中的一種現象和活動，存在已久。世界上的不同地區都存在著集市，它們隨著社會、經濟的變化而不斷演變，或者消失，或者興起，或者變為市鎮。中國是集市產生較早的國家之一，集市的變化也正是中國社會經濟變化的一種展現。在當下，中國的商品經濟日益發達，可以說已經滲入國家和社會的各個角落。農村集市作為一種典型的基層經濟活動，不僅具備了市場的經濟性，也具有了農村社會的社會性，既促進了農村經濟活動，又整合了農村社會。但是，作為一種基層市場，它仍具有市場自身缺陷帶來的問題。因此，研究政府在農村集市發展中的作用，對於探究政府在微觀經濟活動中的角色，發揮政府對經濟活動的推動作用具有重要意義。本文透過雲南大理洱源白族地區集市這個個案，以實地調查為基礎，從集市規模、商品以及參與者等方面，描繪了農村集市的功能以及存在的問題，以探究政府在農村集市中的作用。

關鍵詞：集市；商品；功能

一　前言

集市是鄉村社會定期進行產品交換和交易的市場，在中國，集市已有幾千年的歷史，幾千年來它在鄉村民眾的日常生活和生產中造成了重要的作用。在中國古代社會，它是服務農民最直接、最便捷的場所，也是商品流通的渠道之一，對活躍農村經濟和城市發展造成紐帶作用。在社會主義現代化建設的今天，它是服務農民生活，擴大商品流通，引導農業生產，增加財政收入，促進小城鎮的形成和發展，推進新農村建設的重要基地。鄉村集市的成長狀況，是衡量農村市場繁榮的因素之一，而且對於促進農產品商品化、市場化和農村專業化有重要的意義。

二　問題的提出及研究的目的與意義

（一）問題的提出

集市作為一種傳承了千年的社會現象和群體活動，普遍存在於世界上各個國家，並伴隨著社會、經濟、政治的變遷而不斷地興衰存亡。中國是集市產生比較早的國家之一。

作為中國常見集市的一種，農村集市是最普遍的，它廣泛存在於廣大農村。曾有學者認為，隨著商品經濟的發展，農村集市也會日漸消失，如城市一樣，被固定的商店、超市所取代。但在商品經濟日益發達的形勢下，農村集市並沒有全部消失，而是有的日趨衰弱，有的反而日漸繁榮。本次調查點選在大理洱源白族的一個名為溫水村的小村子裡，其集市只有早上才有，故稱早集。這個集市作為重要的農村經濟活動，具有哪些功能？空間結構如何？交易產品發生了哪些變化？交易價格浮動背後的因素是什麼？等等，都是本文將要討論的問題。

（二）研究目的

農村集市是農村經濟、政治、社會和歷史文化的綜合產物，是最基層的農村市場。溫水村早集是中國眾多農村集市中的一個，作為個案，它具有自身的獨特性，但是作為農村集市，它又具有中國農村集市所具有的普遍性。本文透過對溫水村早集這個個案進行調查研究，試圖達到以下幾個目的：

第一，揭示出農村集市所具有的功能。

第二，描述農村集市發展中存在的問題。

第三，探究政府在農村集市發展中的作用。

（三）研究價值及其意義

當前，經濟社會迅速發展，尤其是商品經濟的發展，對農村、農民的社會生活產生了重大影響。一些學者雖然意識到了商品經濟發展對於農村集市的影響，但對於現代農村集市進行個案研究的卻還不多。因此，從微觀集市個案出發，來研究政府在基層市場中的作用具有重要的理論意義和現實意義。

三　現狀和背景分析

溫水村隸屬洱源縣右所鎮，距右所鎮政府所在地 6 公里，到鎮道路為土路，交通不方便。東鄰西湖，南鄰鄧川鎮舊州村委會，西鄰臘坪、起勝，北鄰團結村委會，轄 7 個自然村 14 個村民小組。現有農戶 928 戶，鄉村人口 3470 人，其中農業人口 3379 人，勞動力 2037 人，從事第一產業的 2037 人。

溫水村人民勤勞、聰慧、開放、好客。全村村民都屬白族，村內都用白語進行交流，都有信仰本主、白潔夫人、大黑天神的習俗。三坊一照壁是白族傳統的典型民居建築方式，它由一坊主房、兩坊廂房組成。這裡的白族居民每年春節都要舉行盛大的迎神接福活動，活動內容有廟會、舞獅子、打霸王鞭、歌舞等。村民遇上結婚、建新房等喜事都要貼紅對聯，設宴款待親友。

溫水村屬亞熱帶高季風氣候，光照充足，雨水豐沛，有「魚米之鄉」「乳牛之鄉」「乳扇之鄉」「大蒜之鄉」「蘭花之鄉」等美譽。

四　研究方法及內容

（一）研究方法

實地調查法，即參與式田野研究方法，是一種親自進入民族地區，透過直接觀察、具體訪問、住居體驗等方法獲取第一手研究資料的方法，是民族學學科最傳統的方法。

1. 觀察與參與觀察法

民族學調查特別注重觀察，並以此作為蒐集第一手資料的最基本的方法。本次調查期間，筆者就運用這種方法對集市的空間結構、商品數量與類型等進行了統計。

2. 個別訪談法

民族學調查尤其強調「直接」性，即深入地、全面地接觸調查對象。調查期間，筆者訪談了一些早集上的商販和購買者，對訪談記錄及時進行了整理。

3. 文獻研究法

閱讀和研究了大量相關文獻。

（二）研究內容

1. 早集的類型

鄉村集市按時間劃分，分為定期市和不定期市。定期市有固定的時間、地點和經營場所，能夠實現交易的常態化，如「荊吳俗，有取寅、申、巳、亥日集於市，故謂亥市」，而溫水村的早集每天都有，故為一個定期市。

自 20 世紀 30 年代至今，中國學者對中國城鄉市場結構做了層級分類，其中都把初級市場或原始市場定義為農村集市，也就是說，農村市場亦即集市市場。的確，農村市場是以集市為主，但仍可做進一步的分類。如集市既可設在鎮，也可設在村，縣城則更是集市所在地。集市分類當然不會如此簡單，有的學者根據交易內容、交易規模做了更為詳細的分析。楊慶堃認為，按照貨物種類，市集可分為基本集和輔助集兩種：基本集的功能是滿足地方日常生活和生產的普通需要，貨物種類只限於幾種簡單的食物、雜耗和日用品，數量也很少，而輔助集上的貨物種類較多，數量較大。它一方面滿足地方日常生活的普通需要，同時也滿足生活中的特殊需要，如較貴重的東西、農具、牲口等。而溫水的集市因設在靠近村口的地方，又被稱為村口集，不多大部分村民稱其為早集。

2. 早集的內容及結構

本村早集是一個定期集，基本集，交易時間主要是 7：30—10：30 左右，交易內容除了一些簡單的早餐，還有村民日常食用的果蔬、豬肉及其他基本的日常生活用品。早集上有 15 家本村的攤戶或商戶（約 32.6%），其他地方來的有 31 家，包括右所、舊州、幸福村、西湖村等。平時菜價基本沒有變化，但農忙時，由於人少、時間緊等諸多原因，菜價會快速上升。市場上存在著價格競爭關係，同種果蔬，自己種的售價比那些從縣裡鎮裡買來的價格偏低一些。早集上的交易行為，除了錢物交易外，還存在物物交易。早集的空間結構比較簡單，大致按雜貨—水果—蔬菜的佈局擺攤，一些零星的攤

販偶爾夾雜其中。一些特殊的攤販，是固定每週二和週四來，筆者在這裡採訪到兩家。也有一些是不定時來的，有空了或者許久沒來了就來一下。也有一年才來一次的稀有攤販。

五　溫水村的實證研究

（一）研究的具體過程

第一，訪問了早集上的所有攤主，對其所賣商品的種類與價格、貨物來源等情況進行記錄與統計。

第二，對個別特殊商品進行了更細緻的統計，如對豬肉各部分的價格及銷售對象等進行了對比與記錄。

第三，對價格進行了專門的調查，如對最近菜價、水果價、肉價的浮動情況及原因進行了分析與歸納，對不同攤位銷售的相同物品進行了價格比較，看看是否存在價格競爭關係，這種關係是否明顯等。

第四，對農田情況及早集上的主要進貨點進行調查，找出價格浮動的聯動因素。

第五，對本村存在競爭關係的三家小賣部進行了座談式訪問，對其銷售情況、進貨情況、家庭收入情況等進行了記錄與比較。

（二）商品及其種類的劃分

表1　集市商品種類和數量

商品種類	蔬菜類	水果類	葷食類	早餐類	日常用品	其他
數量	25	5	9	4	5	7

商品是集市不可或缺的東西，正是商品的流通造就了集市，沒有商品交易，就不會形成集市。因此，對商品種類及其數量進行調查，是進一步瞭解農村集市的有效手段。集市中約有商販55家，由表1可知，蔬果類占一半以上，還有一些葷食類的，如丸子、雞腿、野生魚、豬肉、熟腸等，早餐則有包子、餡餅、餌卷、餌餅等，而日常用品類則包含了小賣部，還有半月來

一次的賣掃帚的，每週二、週四來賣糖果和醬製品的等，而其他則包含了理髮店、糕點鋪、奶站等。由於早集在學校旁邊，很多商品都以兒童為消費對象，筆者姑且將這類商品稱為兒童商品。雖然這個稱呼可能不太準確，但是卻可以很好說明商品的針對性。

這類商品多是一些玩具、零食或裝飾品，每當看見帶著小孩的大人時，商販們就會賣力吆喝，以吸引孩子的注意力。它既是集市上的商販獲利的商品，也是趕集者體現對下一代關愛、增進與下一代感情的商品。可見，兒童商品作為集市社會性的一種隱形載體，同時也是商品經濟向農村延伸的一種表現。

過去的兒童玩具多是一些低廉的手工品，而現在的玩具都是工業化製成品，從一個側面說明了工業製成品對手工品的驅趕已從城市延伸到了農村。兒童商品的變化主要表現為由零食向玩具的轉變，這種轉變體現了工業化對農村的影響。

筆者透過調查，發現這個集市的功能其實並不是很齊全，最實用的服裝類商品在這個早集上基本看不到。除了小賣部裡面的鞋子以外，就一家一個月左右來一次的賣自制的民族外穿馬甲的老奶奶。

作為這個村子唯一的集市，之所以沒有服裝類商品，是因為每週五，右所鎮有整個洱源地區規模最為龐大的集市，當地人稱之為「右所集」或「週五集」或「大集」。每到週五，該村早集的規模就會小很多，一來是因為大多數攤販都去右所集擺攤了，二來是因為村民也大多選擇去逛大集了。整個洱源地區都是如此，週五鎮上的大集滿足了附近村民一週內的所有需求。筆者也去右所集上調查過幾次，規模很龐大，甚至比一些城市裡的集市規模還要大上許多。

（三）早集的功能

功能主義認為任何事物或現象都是一種功能的體現，社會正如一個有機體一樣，其中存在的活動或現象都是社會存在、社會整合所不可缺少的因素。農村集市也是如此，它的諸多功能相互滲透與影響，共同造就了集市。

夏日紀事：洱源田野調查集
溫水篇

在集市的經濟功能日漸衰退的背景下，農村集市卻呈現出日漸繁榮的趨勢。這說明：在經濟功能之外，還有一種更為重要的功能成為了集市的主導。筆者將之稱為社會功能，即以血緣、業緣形成的人與人之間的社會感情流動、關係整合與維繫。這種功能已經成為溫水村集市存在的根源與價值所在。

參考文獻

（一）專著

林耀華：《民族學通論》，中央民族大學出版社，1990。

楊聖敏：《中國民族志》，中央民族大學出版社，2003。

（二）期刊

黃火明：《傳統與變革：鄉村集市文化與新農村文化建設的和諧整合》，《山東農業大學學報（社會科學版）》2007 年第 3 期。

李金錚：《傳統與變遷：近代冀中定縣集市的數量——結構與交易》，《南開大學學報（哲學社會科學版）》2009 年第 1 期。

陸益龍：《從鄉村集市變遷透視農村市場發展——以河北定州廟會為例》，《江海學刊》2012 年第 3 期。

逢愛梅：《對鄉村集市休閒旅遊資源開發的初步探討》，《學術交流》2010 年第 9 期。

（三）學位論文

兌平清：《華北鄉村集市變遷與社會結構轉型——以定州的實地研究為例》，碩士學位論文，中國人民大學，2005。

聞曉祥：《小城鎮集市交易行為及其心理——巢湖市幾個鄉鎮集貿市場的實地研究》，碩士學位論文，巢湖學院，2002。

肖禹：《洱源縣白族村落溫泉旅遊資源利用與村落景觀發展的研究》，碩士學位論文，昆明理工大學，2012。

楊志新：《鄉村集市與社區民俗生活——以寧夏靈武市崇興鎮集市為例》，碩士學位論文，西北民族大學，2005。

松鶴篇

指導老師：李勁松　李海軍

小組成員：白一莛、柴博聞、覃聃、樂美

陳嘉欣、李若晨、鄒思媛、鄧秋聰

朗杰曲珍、白瑪央宗、旦增卓嘎

桑吉、楊切、阿拉法特·帕爾哈提

扎西文江、陳俊成、王驍

調查時間：2015 年 7 月

傳統與現代——雲南大理洱源縣松鶴村彝族生計方式的變遷研究

鄧秋聰　桑吉　陳俊成　旦增卓嘎

摘要：隨著現代化和城市化進程的加快，且伴隨著西部大開發，人口較少民族開發以及社會主義新農村建設等戰略或相關政策的出臺，中國農村地

區發生了翻天覆地的變化，特別是西部農村正在發生著整體性變遷。生計方式變遷作為社會整體性變遷的一個重要組成部分，也切切實實地發生在農民身邊，而每個民族的生計方式多有不同，所以，生計方式變遷的路徑和過程以及變遷的結果和帶來的影響都不盡相同或完全不同，所以關於研究不同民族的生計方式的變遷問題具有重要的理論和實踐意義。本文首先對研究緣由、研究意義、文獻梳理、研究理論和方法、田野調查點概況等四個方面進行了介紹；其次，透過對松鶴村彝族生計方式的歷時性描述，對影響生計方式變遷的政策制度、各戶資產狀況和發展的期望進行了闡釋；然後從文化傳承、婚戀擇偶、婦女地位和代際間權力關係四個方面分析了生計方式變遷所帶來的影響。本文以隨機方法選擇了調查樣本，採用入戶訪談法、不完全參與觀察和座談會三種具體方法進行資料收集，並且針對與生計方式相關的具體問題進行了深入訪談；描述分析了松鶴村的彝族生計方式的變遷，試圖在本文中展示松鶴村彝族地區生計方式由單一性向多元化轉變及其謀生方式的複雜狀況，考察松鶴村彝族在現代化的進程中生計方式的轉型，在不同的時期內呈現出來的不同的特徵，探討生計變遷的原因及變遷對嗩吶文化傳承、婚戀擇偶、婦女地位和代際間權力關係的影響；最後，根據實地調查結果對彝族地區生計方式的發展途徑提出建議，以期對松鶴村彝族的各方面發展有所裨益。

關鍵詞：彝族；生計方式；變遷

一　緒論

（一）選題緣由

對鄉村社會的研究一直是人類學、民族學和社會學研究的重要領域之一，其涉及的內容也包羅萬象，主要包括社會生計方式變遷、發展狀況、文化傳統與傳承、受教育情況、宗教信仰等內容。而在對鄉村社會研究的過程中，少數民族地區鄉村社會生活是研究中國鄉村社會的一個重要組成部分，尤其是在新農村建設和全面建設小康社會與和諧社會的時代大背景下，對民族地區尤其是邊境地區經濟社會發展的關注顯得尤為重要。本文以雲南大理洱源縣苴碧湖鎮松鶴村為田野點，在進行認真仔細的田野調查的基礎上，對其自

新中國成立以來的,尤其是改革開放以來的松鶴村彝族的生計方式及其變遷進行探析。

隨著社會的發展,大松甸、溪登、石照壁三個自然村(於 1950 年成立松鶴行政村)的彝族同胞,在自己生存的土地上,在漫長的歷史長河中,從祖輩傳統的上山狩獵、打柴、遊牧到下地種蕎、藝麻,松鶴村的生計方式發生了歷時性變化。清末民初,又購買了村落以東挨近壩區的部分旱地和稻田、荒山草場等,擴大了村域,增強了生存能力,逐步向著種果植樹的生態農業生產方向發展。「打赤腳,穿羊皮,砍柴賣,面朝黃土背朝天」是松鶴人民過去貧窮落後面貌的真實寫照。黨的十一屆三中全會以後,松鶴村黨總支部帶領全村人民製定了切合村情的「果當家、林作盾、糧為本、畜以輔、興科教、奔小康」的總體發展路線,實施一系列發展措施,大力發展以經果生態產業和林下資源的松茸承包產業為龍頭的民族經濟。集體林權制度改革以後,又將食松果也進行了發包,而山村的巨變,使人民生活得到極大的改善,大部分年輕人都已外出務工,僅在北京務工的就有 100 多人,全村呈現出社會協調發展的景象。同時,為豐富村民的精神文化生活,提升人民生產生活質量,傳承民族傳統文化,共享文化繁榮發展成果,松鶴村還建了嗩吶文化傳習所,有 100 多人組成的嗩吶隊,平時,他們以 2 至 6 人不等合為一個嗩吶吹打班,到鄰近的縣內外各地為婚喪嫁娶的人家去服務,獲得了較高的勞動報酬。這樣,松鶴村村落的巨變最直觀地反映在由狩獵、畜牧到農耕、種植到務工、文化服務業,由傳統單一的生計方式逐漸過渡到現代靈活的多元化生計方式的生計方式變遷上,本文探討的是生計方式的變遷是否對松鶴村彝族的日常文化經濟生活,諸如文化傳承、婦女地位、婚戀擇偶、代際間權力關係有影響。

(二) 研究意義

彝族作為中國的少數民族之一,它的發展與變遷也反映著中國的社會現狀。隨著商品經濟的發展,尤其在現代化的衝擊之下,松鶴村彝族由傳統單一的生計方式逐漸過渡到現代靈活的多元化的生計方式,其變遷過程及造成的影響值得我們研究。本文的研究將陳列出調查點多元化的生計方式,分析

影響生計方式的因素及生計方式的變遷對松鶴村社會經濟文化各方面產生的影響。在整個田野過程中，具體運用參與觀察法、訪談法、問卷法來蒐集第一手資料，掌握了松鶴村彝族的生計方式、家庭經濟收入、婦女地位、代際權力關係、教育程度、婚戀擇偶、文化習俗等基本情況。

透過對松鶴村彝族生計方式變遷個案的研究，既可以豐富民族文化對現代性進行調適的認識，又可以加深對民族文化的理性自覺在社會文化變遷中的作用的理解，為政府制定符合民族社會經濟文化發展的相關政策提供參考意見，為社會各界更客觀準確地認識松鶴彝族村，提供一點基層的事實，從而使得松鶴村在將來能更從容地跟上中國社會的發展，往更好的方向發展、更高的層次遞進。

（三）文獻梳理

費孝通在《江村經濟》一書中，描述了開弦弓村村民的生產和生活，尤其是「職業分化」「農業」「蠶絲業」「養羊和販賣」和「貿易」等章節對開弦弓村村民如何充分利用現有的資源，怎樣維持生計以及影響生計的因素進行了深入剖析。另外，還有一些研究主要探討了由自然環境變化、城鎮化帶來的生計方式的變化及其對家庭代際關係和婦女地位的影響：

1. 考察由生態自然環境變化引起的生計方式的變遷

秦紅增和唐劍玲的《瑤族農民的生計轉型調查研究——以廣西大化縣七百弄布努瑤為例》，在分析生計轉型的原因時強調外界的作用是當地生計轉型的重要推動力；蒙愛軍的《水族傳統生計方式及其變遷》，以寬廣的視角，對水族生計方式的形成和變遷做了清晰深入的描述分析；烏日力嘎的《科爾沁蒙古族村落生計方式變遷研究——以科爾沁左翼後旗哈拉烏蘇嘎查為例》，描述了雖然遺失了蒙古族傳統遊牧生活，但形成了自己「文化圖式」特點的科爾沁蒙古族聚居村落的社會文化變遷的概況；張新杰的《馴鹿鄂溫克生計方式變遷研究》，從文化變遷的角度考察了馴鹿鄂溫克在現代化的進程中生計方式的轉型，解讀馴鹿鄂溫克對社會環境和生態環境的調適；於玉慧的《橡膠種植與哈尼族生計轉型探析——以西雙版納老壩荷為例》，對西雙版納哈尼族原始生計方式的消亡、新的生計方式的產生和發展進行全面而系統的研

究；陸葉的《過山瑤農耕生計方式變遷——以恭城縣西嶺鄉新合村為例》，描述分析了過山瑤農耕生計方式如何隨著歷史的發展變遷，提出了過山瑤農耕文化的傳承策略。

2. 考察因城鎮化或從城市回歸鄉村而進行生計方式選擇的研究

羅海和羅榮淮的《「城中村」居民生計方式選擇的調查與思考——昆明市「城中村」居民生計選擇調查》，主要從外部因素分析了「城中村」居民生計方的選擇；陳晶的《京郊農村的生計變遷研究——順義區仁和鎮沙井村個案》，主要從生計方式的具體內容的變遷情況、村民如何適應土地減少趨勢，尋求新的生計方式以及適應情況等方面進行研究，揭示生計方式變遷的規律及其發展路徑；周王龍的《返鄉農民工家庭生計方式變遷——對川北廟鄉農民工家庭生計實踐的個案研究》，從社會變遷的視角出發，描述了返鄉農民工在城鄉之間的流動過程，並對其家庭生計方式變遷過程和軌跡進行了描述和解釋。

3. 考察生計方式的變遷對家庭代際關係和婦女地位的影響的研究

葉文靜的《生計方式變遷對京族婦女社會地位的影響研究——以廣西東興市 X 村為例》，以社會性別的視角，從生計方式變遷的角度考察了京族婦女社會地位的變化，並提出進一步提高京族婦女社會地位的對策和建議；姚曉鷗的《社會轉型背景下的家庭代際關係變遷研究》，著眼於中國家庭代際關係的變遷，從經濟、政治、文化以及社會等方面闡述了代際關係產生的變化，家庭代際之間傳統與現代的衝突與融合；馬成乾的《生計方式變遷對農村家庭權力影響研究——以紅寺堡新臺村為例》，透過對生計方式、家庭權力、婦女社會地位等的社會學分析，展現了生計方式變遷對農村家庭權力的影響，反映出當前中國農村部分地區婦女權力及其社會地位的特點。

綜上分析，影響生計方式轉型的因素，既包括宏觀社會政策在不同時期的調整和小城鎮建設等，還包括微觀的個體資產狀況。探討松鶴彝族生計方式的轉型過程及影響，有利於充分利用松鶴彝族地區現有的資源，促進民族社區的可持續發展。

（四）研究方法

本研究主要採用參與觀察、深度訪談和文獻法等方法。在資料的收集上，透過參與觀察和深度訪談的方法來取得第一手資料，同時參考一些相關文獻資料和地方史志資料。在實地調查過程中，採用隨機入戶的方式選擇調查樣本，就文化傳承、婚戀擇偶、婦女地位、代際間權力關係等問題進行深入訪談，展示該村落在不同的社會時期所發生的巨大變遷。論文的寫作上，在客觀全面描述松鶴村的發展變化的基礎上，力求對生計方式的變遷進行深刻的分析和探討。

（五）田野點概況

1. 地理環境

松鶴村位於雲南省大理白族自治州洱源縣茈碧湖鎮的西南部，西靠羅坪山，東距洱源縣城13公里，南與鳳羽鎮莊上村接壤，北與果勝村相連。全村國土面積62415畝，其中耕地2305畝，果園5000畝。下轄大松甸、溪登村、石照壁3個自然村，農戶782戶，人口3298人。人口總數中，因婚遷入漢族13人，白族11人，佤族1人，其餘均為彝族。

大松甸、溪登兩個自然村依傍羅坪山而居，坐西朝東，大松甸村居南，溪登村居北。兩村僅只有一澗之隔，直線距離只有1000米左右。大松甸自然村因曾有幾棵蒼翠的千年古松而得名。洱源縣誌上記載，大松甸村原有12棵古松，最後一棵因遭雷擊，枯死於20世紀80年代。溪登自然村因有「上龍」和「下龍」兩條溪水，流水不斷而得名。石照壁自然村因村旁到處都是石岩，且距村子北部500米處有一座寬高約20多米的照壁而得名。

2. 歷史沿革

遠古傳說中，曾有白鶴棲息在大松甸的古松、溪登的溪水、石照壁的石崖等處，這塊神奇而美麗的土地因此取名為松鶴，而選用植物和動物的名稱命名，體現出人與自然的和諧美。

溪登自然村的先民原生活在茈碧的壩區，或因不堪忍受戰爭的困擾，或因壩區經常遭水災，首先遷徙到離現在村子以北約 800 米處的「家凳」（彝語音，意為地基），因距水源較遠，再次遷徙到現在溪登的老村。

大松甸、溪登兩個自然村的先民何時遷到此處，雖然相關史志上並無記載，但透過對明朝時期所立的墓誌的考證，可以得出以下推論：其一，兩村的先民曾生活在海邊。因為，松鶴村的彝族語言裡有水、魚和其他與海有關的水生類動、植物的名詞；其二，大松甸自然村的先民曾棲居於洱源東山（馬鞍山）一線。因為，鶴慶縣西園村委會的彝族話語和大松甸村最相近，民俗民風也相似；其三，大松甸村先民要早於其他兩村先民遷入。因為，解放前，綠蔭塘水庫邊的大部分稻田都歸大松甸村所有，溪登村先民於清末民初才遷到現居住地，而石照壁自然村則是由招贅大松甸村女婿而逐步發展起來的。

大松甸、溪登、石照壁 3 個自然村，在解放以前隸屬於五門鎮（玉湖鎮）。實行保甲制時，溪登和石照壁兩個自然村是五門鎮第七保，大松甸自然村是五門鎮第八保。新中國成立以後，大松甸、溪登、石照壁 3 個自然村的彝族同胞實現了當家做主，於 1950 年成立了松鶴行政村。

3. 人文社會

松鶴村的彝族同胞，因長期與附近的漢族、白族共處，既形成了自身的民族傳統文化，又吸收借鑑了漢族、白族的語言、文化和習俗，體現了民族文化的包容性。最具代表性的是松鶴嗩吶文化藝術，不僅保留了彝族嗩吶曲調，還吸收了白族嗩吶曲調。每個松鶴彝人，都可用彝、漢、白 3 種語言交流。傳統節日方面，和附近的漢族和白族一樣，也過元宵節、清明節、端午節、火把節、冬蟄節等。與附近的白族一樣，都信奉本主。大松甸村信奉的本主是趙善政，廟會為三月八日。溪登、石照壁供奉的本主是羅浮景帝，廟會為七月二十四日。其本主信仰與儒、佛結合在一起，和附近的漢族、白族一樣，三教合一。

過去因歷史、社會、區位、資源等諸多因素，松鶴村的生產力一直很低下。改革開放以後，松鶴村大力發展民族經濟，以梅子為主的經果生態產業已形成規模，全村擁有占地 5000 畝的優質梅果示範基地，年產 4200 多噸鮮

梅，年產值 1100 多萬元人民幣。松茸產業也不斷發展壯大，集體承包費收入由 1994 年的 7456 元人民幣發展到現在的每年 60 多萬元人民幣。道路、農用灌溉溝渠等基礎設施建設逐步得到完善，人民生活水平極大提高。民居建築向磚混結構發展，彩電、冰箱、電腦等現代化電器已進入家家戶戶。全村有微型車、農用車 30 多輛，微耕機 100 多臺。村裡有衛生室，全村醫保覆蓋 100%，農保覆蓋 90% 以上。崇尚科學、尊老敬老、計劃生育、優生優育被人們所接受。大部分年輕人都已外出務工，僅在北京務工的就有 100 多人。全村呈現出經濟社會協調發展、民族團結、進步繁榮的一派大好景象。

二 生計方式的變遷

松鶴村彝族村落由傳統到現代的巨變最直觀地反映在由狩獵、畜牧到農耕、種植、梅子到務工、文化服務業，由傳統單一的生計方式逐漸過渡到現代的靈活多元化的生計方式上。

（一）狩獵的變遷

在沒有種植技術之前，採集和狩獵無疑是人類主要的生計方式。松鶴彝族同胞的採集和狩獵起源於何時，文獻資料中並沒有明確記載。但可以肯定的是，松鶴彝族同胞即使開始種植作物，採集和狩獵在其生活中依然舉足輕重。

松鶴村位於羅坪山東麓，有山有樹，最適宜野獸生存。過去經常出沒的野獸有金錢豹、牛熊、狗熊、獐子、馬鹿、狼、野豬、野兔、狐狸、穿山甲等。豹子經常來村裡叼吃豬羊、老熊經常糟蹋莊稼，狼經常危及村民生命。為了保護莊稼和村民生命財產安全以及獲得野獸身上的皮肉，人們開始狩獵。通常使用的狩獵工具有長矛、獵槍、網、鐵貓、鐵絲等。松鶴村近代有名的狩獵能人有：羅仁山，會「打草卦」，算出狩獵的「吉、凶、禍、福」以及時日方向。羅富龍，曾獲「打獵能手」稱號，於 1965 年受到表彰。羅厚銀、羅家元因分別用長矛刺死烈熊數頭而毫髮無損，受到村民的仰慕；還有羅兆福用鋤頭紮死臥路狼、羅福泰赤手空拳打死豹的佳話也廣為流傳。

近年來，由於國家提倡人與自然和諧發展，建設生態文明，狩獵行為已在松鶴村得到禁止。

(二) 畜牧業的變遷

松鶴村背倚羅坪山，有著豐富的天然牧場資源。畜牧業是松鶴村人民賴以生存的又一大支柱產業，與松鶴村人民的衣食溫飽有著密不可分的聯繫。

1. 群放遊牧方式

自古以來，松鶴村民取羊毛為暖身，牛為耕，馬為馱，食畜禽肉，用其糞，養小賣大。主要飼養的畜禽有：黃牛、馬、騾、毛驢、豬、羊、雞、貓、狗等。春末至夏秋，南起蒼山荒甸壩，北至大羅坪以北的馬鹿塘、清水河一帶，形成數萬畝的草場，牧草豐肥。從村中出發，走3個小時的山路便可到達就近的草場，最適宜由數百頭大、小牲畜組成的群放遊牧。大牲畜以馬和耕牛、閒牛為一群，能繁殖的母牛為一群。小牲畜以綿羊為主，還有少量的山羊。

羅坪山有「屁股底下三季藥」之稱，放山的牲畜，因食露草而健，吃藥草而肥，很受商販青睞。群放遊牧一般由富有放牧經驗、能公平處事且在村民中有一定威望的能人當「鍋頭」，「鍋頭」再從畜主中選出「領班」。「鍋頭」負責組織召開畜主會議，確定上山放牧時日，制定放牧規約，裁定違規違約的處罰等。「領班人」根據「鍋頭」的指示，負責本班放牧的草場、放牧人員的分工職責，準確掌握畜群數量的變化，隨機處理因氣候變化等引起的轉場和安全防範措施。大牲畜遊牧分為「小班」和「大班」。「小班」在清明至小滿之間。進入芒種以後，羅坪山頂一片草綠，已離家月餘的大、小牲畜逐步適應了氣候，這時就上羅坪山輪放「大班」。「大班」每班為7天，每頭放一班，實行抽籤制。每班放牧多少人，要根據畜群數量的多少來確定，一般為三至十幾人。遊牧到哪裡，都要劃定臨時的放牧區域，在「領班」的指揮下，以一至二人為一卡。一是限定牲畜的食草範圍，以防走脫，二是防範野獸襲擊，三是防止匪患。遊牧沒有固定的草場，不搭建窩篷。

歷史上，大松甸村民小組牛馬群數量最多的是1947—1949年這個時期，牛馬群達1000余頭，母牛群達百餘頭，每班放牧人員多達10多人，綿羊群

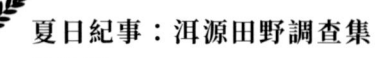

達 3000 餘隻。那時全村不足 200 戶，人口 700 多人，足見當時畜牧業生產發展之旺盛。

2. 丟放遊牧方式

近年來，隨著松鶴村產業結構的調整，遊牧範圍和牲畜數量逐步減少。放牧人員上山放牧要帶上糧食、炊具和火種，還用篷布、塑料布搭建窩棚，棉被、毛毯逐步代替了氈子。羊群上山遊牧，每群 300—1000 只不等，每群都帶有 3—5 只牧羊狗。每日實行放早與放晚，放早時間為 8—11 時，中午回臨時駐紮地歇息，放晚時間為中午 1 時至太陽落山。綿羊一年剪兩次毛，分為剪三月毛和七月毛，三月毛一只能剪 4—5 兩，七月毛一只能剪 1 斤。

解放前，松鶴村以種植大麻籽為主，不種小春，一月到十月，村邊大麻籽收割完以後，大家便把自家的牛馬牲畜吆出門外，讓牲畜喝水和食草，臨近日落才吆喝回家，再添些草料飼喂。這樣反覆幾日，牲畜逐漸養成了習慣，也就不用找尋，而是自己回家了。這就叫做「丟放」。這種方式一直延續到 20 世紀 60 年代初，生產隊開始種小春以後就終止了。

（三）種植生計方式的變遷

1. 傳統：農作物

松鶴村傳統的農作物主要包括：大春作物有苦蕎、甜蕎、燕麥、玉米、水稻、大豆、大白蕓豆、飯豆、小白扁豆、腰子豆、蔓青、蘿蔔、大麻籽、洋芋等。小春作物有大麥、小麥、豌豆、蠶豆等。苦蕎生長期約 90 天，甜蕎生長期約 100 天，玉米、水稻、燕麥、大白蕓豆、大豆、飯豆、洋芋生長期約 150 天，大麥、小麥約 210 天，豌豆、蠶豆、大麻籽生長期約 180 天，蔓青、蘿蔔生長期 90—120 天。

由於苦蕎、甜蕎、燕麥、蔓青、蘿蔔、洋芋的生長習性喜草木灰，過去都以燒荒種植為主，與保護生態有衝突且產值低，80 年代後已淘汰種植。解放前，松鶴村的大片田地都種大麻籽，每年十月，大麻籽採收完以後，便有壩區的人馱著大米來換松鶴村的大麻籽，作榨油食用。通常是一升米換一升

麻籽,而大松甸村本主廟前的路即成了臨時的街場,也有賣糖果、花生、板栗之類的。在國家不允許種植大麻籽後,過去的麻籽地全部改為梅果園。

2. 現代:梅子經濟

過去,松鶴村的梅子產業只侷限於鮮果生產,產業鏈條短,附加值不高,無法適應激烈的市場競爭和需求變化,村民往往增產不增收。

現在,梅果產業、松茸承包產業是松鶴村脫貧致富的兩大骨幹支柱產業。松鶴村有果園 5400 畝,梅子就占了 5000 畝。村民主要從事以梅果為主的經果業,「老人養老有私房梅樹,姑娘出嫁以梅園作嫁妝」,也成了彝家時尚。

由單一的梅果經濟結構向多品種的經果結構方向發展。2004 年 11 月 12 日,時任松鶴村書記的羅學義組織並成立了茈碧湖鎮松鶴梅果協會,協會成員由村委會轄區內的梅果種植戶組成,是松鶴村下設的非營利性社會服務團體組織。透過 2011 年 1 月「洱源梅子農業標準化示範區建設」項目的開展,並在洱寶實業公司的資助下,於 2013 年初舉辦了一期「鹽梅主栽品種多頭高接換種技術推廣」培訓,使松鶴村梅果產品的質量和產量不斷上升,群眾得到了實惠,加快了梅子產業化進程。示範區項目的建設,引導梅農進行水泡梅、雕梅的粗加工生產。每年以戶為單位,在自家庭院加工雕梅達 2000 餘桶,按每桶利潤 100 元人民幣計算,僅此項就增值 20 萬元人民幣之多,提升了梅果的附加值。近年來,全村鮮梅產量達 4200 噸,產值 1100 多萬元人民幣,占全縣鮮梅產量的 1/4,實現人均產梅超噸,人均梅果經濟收入達 3000 多元人民幣,戶均梅果經濟收入達 1.5 萬元人民幣。

不斷發展壯大集體經濟。1994 年,率先將集體林區中的野生食用菌採集權發包給農戶,承包收入由起始的 7456 元人民幣增至現在的每年 50 萬元人民幣左右。集體林權制度改革以後,又將食松果也進行了發包,每年的承包收入也在 5—10 萬元人民幣。

延伸產業發展,尋找特色經濟發展的新優勢。一是結合梅子採收後整地,每年套種秋蠶豆 300—350 畝,秋蠶豆市價 1.5 元人民幣/斤,效益可觀。二是梅園間種山藥 200 畝,山藥種一年收三年,第一年基本可收回成本,第

二三年是純利。種植山藥大戶每年可收入 2—3 萬元人民幣。三是在洱寶公司的資助下，種了 1 萬株麗江照水梅。四是種植了泡核桃 1500 畝，華山松 1000 畝，拓寬了致富門路。

（四）嗩吶經濟來源

過去，民間藝人把嗩吶當作一種民間娛樂文化，自學成才，吹奏隨意，入戶進行表演。洱源縣於 1988 年組建了嗩吶隊，為大型文藝活動演奏，松鶴村的嗩吶藝人成為洱源嗩吶隊的主體部分。松鶴村裡，活躍著 20 多個嗩吶「吹打班」、150 多位吹打師傅。年齡最大的 70 多歲，最小的 10 多歲，以 2—6 人不等組成「吹打班」，為縣內外婚喪嫁娶的人家服務，獲得了較高的勞務報酬，每年每一位嗩吶藝人可獲得數千元人民幣的經濟收入。2011 年，村委會制定了加強文化基礎設施建設的政策和目標，2013 年基本完成目標，建成了松鶴嗩吶協會、松鶴嗩吶傳習館，培養未來的嗩吶傳承人。

（五）外出務工服務業

鼓勵發展外出勞務經濟。全村外出務工 500 餘人，有從事餐飲、建築的，也有從事文化產業的，僅在北京務工的就有 100 餘人，全村每年勞務輸出收入達 400 多萬元人民幣。

外出從事服務業是松鶴村彝族村民應對現代化變遷的必然選擇，由於單一性的種植業無法使他們擺脫貧困，外出務工便成了他們的不二選擇。但由於仍處於剛剛起步階段，外出務工所掙的收入還不足以使整個家庭放棄農田耕作，專門從事其他行業。此外，隨著人民生活水平的不斷提高，個體小商店的規模和收入明顯增加。近幾年，個體小商店數量的增加使得內部產生了競爭，商品種類也不斷增加，這有利於個體小商店不斷提高服務質量。

三　生計方式變遷的影響

當前松鶴村彝族的生計方式呈現出以農業為主體，以梅果經濟、嗩吶經濟、外出務工經濟為輔，增加收入的途徑呈現出由單一性向多元化發展的趨向。生計方式的變遷對村民的各個方面均產生了深遠影響，下文主要從文化傳承、代際間權力變化、婦女地位和婚戀擇偶等方面加以分析。

（一）對娛樂方式及文化傳承的影響

生計方式的變化使得松鶴村村民的娛樂方式發生了很大的變化。以前，村民以吹嗩吶、聽嗩吶演奏為主要的娛樂方式，偶爾去觀看老年人協會的表演。而從事表演的主體是老年人，年輕人或以娛樂為目的，或為了補貼家用，來向嗩吶藝人學習嗩吶。後來隨著村裡生計方式的變遷，學嗩吶、板凳戲和牧羊已經是過去式，現在的年輕人透過電視和電腦，學到了許多新的觀念和知識，對外面的世界十分嚮往，使得以吹嗩吶和挖松茸的為主要生計來源的謀生方式很難延續下去。生計方式的變遷帶來的影響突出表現在嗩吶文化的傳承方面，下面筆者對這一方面進行分析。

第一，不同代際間學習嗩吶積極性的比較。松鶴村老一輩人學習嗩吶非常積極，將學習好嗩吶當作一件很榮幸很自豪的事情。現在的年輕人大多對學習嗩吶毫無興趣，而以在外出打工賺到大錢、回村裡蓋大房子為榮，以知道更多外界新事物為榮。

第二，要求孩子學嗩吶的代際間比較。父輩對子輩學習嗩吶的態度分為：很希望→有興趣才學→不做要求。在種植業為主的時候，老一輩十分希望自己的孩子能夠學習嗩吶。現在老一輩人對於年輕人學習嗩吶持一種無所謂的態度：年輕人有興趣學習嗩吶固然很好，沒有興趣學習嗩吶也不強加要求。在老一輩看來，學點新的知識和技能比學習嗩吶更好，更有利於孩子們融入現代社會。只有擁有更高的文憑和更多的技能，才能在現代社會上立足，沒有文化和知識只能被時代淘汰。

第三，吹嗩吶收入占家庭總收入比例的代際間比較。在以種植業為主的時候，吹嗩吶收入占家庭總收入的比重比較大。但是在以種植業、梅果業、外出打工並存的現代，吹嗩吶的收入遠遠不及打工賺得多，吹嗩吶收入占家庭總收入的比例呈逐漸遞減的趨勢。現在，雖然嗩吶藝人每場演出可獲得100元人民幣左右的報酬，去外面培訓也能得到一些補償，但是和外出務工所得相比，差距懸殊。

筆者對村裡的嗩吶藝人的收入情況進行了統計，瞭解到他們每月平均收入在1000元人民幣左右，在一個人均年收入只有6500元人民幣左右的村子，

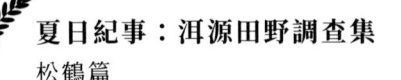

這個數字是比較可觀的，但是對比在外面打工一個月就有 5000 元人民幣左右的收入，這個數字就相形見絀了。留在村裡的人才會用嗩吶來補貼家用，在外面打工的人不會用嗩吶來謀生。

下面，筆者以村裡的幾位嗩吶名人為例，具體說明吹嗩吶收入占家庭總收入比例的代際間變化。羅六芳吹嗩吶的收入每年有 16000 元人民幣，占家庭總收入的 40%，但是他的上一代人吹嗩吶的收入占其家庭總收入的比例為 48.3%。羅代凡每年吹嗩吶能有 1 萬元人民幣收入，約占家庭總收入的 30.3%，但是他的上一代人吹嗩吶的收入占其家庭總收入的比例為 30.3%。毛德全每年吹嗩吶的收入差不多有 1 萬元人民幣，占其家庭總收入的 27.8%，但是他的上一代人吹嗩吶的收入占其家庭總收入的比例為 40.3%。

表 1　上一代嗩吶藝人吹嗩吶收入占家庭總收入的比例

單位：元

家庭	吹嗩吶的收入	種梅子的收入	其他收入	總收入	吹嗩吶的收入占總收入的百分比
羅六芳父輩	6000	6000	400	12400	48.3%
羅代凡父輩	5000	8000	500	13500	37%
李家福父輩	8000	4000	300	12300	65%
羅先雄父輩	5000	9000	900	14900	33.5%
毛德全父輩	5000	7000	400	12400	40.3%

表 2　現在嗩吶藝人吹嗩吶收入占家庭總收入的比例

單位：元

家庭	吹嗩吶的收入	種梅子的收入	其他收入	總收入	吹嗩吶的收入占總收入的百分比
羅六芳	16000	20000	4000	40000	40%
羅代凡	10000	18000	5000	33000	30.3%
李家福	20000	10000	4000	34000	58.8%
羅先雄	10000	18000	5000	33000	30.3%
毛德全	10000	20000	6000	36000	27.8%

第四，嗩吶藝人對嗩吶的重視程度發生了變化。一般來說，吹嗩吶作為嗩吶藝人的一種生活方式和生計方式，他們吹得越久，對嗩吶的感情就越深，而且這種感情不是三言兩語就能說出來的。比如，被評為嗩吶傳承的李家福老人，16 歲開始學習這門藝術，18 歲獨自演奏，至今已有 30 多年的藝術生涯，對嗩吶有著獨特的認知和理解。當被問及為什麼要學習嗩吶時，他說一來是自己喜歡，二來可以增加家庭收入，而現在吹則是在傳承這種文化。嗩吶是松鶴村人的根，也是連接所有外出打工的松鶴村遊子的根，只有保持住這種文化，才能讓松鶴村人找到自己的根，讓松鶴村的文化發揚光大。

嗩吶大師李家福的嗩吶吹遍了大理市的許多地方，獲得了許多證書和獎狀。他在松鶴村的地位十分高，多年吹嗩吶的經歷也使得他對嗩吶的感情越來越深了。他只是松鶴村嗩吶藝人的一個代表，同時也代表了松鶴村眾多嗩吶藝人對嗩吶的心。

毛六，1958 年生，男，彝族，小學文化程度。1978 年開始跟隨毛厚銀學習吹嗩吶，1980 年學成。擅長嗩吶、打擊樂、二胡、三弦。2006 年，他獲得由大理州文化局頒發的大理州「三月街民族節」首屆民族民間嗩吶手演奏比賽的銀獎；2007 年，他獲得由大理州文化局頒發的大理州「三月街民族節」第二屆民族民間嗩吶手演奏比賽的二等獎；2010 年，被大理白族自治州人民政府認定為大理州第一批民族民間傳統文化保護項目（民間音樂）代表性傳承人，即松鶴村嗩吶文化的第一代傳承藝人。參加過第三屆中國藝術節、

中国—昆明世界园艺博览会、中国—昆明国际旅游节、大理州「三月街」民族节开幕式等庆典活动，并迎接过中央领导和外宾。参加过电影《奇情伴侣》的拍摄和《中国白族百人唢呐》的摄影。在首届大理州民族服饰表演中担任演奏员，多年吹唢呐的经历也使得他对唢呐的感情越来越深。

罗六方，1959年生，男，彝族，初中文化水平。1977年师从毛玉保学习吹唢呐，3年便学成。擅长唢呐、打击乐。2006年大理州民族节白族唢呐比赛中荣获「山花奖」，2010年被大理白族自治州人民政府认定为大理州第一批民族民间传统文化保护项目（民间音乐）代表性传承人，也为松鹤村唢呐文化的第一代传承艺人。参加过第三届中国艺术节、中国—昆明世界园艺博览会、中国—昆明国际旅游节、大理州「三月街」民族节开幕式等庆典活动，并迎接过中央领导和外宾。同样参加过电影《奇情伴侣》的拍摄和《中国白族百人唢呐》的摄影。在首届大理州民族服饰表演中担任演奏员，多年吹唢呐的经历也使得他对唢呐的感情越来越深。

（二）代际间权力关系变化

1. 经济地位方面

松鹤村彝族家庭经济权力伴随着社会生计方式的变迁，从父辈转移到子辈，而经济权力又是决定家庭权力和地位的主导因素，所以很大程度上，经济地位的变化决定着家庭代际权力地位的变化。

在狩猎时期，狩猎活动主要由有狩猎技术经验和身体强壮的父辈来进行，所以家庭权力关系的中心是父辈，家庭事务的支配权也掌握在父辈手中，父辈拥有较高的权威。在狩猎时期，松鹤村彝族家庭代际间权力地位属于支配—服从型。

畜牧业出现后，狩猎活动依然存在，畜牧业作为松鹤村民赖以生存的一大支柱产业，与松鹤村民的衣食温饱有着密不可分的联系。而松鹤村彝族同胞在清末民初，又购买了村落以东挨近坝区的部分旱地和稻田、荒山草场等，扩大村域，逐步向着种果植树的生态农业生产方向发展。在畜牧业和种植业共同发展时期，松鹤彝族家庭代际间权力关系属于主导—协商型，父辈在家

庭權力中仍居於主導地位，但子輩也獲得了家庭決策的參與協商和利益表達的機會。

近年來，隨著市場經濟的發展，農村打工經濟的興起，外出務工的年輕農民越來越多。隨著傳統的父權制大家庭的解體，家庭地位和權力的基礎更加偏重對經濟資源的占有，隨著子輩掌握的經濟資源越來越多，經濟地位也越來越高，逐漸成為代際間權力關係的中心，父輩在家庭決策中的話語權則越來越少，以子輩的利益和需求為主要參考。

下面是對當地一位老人的訪談資料，充分展現了隨著生計方式的變遷，代際間經濟權力地位由祖輩轉移到父輩再到子輩的變化過程。

問：爺爺家裡種有梅子嗎？

答：有的嘛，20畝。

問：那產量有多少？

答：今年少一點，兩萬斤。去年，三四萬斤。

問：那家裡有人會吹嗩吶嗎？

答：兩個，我和我孫子。

問：一年吹幾戶？吹一戶多少錢？

答：這個估計不得。

問：大概估一下嘛。

答：大概的話，吹得好，就拿得多嘛。以前就是我，現在我老了，不吹了，我孫子又不在家，出去打工了。

問：那大概估一下。

答：二三十戶也有的嘛。

問：那吹一戶多少錢？

答：這個估算不得的嘛。

問：那家裡一共有多少人在外面打工？

答：兩個嘛，我孫子和孫姑娘。

問：那一個月工資多少？

答：工資啊，這個有三千的嘛。

問：那現在家裡經濟收入主要靠年輕人吧？

答：是的嘛，他們有自己的家庭，會掙錢攢錢。

（老爺爺的女兒回來了）

問：那家裡的財政大權主要掌握在誰手裡？

答：他們兩個都是了嘛。

2. 代際間文化反哺

　　松鶴村彝族村落由傳統到現代的生計方式由狩獵、畜牧到農耕、種植、梅子到務工、文化服務業，由傳統單一的生計方式逐漸過渡到現代靈活的多元化生計方式。生計方式的變遷、經濟的發展對代際間權力關係造成很大的影響。這種代際間權力關係的變化極大地削弱了父系家長的權力和權威，傳統中國家庭的經濟和文化邏輯受到很大的衝擊，新的與家庭有關的文化觀念與道德環境被創造出來。文化方面的一個大變化是子輩與父輩之間出現了文化反哺的現象，外出務工回來的年輕人也會帶回來先進的文化、技術與思想觀念，如提倡大規模養豬、教父輩用手機上網等。

　　下面是對松鶴村村民李善權（開幼兒園小班）的採訪資料：

問：叔叔家裡種有梅子嗎？

答：有的。

問：那家裡還有白灶嗎？

答：沒有了。

問：大概是哪一年開始不用了？

答：哪一年我也不知道，就是這幾年不用的，現在都是用電磁爐、電爐這些。

問：那您女兒在外面上學回來會教你們用手機嗎？

答：會的。

問：那如果女兒出去再回來，會不會跟你們在某件事情上出現意見不合的情況？

答：多囉。

問：那意見不合的時候，是誰聽誰的呢？

答：肯定是我們聽她的。她從外面回來，肯定接觸的事情也多，也有自己獨立的思想了，回來就會建議這建議那的。像我姑娘她過年回來，就說想大規模地養豬羊，啟發我們這些老一輩的。

問：那她也會教你們大規模養豬羊的技術嗎？

答：會的，主要靠她了嘛。

由此不難看出，生計方式變遷後從祖輩到父輩、子輩的代際間經濟權力地位的轉移、變化，和從子輩到父輩到祖輩的文化知識反哺。

（三）婦女地位與婚戀擇偶觀念的變化

1. 婦女地位

（1）狩獵時期

狩獵時期，人們主要的家庭收入以及衣食來源就是靠狩獵。在這種生計方式的影響下，婦女的地位相對而言比較低。因為狩獵需要力氣，所以主要是男性為主，而女性一般在家做家務，相夫教子，自然都得聽丈夫的。男性的角色地位自然相對女性比較高。

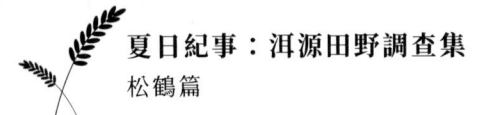

(2) 畜牧業時期

畜牧業時期，勞作主要以男性為主，女性為輔，所以雖然女性的地位有一定的提高，但還是男性的角色地位比較高。

筆者從村民口中得知，畜牧業至今仍與他們的衣食溫飽有著密切的聯繫，幾乎家家戶戶都養有豬、雞、羊、騾子，但數量較少，而且都是養來吃的，不會拿來賺錢。比如一個羅姓阿姨家裡養了兩頭豬、一隻雞、一頭騾子，但豬、雞都是留著自己吃的，騾子也是自用的，不是用來賣的。

(3) 梅子、種植業

種植業時期，村子主要種植梅子、梨子、木瓜、玉米等。梅子除了直接賣，還可以透過雕梅、釀酒等來增加附加值，所以一直以來，梅子都是松鶴村彝人最主要的生計方式和主要的經濟來源。梅子的種植主要靠男性，而雕梅、釀酒等主要由女性來完成，所以男女的地位已經基本上平等了。

(4) 外出務工

外出務工是當前較為普遍的生計方式之一，已經成為了村民主要的經濟來源，有一部分人因為在外打工而富裕了起來。外出務工的人員有男性，也有女性。因此，女性在當前的生計方式中不僅僅是做家務、相夫教子而已，她們也成為了家庭經濟的重要來源。所以在當前的生計方式中，男女的地位是平等的。

2. 婚戀擇偶

婚戀擇偶方式與生計方式息息相關，傳統社會中，子女的婚戀擇偶的選擇權、決定權都在父母，正所謂「父母之命，媒妁之言」。

(1) 狩獵時期

狩獵時期，主要是靠男子在外打獵，婦女的作用「不大」，所以注重的是婚姻的繁衍作用，實質在於傳宗接代。

（2）畜牧業時期

畜牧業時期，在選擇對象時，注重的是對方家裡的家畜的數量。

（3）種植業（以梅子為主）

早期，松鶴村種的有玉米、李子、木瓜等，所以那時看重的是男子的勞動力的大小、種植業收入多少、有多少產地等。改種梅子後，梅子起著重要作用，梅園是松鶴村婦女的嫁妝，是養老的本錢。

（4）外出務工

松鶴村目前的婚戀擇偶觀是自由戀愛，婚姻自由。隨著外出務工成為村裡的主要生計方式，外出務工的人越來越多，有男有女，夫妻雙方共同外出打工，共同養家。在婚姻狀態不穩定時，走出去的人思想比較開放，會用法律保護自己的利益。

下面是筆者對松鶴村大松甸小賣部店主羅阿姨的訪談資料：

問：您認為這幾十年來婚戀擇偶形式有什麼變化？

答：有啊，以前我們的長輩都不讓外面的人進來。

問：為什麼？您認為是什麼原因？

答：我們村以前太窮了，怕他們待不住啊。

問：現在呢？

答：現在有其他民族的嫁進來了啊。

問：那您主張婚戀自由還是父母包辦？

答：當然是他們自由了，看他們自己了。

問：您介意您的兒子或女兒與不同民族或不同地區的人結婚嗎？

答：不會，他們都在外面打工。

四　討論與反思

（一）傳統與現代並存，但能維持多久？

1. 傳統與現代並存

　　經濟社會的發展、生計方式的變遷、外出務工人員漸增、知識的普及等，都使村民特別是年輕人的觀念發生了很大的變化，很多傳統的東西也正在消失。在服飾方面，村子裡穿彝族和白族的服裝的人越來越少了，穿現代服裝的人越來越多了。透過調查發現，村裡只有老人還在穿彝族的衣服，年輕人很少穿民族的衣服了。在婚禮方面，漢族的婚禮越來越多，傳統的嗩吶式的婚禮則越來越少，因為本村的姑娘在外面讀書工作後就不會回來了，她們與外面的人結婚，就在外面舉辦婚禮了，當然不會請嗩吶隊幫她們吹奏了。本村的男子結婚才會吹嗩吶。在建築方面，現代的建築越來越多，傳統的白族建築則越來越少。白灶作為松鶴村最有代表的一種建築，其消失已是一種毋庸置疑的趨勢。據調查，松鶴村目前只剩下一個完整的白灶了，所以搶救白灶是十分重要的。

　　松鶴村的發展與變化是迅速和緩慢並存的，它有自身的特點，有自己的途徑。因為要發展經濟，松鶴村的村民才會出去打工。松鶴要走向現代，傳統的產業結構應該發生改變，大力發展現代農業，並農林果業、農產品加工業相結合，增加農產品的附加值。此外，還要提升村民對嗩吶文化的重視程度，提高村民搶救和傳承嗩吶文化的意識。唯有如此，嗩吶文化才能得到長足的發展。

2. 對並存局面的思考

　　傳統和現代是一對反義詞，二者存在著相互對立、相互影響、相互依存的關係。沒有傳統文化作為根基，就沒有現代的文化，現代文化對傳統文化的改善和改良。比如松鶴村的建築，保持了傳統的白族建築的外牆，但在廚房裡則安裝了新式的灶臺。又如嗩吶文化，在保持嗩吶原有的曲調的同時，又融入了許多現代的曲調。它們既是傳統和現代並存的關係，但也是一種此消彼長的關係。一個東西傳統的因素多了，那它現代的因素必然會少；相反

現代的因素增加了,那它傳統的因素必然會少。這個是一個守恆定律,至於傳統會不會完全被替代就不好說了。因為傳統畢竟是一種縮影,它不會輕易消失,也不會完全消失。中華民族上下五千年,有的文化就一直存在,比如漢字和國畫,一直就根植於人民的心中。但是嗩吶文化會一直根植在松鶴村人民的心中,不會消失嗎?筆者覺得會,因為松鶴村現在還有許多人喜愛嗩吶,婚喪嫁娶、節假日都離不開嗩吶表演。所以嗩吶文化不會馬上消失,傳統與現代並存的現象也會相對持久地存在著。

(二) 鄉土歸屬意識能維持多久

1. 鄉土歸屬意識的體現

松鶴村村民的鄉土歸屬感很強,不願捨棄的梅園、外出務工時逢年過節都會回來、同鄉聯誼會等,都是村民鄉土意識的體現,而梅子最能體現村民的這種鄉土歸屬意識。松鶴村的人對梅子有著特殊的感情,村民外出打工時,要帶著雕梅酒。而在北京、上海和廣州等大城市開餐館的村民都會賣雕梅酒。收梅子的時候,外出務工的人都會回來幫忙,說明他們內心有著因梅子而團結起來的凝聚力。

松鶴村的人對未來是充滿期待的,雖然這幾年梅子的收成不太好,但是只要用心打理,一定會好起來的。雖然村子裡外出的人越來越多,但是有了梅園,他們的養老就有了保證。比如一個村民用在外地開餐館賺的 80 萬,在本村蓋了一所房子,其實 80 萬完全可以在市裡買房,但是他選擇了在本村蓋,說明他將來一定會回到松鶴村生活的。

2. 對鄉土歸屬意識的思考

在世界各地,到處可見讀書、旅遊、做生意的中國人,有的人已定居。當瞭解中國人的鄉土意識及其家國情懷後就會理解,中國人的鄉愁較西方人而言可能更強烈一些,中國人更容易在鄉愁中感受自己的過去,並更自覺地維護自己的文化。以梅園為紐帶而凝結起來的松鶴村民的鄉土意識是強大深厚的,他們從心理情感上不能夠捨棄梅園,因為梅園會讓他們有一種歸屬感,是生養自己的根。所以外出打工的人不管去了多遠,都對梅園有一種歸屬感。

儘管受到現代經濟發展和思維觀念變化的影響，但是松鶴村的鄉土意識可以維持很久，是不會輕易被消除的。

參考文獻

（一）專著

[蘇]尼·切博克薩羅夫、伊·切博克薩羅娃著，趙俊智、金天明譯：《民族·種族·文化》，東方出版社，1989。

費孝通：《江村經濟》，江蘇人民出版社，1986。

費孝通：《鄉土中國》，上海人民出版社，2006。

林耀華主編：《民族學通論》（第2版修訂本），中央民族大學出版社，1997。

秦紅增、韋茂繁等：《瑤族村寨的生計轉型與文化變遷》，民族出版社，2008。

楊聖敏主編：《中國民族志》，中央民族大學出版社，2011。

（二）期刊

羅海、羅榮淮：《「城中村」居民生計方式選擇的調查與思考——昆明市「城中村」居民生計選擇調查》，《雲南經濟探索》2007年第5期。

呂俊彪：《「靠海吃海」生活內涵的演變——廣西京族生計方式的變遷》，《東南亞縱橫》2003年第10期。

蒙愛軍：《水族傳統生計方式及其變遷》，《中央民族大學學報（哲學社會科學版）》2008年第3期。

秦紅增、唐劍玲：《瑤族農民的生計轉型調查研究——以廣西大化縣七百弄布努瑤為例》，《廣西民族學院學報（哲學社會科學版）》2006年第7期。

（三）學位論文

陳晶：《京郊農村的生計變遷研究——順義區仁和鎮沙井村個案》，碩士學位論文，2009。

陸葉：《過山瑤農耕生計方式變遷——以恭城縣西嶺鄉新合村為例》，碩士學位論文，廣西民族大學，2012。

馬成乾：《生計方式變遷對農村家庭權力影響研究——以紅寺堡新臺村為例》，碩士學位論文，中央民族大學，2012。

烏日力嘎：《科爾沁蒙古族村落生計方式變遷研究——以科爾沁左翼後旗哈拉烏蘇嘎查為例》，碩士學位論文，蘭州大學，2013。

姚曉鷗：《社會轉型背景下的家庭代際關係變遷研究》，碩士學位論文，山東大學，2012。

葉文靜：《生計方式變遷對京族婦女社會地位的影響研究——以廣西東興市X村為例》，碩士學位論文，廣西大學，2013。

於玉慧：《哈尼族生計方式變遷研究——以西雙版納老壩荷為例》，碩士學位論文，廣西民族大學，2013。

張新杰：《馴鹿鄂溫克生計方式變遷研究》，碩士學位論文，中央民族大學，2012。

周王龍：《返鄉農民工家庭生計方式變遷：對川北廟鄉農民工家庭生計實踐的個案研究》，碩士學位論文，華中師範大學，2014。

附錄：小組訪談問題

1. 家裡梅子有幾畝？產量多少？離梅幾桶（價錢）？

2. 豬、牛、羊、雞、騾各有多少（單只價錢）？

3. 家裡有幾人會吹嗩吶？一年吹幾戶？吹一戶多少錢？

4. 外出務工幾人？工資多少？

5. 現在家裡是男的賺得多，還是女的賺得多？

6. 摘、離梅、外出務工，是男女一起出去，還是男女分工？怎麼分？

7. 家中大事，子女是否與父母一起商量？意見不合時，誰聽誰的（如子女婚戀）？

8. 現在家裡的經濟收入主要靠年輕人還是中年人？

9. 你對嗩吶文化能否傳承下去有什麼看法？

10. 你覺得嗩吶文化能給嗩吶藝人帶來很多的收入嗎？

11. 嗩吶一年能給你多少收入？

12. 你吹嗩吶的 10、20、30 年前和現在的收入占家庭總收入的比例是多少？

13. 現在你對孩子學嗩吶的態度和你父親對你學嗩吶的態度有什麼不同？

14. 代際之間對嗩吶的重視程度有何不同？

15. 你覺得是幾十年前運用嗩吶多，還是現在？

16. 嗩吶藝人在 10、20、30 年前及現在對嗩吶的感情有什麼變化？

17. 您認為這幾十年來婚戀擇偶形式有什麼變化？

18. 您主張婚戀自由，還是父母包辦？何時開始自由戀愛？父母干涉多嗎？

19. 您認為婚戀年齡有什麼變化？

20. 您認為咱們村離婚率低的原因是什麼？如果您身邊的親戚朋友和愛人相處得不好，您會建議他們離婚嗎？

21. 結婚前後有什麼變化？

22. 願意生男孩，還是女孩？如果可以多生呢，為什麼？

23. 您覺得姑娘對男方的判斷有什麼變化嗎？

24. 彩禮有什麼變化嗎？

25. 嫁妝有什麼變化（以前嫁妝無梅園，梅子成為主要種植業後，梅園成為核心嫁妝）？

26. 娶媳婦難有變化嗎（幾十年前娶媳婦不成問題，當外出打工的比例越來越高時，瞭解外部世界後，女性外流越來越多，娶媳婦成為難題。為了娶到媳婦，越來越多人外出打工）？

27. 您在家裡要干的家務多嗎？孩子和丈夫是否會主動幫您分擔，特別是在雕梅前後？

28. （適用於年輕女性的）您每月在護膚品、化妝品等方面的消費為多少？

29. 您對您自己現在的生活滿意嗎？家裡是您說了算，還是丈夫說了算，還是你們夫妻一起商量？

30. 家裡是由誰來管錢的？誰掙得比較多？

31. 您認為幾十年來本村的變化對婦女地位產生了哪些影響？

32. 您家裡有老人需要贍養嗎？是您自己的父母，還是公公婆婆？

33. 如果您的婚姻出現了問題，您介意離婚嗎？

（中年人）：

34. 您現在還有經濟收入嗎（如靠嗩吶表演）？

35. 家裡撤掉白灶，改用電磁爐，子女有無與您商量？

36. 小孩成績好時，是否支持他上大學，追求更高學歷？

37. 孩子找對象時，是否會干涉？

38. 孩子是否教您用手機、上網、買車票等？

39. 孩子追星、打耳洞、衣著暴露、拉染頭髮等是否會反對？

40. 你覺得你的子孫有必要學習嗩吶嗎？

41. 您女兒多的話，是否擔心她們嫁不出去？

（年輕人）：

42. 處對象時，是否與家長商量？

43. 是否會主動教長輩用手機、上網等？

44. 當長輩反對追星、打耳洞等時，會聽從長輩嗎？

45. 您介意您的兒子或女兒與不同民族或者不同地區的人結婚嗎？為什麼？

46. 您認為現在存在恐婚現象嗎？（擔心失去自由、沒錢養家、對現狀的不滿）？

47. 您有想要走出村子去外面看看，或者說去外面打工的想法嗎？如果有，您家人是否同意？

（兒童）：

48. 你比較喜歡爸爸（媽媽），還是爺爺（奶奶）？

209

49. 你比較聽爸爸的話還是爺爺的話？

50. 你覺得爸爸厲害還是爺爺厲害？

試探究雕梅手藝對婦女社會地位的影響——以雲南省大理州洱源縣松鶴村婦女的社會地位變化為例

扎西文江

摘要：雕梅工藝是雲南省大理州洱源縣松鶴村的一項傳統工藝，而當地婦女是這項工藝的主要傳承者。隨著梅子經濟的發展，越來越多的女性參與到這一手工加工的過程中來，在其中造成了不可替代的作用，而雕梅工藝反過來也對當地婦女產生了深刻的影響。本文即從當地婦女的社會地位方面，闡述了雕梅工藝對當地婦女產生的影響。

關鍵詞：雕梅工藝；松鶴村婦女；社會地位；影響；變遷

一　緒論

（一）選題緣由

雕梅既是大理地區的一種美食，又是精心雕琢的手工藝品。[40]雕梅工藝作為一項傳統手工藝，當地婦女是其主要傳承者，在其中造成了不可替代的作用，而雕梅工藝反過來也對當地婦女產生了深刻的影響。本文即從當地婦女的社會地位方面，闡述了雕梅工藝對當地婦女產生的影響。

（二）文獻綜述

1. 婦女地位研究

目前，學界在綜合分析西方相關理論的基礎上，結合中國婦女的情況，對眾多問題進行了總結和研究。比如對婦女家庭地位的衡量標準的研究，劉啟明認為婦女婚姻家庭地位的衡量指標有四個。[41]對婦女家庭地位的影響因素的研究，葉文振等人認為女性自身地位的評估受到三個方面的影響。[42]

2. 梅子研究

在洱源，梅子已經成為了舉足輕重的產業，促進了整個地區的經濟發展。[43] 國內雖然有很多與梅子相關的研究成果，但大多集中在梅子產業所帶來的經濟效益方面，而對於與梅子相關的手工藝（如雕梅）、梅子對於婦女各方面造成的影響的研究卻相對較少。

（三）理論與方法

1. 理論依據

目前，學界對婦女地位變遷的討論主要形成了三個流派：實力派學說、文化派學說以及經濟派學說。[44]

2. 研究方法

（1）文獻法

前期的研究方法主要是文獻法，透過查閱相關文獻資料，對松鶴村婦女的角色定位有了更深入全面的認識。

（2）深入訪談法

這是調查過程中採取的主要方法。首先，將參與雕梅的女工進行分類，進行焦點小組訪談。其次，將當地婦女按年齡分為不同的小組，分別進行焦點小組訪談。（訪談對象見表1）

表1　主要訪談對象的基本情況

姓名	年齡	訪談次數	性別	身份
羅學義	60	3	男	當地村支書
羅力雄	24	2	男	當地村民
羅金順	42	4	女	雕梅女工
羅荊佑	32	2	女	雕梅女工
毛健桃	30	3	男	雕梅女工的丈夫
羅仙月	16	2	女	雕梅女工
羅某	44	3	女	具品廠老闆娘

（3）參與觀察法

觀察雕梅女工的雕梅過程，同時親身參與到雕梅工藝中，體驗雕梅的過程。

（4）綜合分析法

首先，比較不同產業對婦女地位的影響；其次，透過對訪談資料和文獻資料的歸納總結和綜合分析，歸納出松鶴村梅子產業的發展對婦女的影響，重點分析雕梅對當地婦女社會地位的影響。

（四）田野點概況

洱源縣茈碧湖鎮松鶴村位於茈碧湖鎮西南部。改革開放後，農民家庭經營的以梅子為主的經果生態產業已形成規模。全村擁有占地5000畝的優質梅果示範基地，年產4200多噸鮮梅，年產值1100多萬元人民幣。人均擁有一畝梅子地，人均產梅超千噸。[45] 因此，梅子經濟在整個松鶴村的經濟中占據著舉足輕重的地位，而從事雕梅的婦女的社會角色和地位也發生了顯著的變化。

二　松鶴村雕梅與婦女角色概況

（一）松鶴村梅子經濟的發展與現狀

解放前，梅子主要用來做燉梅[46]吃，經濟價值很低。1981年左右，松鶴村分田到戶，鼓勵村民種植梅子樹。在梅園起步初期，梅子的價格為每斤3角左右，現在每斤的價格為4元人民幣左右，價格翻了十多倍。

（二）松鶴村雕梅工藝的流程與現狀

雕梅的過程是，首先，將大個、新鮮的梅子放到一定濃度的鹽水裡浸泡，村民毛健桃[47]說這樣做的目的有兩個：「一個是軟化的作用，還有防腐爛」。其次，將泡好的梅子雕出人字形的一圈，取出核，梅子就算雕好了。最後，將雕好的梅子放入桶中，放一層梅子撒一碗糖。把溢出來的汁舀出去後，再加糖。每天早上加上一大碗糖，持續兩三個月。

20世紀80年代，村裡辦了雕梅培訓班，參加的人全部都是中年婦女，可見從一開始，雕梅就有了明顯的性別和年齡要求。現在，村中絕大多數的婦女都會在雕梅的季節從事雕梅工作。還有些被請到外地雕梅，據村民李蘭順[48]說，自己曾到麗江雕梅。透過雕梅，婦女的經濟收入增加，生活也得到了改善。發展至今，松鶴村的梅子產量占到全縣的1/4左右，而且相比其他地方，梅子的種植更為集中。以雕梅產業為代表的梅果產業實際上已經成為這個村子的標誌。

（三）松鶴村婦女年齡分層及社會角色

根據筆者的調查統計和村支書提供的資料，按照年齡和角色的不同，大致可以將村中的婦女分為三個層次，第一個層次的女性年齡較小，不具備雕梅的技能；第二個層次是有雕梅技能和勞動能力的中年婦女，她們大都已經結婚，除了外出打工的，留在村裡的絕大多數婦女在雕梅的月份會投入全部精力到雕梅中，而外出打工的女性也會在雕梅的月份回到村中，專門從事雕梅工作；第三個層次是已經不具備勞動能力的老年婦女。因此，筆者研究和訪談的對象均以第二個層次的婦女居多。

三　關於松鶴村雕梅女工社會地位的案例分析

梅子經濟與雕梅工藝的發展使很多松鶴村婦女走上了自主創業的道路，湧現出一大批女能人。

案例：

羅金順，女，40多歲，松鶴村果品廠的老闆。從十幾歲開始學習雕梅，雕梅的收入大部分都用來貼補家用，後來和丈夫一起辦了果品廠，目前廠子裡有十多個工人，其果品廠是村裡規模最大的一個。她主要負責對雕梅女工的管理，她的丈夫主要負責在外收購梅子。據羅介紹，自己在家中的地位和在村裡的地位都比較高，其從雕梅女工成為果品廠女老闆的事例還被當地報紙報導過，在縣裡也有一定的知名度。[49] 丈夫遇到拿不了主意的事情時，都會跟自己商量。被問及雕梅女工的雙手長期浸泡在鹽水中的危害時，羅說當地雕梅女工的雙手都比較容易脫皮。

四　雕梅工藝影響下松鶴村婦女社會地位的變化

改革開放前，松鶴村的經濟落後，松鶴村婦女的社會地位較低。改革開放後，以梅子為主的經果生態產業漸成規模，松鶴村婦女的社會角色和地位也發生了顯著的變化。下面，筆者將從政治地位、經濟地位、教育地位、婚姻家庭地位和健康地位幾個方面入手，考察在雕梅工藝的影響下，當地婦女的社會角色及地位的變化。

（一）經濟地位

婦女經濟地位是指婦女在社會經濟活動中所處的位置。[50] 在松鶴村，到了雕梅的月份，因為「手腳輕快」「細心」等優點，婦女成為雕梅的主力軍。透過訪談瞭解到，受訪的雕梅的婦女一年僅雕梅的收入就在3000元人民幣以上。雕梅可以增加梅子的附加值，鮮梅加工成雕梅後，可以賣到每斤7—9元人民幣。而婦女作為這項勞動的主力軍，其經濟地位大大提高了。

（二）政治地位

婦女政治地位是指各種法律規定的女性所享有的各種法律權利和女性在政治生活中的參與程度。[51] 筆者在調查中發現，雖然松鶴村的婦女平時也會參加村裡的集體活動、村民大會等，但是在雕梅的月份，她們願意把更多的時間和精力投入雕梅，而較少關心政治和公共事務。這表明經濟地位的提高並不會必然帶來婦女政治地位的提高，婦女參與政治生活的積極性受到傳統性別觀念、自身素質能力和體制機制等因素的制約。

（三）婚姻家庭地位

婦女家庭地位就是指婦女在家庭生活中的位置，主要體現在其對家庭資源的擁有與控制的權力和在家庭中享有的威望。[52] 在松鶴村，參與雕梅的婦女有了獨立的經濟能力，在家庭中的地位也得到了提高。接受訪談的婦女都對自己在家庭中的地位表示基本滿意，自己的收入基本上可以自由支配，對家庭事務、孩子的教育問題等都有一定的話語權。

（四）教育地位

在本文的研究中，筆者更傾向於將教育地位歸於文化地位，即松鶴村婦女作為民族傳統文化和傳統技藝的重要傳承人的角色。[53] 對雕梅技藝的傳承，對當地經濟的發展和婦女經濟政治地位產生一定的影響。根據受訪者提供的資料，縣裡會定期派人到村裡進行雕梅的技術培訓，村裡也會派出雕梅能手到其他村落進行培訓。而接受培訓和外出展示的人中，基本全部都是女性。由此可見，女性在雕梅技藝傳承中的重要性，這也無疑提高了當地婦女的社會地位。

（五）健康地位

雖然透過加工雕梅，婦女的經濟收入增加，社會地位提高，但由於雕梅需要長時間將雙手浸泡在鹽水中、長期坐在板凳上等，難免會對她們的身體健康產生不利的影響，不過這也是大部分手工勞動者難以避免的。筆者在調查中發現，個別雕梅女工為了多掙工資，一天的工作時間甚至可以達到12個小時，為健康埋下隱患。

五　結論與反思

在松鶴村，家庭工廠的出現在一定程度上改變了男女的傳統角色和地位。[54] 首先，意味著和外界有了較多的接觸，作為家庭重要勞動力的婦女能夠有機會參與其中。其次，一部分婦女因自身素質高、管理能力出色，成為其他雕梅女工的領導者，羅金順即是一個成功的典型。最後，雕梅的婦女作為松鶴村雕梅這一傳統文化和技藝的傳承者，自然在婚姻家庭中的角色和地位越來越重要。

總的來說，雕梅作為當地梅子產業鏈的重要環節，對當地婦女的社會地位產生的影響不可小覷。從長遠來看，松鶴村的梅子經濟，尤其是雕梅，對當地婦女的影響是積極的：透過參加雕梅的勞動，可以獲得一定的經濟收入。但是由於雕梅帶來的經濟效益，使當地婦女願意把更多的精力和時間投入雕梅中，導致了她們的政治參與程度不高。在婚姻家庭中，松鶴村婦女因占有梅子這一重要家庭資源，在家庭中享有一定的地位和權力；在文化上，婦女作為雕梅工藝的主要傳承者，在村內傳承技藝和村外推廣技藝中造成了不可替代的作用。綜上所述，松鶴村的梅子經濟和雕梅工藝為當地婦女社會地位的提高創造了條件，對當地婦女產生了深遠的積極影響。

參考文獻

（一）專著

[法] 西蒙娜·德·波伏娃著，陶鐵柱譯：《第二性》，中國書籍出版社，2004。

周建新：《從邊緣到前沿：廣西京族地區社會經濟文化變遷》（下冊），民族出版社，2007。

（二）期刊

陳再華：《婦女地位綜合評價指標探討》，《中國人口科學》1993 年第 6 期。

陳智：《論婦女地位的提高》，《前沿》2001 年第 9 期。

杜子楠：《洱源雕梅製作工藝》，《雲南農業》1995 年第 8 期。

李燦南：《雕梅與炖梅》，《中國烹飪》2012 年第 7 期。

李興漢：《論洱源縣梅子產業發展的地位及對策》，《經濟問題探索》2000年第9期。

劉慧敏：《存在主義女性主義與女性的自由與解放——淺析波伏娃的〈第二性〉》，《重慶科技學院學報（社會科學版）》2010年第13期。

劉啟明：《中國婦女家庭地位研究的理論框架及指標建構》，《中國人口科學》1994年第6期。

許敏敏：《走出私人領域——從農村婦女在家庭工廠中的作用看婦女地位》，《社會學研究》2002年第1期。

楊國斌：《大理州梅子產業開發建議》，《林業調查規劃》2002年第3期。

（三）學位論文

單藝斌：《婦女社會地位評價方法研究》，博士學位論文，東北財經大學，2000。

孫玉娜：《非農化進程中陝西家庭地位研究》，碩士學位論文，西北農林科技大學，2008。

王清：《婦女家庭地位研究》，碩士學位論文，華中師範大學，2013。

葉文靜：《生計方式變遷對京族婦女社會地位的影響研究》，碩士學位論文，廣西大學，2013。

雲南大理洱源縣松鶴村彝族本主信仰研究

鄒思媛

摘要：本文是基於雲南大理洱源縣松鶴村彝族的本主信仰研究，從地方性知識的理論維度，採用參與觀察、深入訪談、文獻資料蒐集、比較性研究的調查方法對其「本主信仰」祭祀儀式的過程和組織人員等方面進行民族志具體記錄，整理、歸納、闡述該村落本主信仰的載體、儀式表現、組織形式、構成原因以及對該民族地區社會的影響。從某個彝族村落獨特精神文化的展現完成一個新的本主信仰的文化定位，目的是展現在雲南大理這樣一個眾多

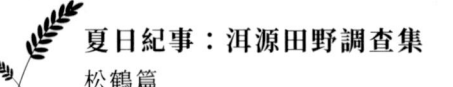

民族生活文化各方面交匯的文化背景下民族文化的互相融合、文化主體性意識的體現以及民族身份的自我認同。

本文認為該地區「本主信仰」現狀實際上是當地人在地域環境下主體性選擇的表現，是隨著社會歷史變遷不斷主動性地適應周邊環境的一種生存文化策略。這一文化選擇不僅僅是接受外族的文化影響，也不是對於外族文化的簡單複製，而是在此基礎上加以自己的文化創造，重新構建自己的文化表述系統，並且成為聯結村社人們情感的紐帶和延續村社發展的文化生命力。筆者認為我們要尊重這樣的文化主體性選擇，正確看待對於民族內部文化的自身再創造現象。不論其文化呈現形式如何，都需要社會進行包容。

關鍵詞：彝族；本主信仰；地方性知識

前言

當前的時代背景下，市場化經濟不斷深入，國家也提倡大力發展傳統文化。各地政府也紛紛把自身的文化特色作為獲得經濟收益的文化資本。在民族文化互相融合的地區，各民族為了自身經濟利益發展的需求圍繞著文化資源的歸屬性問題展開了博弈。在這樣的情況下，各民族為了加強自身的文化資本、吸引更多外來投資、獲得更大的經濟效益，對自身文化進行了表述系統的再創造和文化表現形式的再地方化的主體性選擇，形成了新的地方性知識系統。

在文化重構的現象背後，其民族自身的身份認同與文化認同是否有所改變？當地人又如何在民族身份的自我認同與文化再創造之間尋找一個平衡點？我們對於這種「地方性知識」系統的形成該持有怎樣的態度？我們是應該理解這樣的文化主體性選擇，還是批駁這樣的文化再造現象？

文化資本的博弈與帶來的文化再造現象的問題不只是松鶴一個村寨的問題，是一個世界範圍內民族生活文化互相融合的地區性問題。從地方性知識的理論角度看，松鶴村在歷史上對於適應周邊白族環境所進行的生存文化策略和現當代背景下的文化主體性創造現象，不僅為本主信仰的研究提供了一

個鮮活的個案，同時也加深了對於民族交融地區的文化資本博弈的相關思考，這也是現當代學界所面臨的關鍵課題。

一　緒論

（一）選題緣由

透過對彝族村寨本主信仰的研究，可以窺見民族交匯地區的文化呈現方式以及民族內部的文化和身份認同，以及在新的時代背景下民族內部對於自身文化表述系統的再創造，使我們對民族地區的文化互動有更深層次的瞭解。

（二）研究價值

目前，學術界關於本主信仰的研究大多著眼於從廣泛的概念和歷史層面上來研究，且研究焦點都在白族，未能聚焦到本主信仰在某一個具體其他民族村落的現實狀況。

1. 學術價值

透過查閱各類文獻，筆者發現目前國內外學者對與本選題相關的研究雖然不少，但是大多數針對彝族的研究都是針對彝族的主要分佈地區所信仰的畢摩信仰、祖先崇拜等的研究，而針對彝族的本主信仰的調查研究較為少見。本文一方面透過彝族本主信仰與白族本主信仰的比較，探討了彝族文化在生活現狀背景下進行的文化調試或文化主體性選擇。另一方面，也探討了該村彝族的自我文化和身份認知在宗教生活中的體現，從而為本主信仰的相關研究提供一個新的方向，彌補相關研究的空缺，為相關研究提供個案資料。

2. 現實意義

本論題的研究有助於瞭解大松甸自然村的本主信仰對於保護當地民族傳統文化的作用以及價值、對於民族社區經濟的發展、對於多民族地區的文化融合問題的理解都有直接的現實意義，特別是對於新的時代背景下，處於文化資源博弈狀態下的各民族文化的傳承問題也有直接的現實意義。透過研究揭示隱藏在文化互動表象後的深層文化內涵，探究出各民族和諧共生的內在機理，有利於瞭解多民族地區社會文化和諧發展的內在含義。

（三）研究方法

本文運用民族學、文化人類學的相關理論與方法，具體採用了文獻法、深入訪談法、參與觀察法和比較研究法。

1. 文獻法

透過閱讀梳理文獻，深入瞭解彝族人的本主信仰的研究現狀。查閱的文獻資料主要包括四個方面：白族的本主信仰相關研究文獻，彝族的本主信仰相關研究文獻、松鶴村的研究情況文獻以及「地方性知識」核心理論的相關研究。從而對彝族人民的本主信仰研究情況有清晰的認識，同時也對白族、彝族的信仰研究、地方性知識理論做一個總結。

2. 深入訪談法

此次調查採用深入訪談法，既對松鶴村的精英人物進行深度訪談，以挖掘關於彝族的本主信仰來源、歷史演變、具體儀式過程等方面的訊息。另外，在儀式過程當中，也對一般群眾進行簡要訪談，獲得第一手資料。

3. 參與觀察法

在田野調查過程中，筆者對松鶴村大松甸的本主廟進行考察，全程跟蹤記錄本主信仰儀式活動全部過程。

4. 比較研究法

主要是把該村彝族的本主信仰與周邊白族的本主信仰進行一個對比。透過對二者各自的本主來源、本主儀式活動過程等方面進行對比，進一步闡述彝族對於周邊白族文化的主體性選擇和文化調適，以及由於民族內部身份文化認同加強產生的新的「地方性知識」——文化表述系統的再造。

此外，還與大理巍山彝族的本主信仰進行對比，以研究洱源縣彝族在適應白族文化的生存環境的同時，對其自身的民族本身淵源文化在宗教上的保持，這也是研究其民族文化身份定位的重要方面。

(四) 研究思路結構

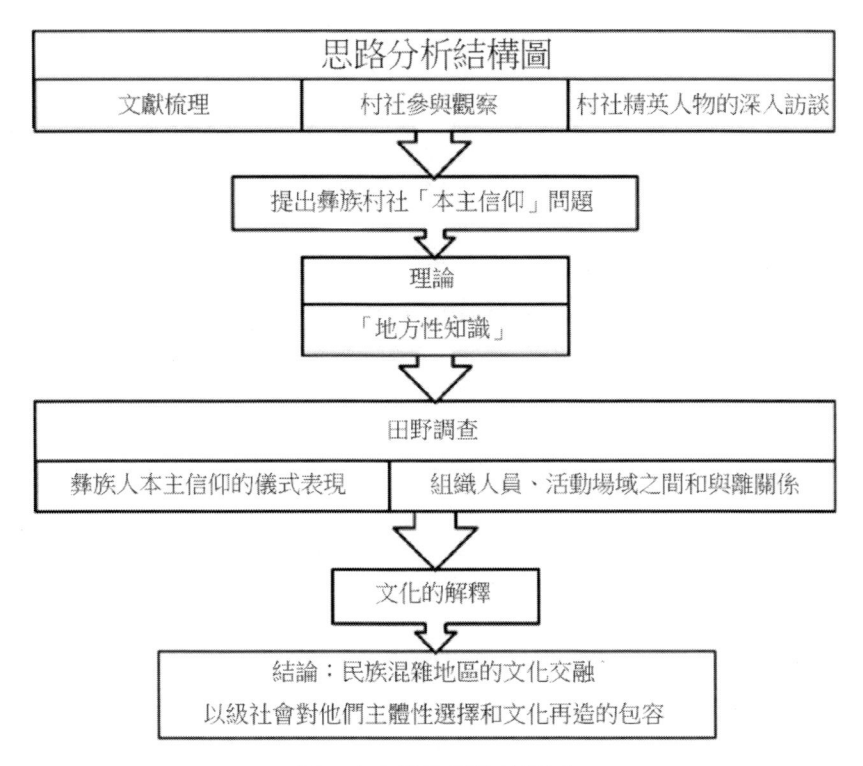

```
思路分析結構圖
┌─────────────┬──────────────┬──────────────────┐
│ 文獻梳理    │ 村社參與觀察 │ 村社精英人物的深入訪談 │
└─────────────┴──────────────┴──────────────────┘
              ↓
   提出彝族村社「本主信仰」問題
              ↓
          理論
      「地方性知識」
              ↓
          田野調查
┌─────────────────────┬──────────────────────────┐
│ 彝族人本主信仰的儀式表現 │ 組織人員、活動場域之間和與離關係 │
└─────────────────────┴──────────────────────────┘
              ↓
          文化的解釋
              ↓
   結論：民族混雜地區的文化交融
   以級社會對他們主體性選擇和文化再造的包容
```

圖 1 本文研究思路結構圖

二　文獻綜述

根據本文的研究內容與思路，文獻回顧主要圍繞四個方面進行。一是白族的本主信仰傳播、儀式過程以及組織人員等相關研究文獻；二是彝族的信仰內容、表現形式等方面的研究文獻；三是松鶴村的研究情況文獻；四是地方性知識的相關研究。

(一) 研究現狀

1. 白族的本主信仰研究的相關文獻

筆者在查找相關文獻的時候，發現很難查閱到對於個別彝族地區的本主信仰的文獻。學術界對本主信仰的研究似乎一直與白族掛鉤。二十世紀

二三十年代，國內外許多著名學者都對白族的本主文化進行了深入了調查和研究。與課題相關的文獻主要有以下幾個方面：對於源流、性質的相關問題研究、對於本主神分封現象的研究、對於本主祭祀活動的研究、對於其社會功能的研究、對於白族具體地區本主信仰的調查以及對於白族本主信仰與彝族信仰的對比、影響研究。

2. 彝族的信仰的相關文獻

關於彝族信仰的相關文獻主要分為：著重描寫彝族傳統社會裡畢摩信仰的性質來源、歷史變遷以及社會職能；籠統地探析彝族社會中的民間信仰相關部分。

3. 松鶴村地區的研究情況文獻

關於松鶴村的相關情況研究相對較少，筆者在《洱源彝族概覽》一書中尋找到以下兩個研究角度：

（1）松鶴村現狀調查研究

書中略提及松鶴村現今的社會發展狀況，收入的增長，生活的改善，「以梅子為主的生態支柱產業」已經形成了一定的規模，「林下資源——松茸」的產業也不斷發展壯大，甚至現在婚嫁的嫁妝都不再是彩禮而是梅果樹了。村社書記羅學義也總結道松鶴村的地理環境比較適合發展「經濟林果業」，而且有種植梨、木瓜、梅等果木的傳統。

（2）民族文化方面

李榮昌在《大松甸村調查》中概括性地介紹了松鶴村的地理位置、歷史沿革、村社文化等內容，特別指出松鶴村的宗教信仰是多教的融合，在信奉原始宗教的同時也供奉白族的本主——趙善政與外來的佛道教，還興建了本主廟與松峰寺院。他在《松鶴村建設民族文化的思考》一文中提出松鶴村是個彝族聚居的村寨，雖然其社會經濟已經有了明顯的發展，人們的生活水平也有所提高，但是還應該注重民族文化的發展，同時也必須審視自身的文化定位。

綜上所述，關於松鶴村的研究情況的文獻非常少，僅有的幾篇文章都是略略地提及其現狀以及文化發展情況，研究不具體，不繫統，也不完善，對於松鶴村特色的本主信仰也沒有著重探究。

4. 理論視角與核心概念——地方性知識

地方性知識是格爾茨在《文化的解釋》一書中提出來的概念。他認為文化是一個社會中的符號（semiotic），人類的文化活動都是屬於這個符號文化系統。人類的文化就是建立在其自身的思想觀念和所處的社會歷史背景之上的，意義非常豐富。文化實際上是一種「意指結構」（structure of signification），即「地方性知識」是由當地人自主性文化享用和傳遞的文化體系結構。人類學家進入田野去調查的目的就是要釐清這些複雜的文化結構，並進行深度的分析闡釋，瞭解這些文化的含義。

本文所描繪的松鶴村彝族人的本主信仰文化是一個具體實在的文化體系，與其他地區彝族信仰不同的是，該村社的本主文化是建立在當地人的主體性文化選擇和社會歷史背景之下的，並且擁有自己的生成背景和歷史演化的過程，僅為該村的彝族人所持有並且認同。筆者透過與當地人進行深度對話，釐清了其地方性知識的生成過程以及自己的文化定位。此外，透過對儀式過程和文化表象訊息符號的梳理探究，解釋其本主信仰的地方性知識內涵。

筆者認為，調查者在進行「地方性知識」的獲取和研究時，應在深入訪談、參與觀察等研究方法的基礎上，進行跨文化的研究，放遠自身的目光，把田野點放置在更大的文化背景框架下來看待，從其他文化持有者的視角或者事件反觀當地人的文化敘述，得出更客觀全面的結論。

（二）研究現狀分析

下面，筆者將從以下幾個方面對當前相關課題的研究情況進行總結：

一是從研究的民族地區範圍來看，對於個別彝族地區的本主信仰的研究文獻幾乎很少查到，本主崇拜的相關研究大多是與白族相聯繫；對於彝族的信仰研究文獻也大多是畢摩研究或者是傳統的宗教歷史沿革，缺少對於其他

特色宗教的研究；對於該田野點的研究文獻不具體，不完善，不全面，對於松鶴村的特色本主信仰也並沒有研究。

二是從研究理論上來看，與地方性知識有關的人類學調查研究文獻較少，多是站在心理學的視角從社會功能方面研究人群的心理意識，以及站在教育學視角探求民族教育的發展改革問題，缺乏站在民族學與人類學的視角下對於文化身份定位的地方性知識研究。

綜上所述，就目前的研究現狀及水平來看，前人大量的研究成果是本課題研究能夠得以順利進行的前提條件，給予本課題很多的啟發和幫助，為後期的相關研究奠定了堅實的基礎。但是，在當今的社會背景和時代需求下，這些研究成果不可避免地存在一些缺陷，不能很好地解釋本課題。

三　田野點現狀

（一）概況

調查地點位於雲南大理洱源縣海拔兩千多米的松鶴村大松甸自然村。松鶴村是洱源縣彝族聚居的山區行政村，位於茈碧湖鎮西南部，西靠羅坪山，東距洱源縣城 13 公里，南與鳳羽鎮莊上村接壤，北和果勝村相連。下轄大松甸、溪登、石照壁村三個自然村。

大松甸村坐落於縣城西、羅坪山東麓，距縣城北門約 8 公里，海拔 2512 米，現為松鶴村委會駐地。大松甸全村 6 萬多畝土地，2005 年末人口為 353 戶 1608 人，是彝族臘羅支系的聚居村。大松甸村地理環境適合發展經濟林果業，有種植梨、梅、海棠、花椒、木瓜等果木等傳統。西靠羅坪山，有豐富的牧場資源。亦稱「嗩吶之鄉」「梅子之鄉」「松茸之鄉」。

（二）歷史沿革

據該村老書記李蔚芳所說，大松甸人是幾百年前從昆明遷過來的，應屬於彝族的臘羅支系，沒有文字。過去洱源縣叫浪溝縣，後來才改的現名。最早的時候主要靠打獵為生，慢慢才有了其他經濟類型。

《洱源彝族概覽》一書指出：「彝族支系繁多，在今洱源境內就有諾蘇、羅武、臘羅等支系……臘羅支系是較早進入洱海地區的居民之一。其族源與史稱洱海地區的昆明人有關，與唐初的哀牢部族有聯繫，是南詔初三浪浪人的苗裔……而現今洱源縣境內聚居在茈碧鄉松鶴村和三營鎮南大坪村及右所鎮三枚村等地的臘羅人，是南詔浪人留在三浪故地，至今仍保留明顯特徵的遺裔。」

相傳，大松甸村歷史上有羅、毛、李、楊、絞姓，後因按姓承擔賦稅，故減少為羅、毛二姓為主。至今全村羅姓占60%，毛姓占30%，李姓占10%。雖然在不同時期有多個民族遷入，但是總體上還是較完整地保持了彝族文化特徵，因此，這是一個較大的彝族支系臘羅人聚居村。

由於長期以來與漢族、白族的生活兼容，受到漢族與白族的文化的影響，會說漢話和白族話，但是沒有文字。自身的特色彝族民俗文化得以保存的同時，也兼容了漢族與白族的風俗文化以及生活習慣。

（三）特色文化

該村村民自稱其最有特色的文化是「嗩吶文化」，年年春節都進行嗩吶文化的表演，幾乎沒有中斷過，已經形成了一定的風俗。他們的嗩吶文化源自於民間，活躍於各種生產和生活當中，突出地表現在宗教儀式的過程中。松鶴村人在宗教活動中，首先是用嗩吶吹奏「大樂」《起壇調》，才用「細樂」。誦經畢，再用嗩吶的《將軍令》《大擺隊伍》曲牌來收場。

（四）宗教概況

本村和大理許多地方一樣，宗教上主要是三教合一的信仰系統，信仰白族的本主、漢族的佛教和儒教。但是松鶴村彝族的本主信仰與白族的本主信仰不同，本主祭祀儀式中融合了自身的文化創造。村中的本主號「顯天忠孝護國佑民本主中央皇帝」，名趙善政。因此，本村是一個混合型的宗教文化呈現，其本主信仰一方面是自身主體性的文化選擇與調適，另一方面也是自身民族認同的加強。

四　松鶴彝人本主信仰的儀式空間──本主廟

本主廟既是村中老人聚集的場所，也是村中舉行重要宗教活動和民俗活動的場所。它增強了村民的凝聚力，蘊含著民族的歷史與滄桑，留下本村的歷史文化變遷的痕跡。

（一）歷史淵源

據李蔚芳回憶，村裡的本主廟建於宣統二年或宣統三年，是其祖父在當村長的時候與私塾、松峰寺一起修建的，後來在「破四舊」期間遭到毀壞，1996 年，他組織村民重建了本主廟。

（二）地理位置

大理洲城鄉規劃設計研究院繪製的《洱源縣茈碧湖鎮松鶴行政村大松甸中心村建設規劃》圖紙裡，只見松峰寺，不見本主廟。筆者透過實地考察得知，本主廟位於村小學的前面，位於村子的中心地帶。村民把本主廟建在村社的中心位置，體現出本主的地位之崇高。

（三）地理佈局

本主廟的空間佈局結構，如圖 1 所示：

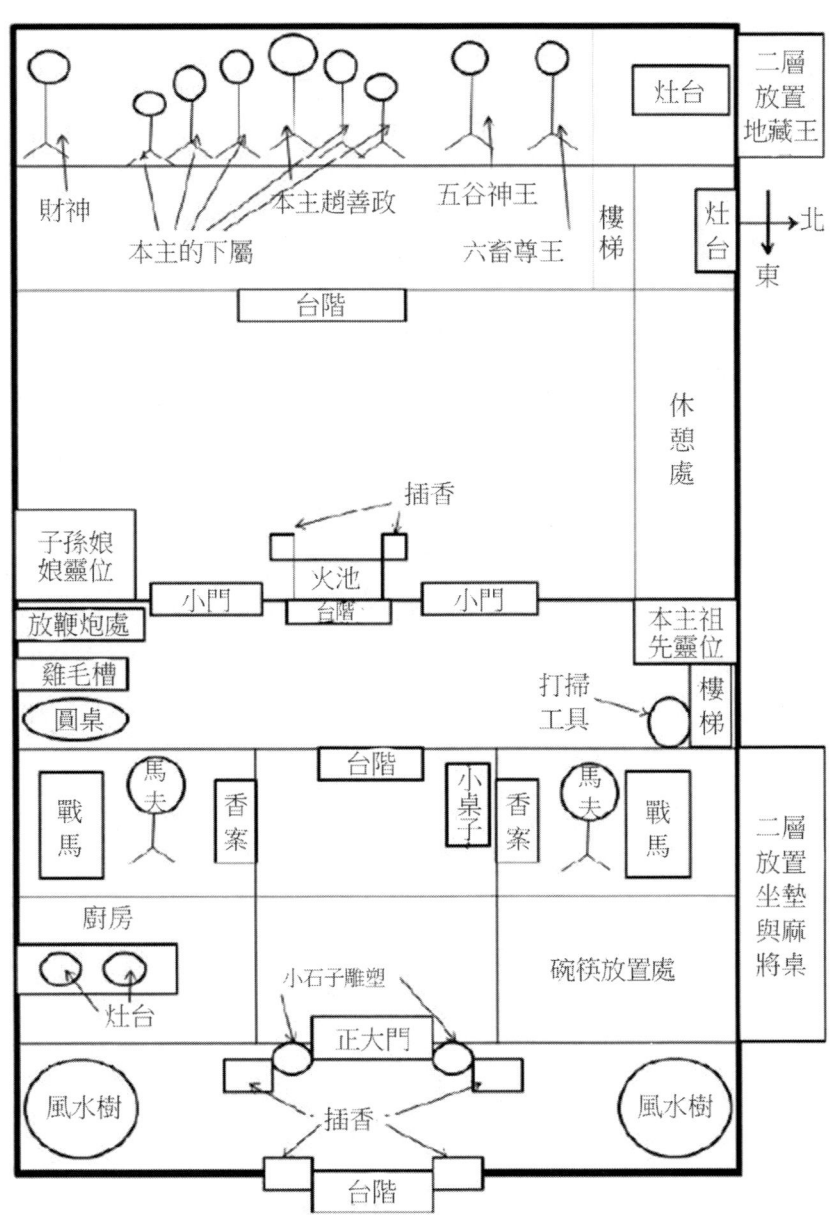

圖 2 本主廟空間分佈結構圖

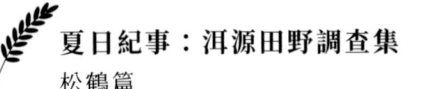

（四）做會的週期

做會的時間有很多，除了規定的會期之外，平時若逢家裡有人考取大學、出外打工、新修房子等，家人都會來本主廟燒香磕頭，祈求平安和本主的護佑。

村社中最大的一次會期就是本主的生辰，即農曆三月初八。會期為 8 天，一般會在初四或者初五就開始做會。農曆三月初八的本主大會是本村的本主正式做會，附近村寨的村民都會來廟裡吃飯。除此之外，五穀大王或神農大王的生日也都是需要在本主廟裡面進行儀式活動的。

在財神爺的旁邊寫有會期表，全年算上正式的會一共有 43 個，在本主廟內做會的有 18 個。

（五）神明的排位、方向以及數量

本主廟主房的正中間最大的塑像就是本主趙善政，旁邊的都是他的下屬。李蔚芳說，那些下屬都不重要，並且沒有具體的人物原型。左邊的塑像是財神爺，坐騎是老虎。右邊有兩尊塑像，一尊是五穀神王（或稱神農大王），一尊是六畜尊王。神農大王手裡拿著一個麥穗，代表五穀豐登，六畜尊王手裡拿著一個寫著「六畜興旺」的金板，代表六畜興旺。在本主廟主房右邊的小房子的第二層放置的是地藏王。以上塑像的位置都是坐西朝東，就方位而言沒有什麼講究。

左邊那匹戰馬的前面供奉的是本主歷代的祖先，沒有塑像，只有一張紅色的紙貼在上面「本壇歷代先祖宗親靈位」。

本主廟主房對著的是子孫娘娘的塑像。子孫娘娘也叫衛房聖母，責任是保護小孩。只有她是坐南朝北，李蔚方解釋說，這是因為內部空間有限。

（六）本主歷史來源

松鶴村大松甸的本主為趙善政，松鶴的其他兩個村子信奉的本主是趙崇政。

1. 李蔚芳口述

李蔚芳說，本主趙善政原本是浙江、安徽一帶的文人，其哥哥名趙崇政，是一名武將。聽到哥哥剿匪有功的消息後，便來尋親。到羅坪山時正逢土匪作亂。因剿匪有功，就被本地村民封為本主。本村村民又稱他為中央皇帝。其依據是自家家傳的一本對聯集：「本籍江南奉令驅賊滅寇登帝位，主功羅坪封職護國佑民顯神靈。」其中的「奉令」是奉他哥哥的命令，至於是他哥哥是什麼時候來到這裡的，李蔚芳也不太清楚。

2. 羅學義口述

羅學義說，松鶴村大松甸村民信奉的本主趙善政是大理國時期的戰將，應該是大理人。他被立為本主的原因不一定是因為剿匪有功，他對大理的其他地區也有很大的功勞。至於趙善政是被誰敕封為中央皇帝的，他說不清，村民也說不清，只知道老祖宗就是這麼說的。

3. 文獻資料

史書記載：「趙善政，白蠻人，五氏時大天興國（928—929）建立者，初任大長和國清平官。928年，東川節度使楊干貞和趙善政殺死鄭隆亶，趙善政自立為大天興（興源國）皇帝，改元尊聖。大天興國曆時十月，次年，楊干貞廢趙善政自立，建大義寧國。趙善政諡號悼康皇帝。」

明代萬曆《雲南通志·地理志》中記載：「悼康墓在浪穹縣六里三根村，南詔趙善政偽諡惠康皇帝，葬於此。」

大長和國時期，趙姓為國中大姓，族人多為貴族和重臣，趙善政在族中及國中均頗有威望。鄭旻死後，鄭氏家族的勢力開始衰弱，新任皇帝鄭隆亶年幼無為，那些窺視帝位的各大勢力紛紛伺機而動，身居要位的趙善政脫穎而出。公元928年，他聯合劍川節度使楊干貞及部分南詔舊臣的勢力，舉兵推翻了大長和國，並被擁戴為帝，改國號為「天興」，褒稱「大天興」。同年改年號為「尊聖」。即位之後，便排擠楊姓勢力，引發楊干貞兵變，被殺篡位，死後被楊干貞厚葬。在龍尾關東（今大理市下關鎮）及浪穹縣治址分別建有惠康廟，其死後，建有陵墓。

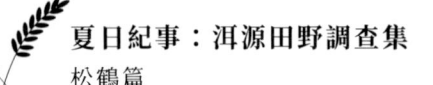

由於相關史料的缺乏，今人對大天興朝及趙善政的相關事宜知之甚少，還需進一步的研究和發現。

五 本主廟的城隍會儀式

據村民們說，五穀大王的生日是在農曆五月二十四日。本次田野調查期間，筆者有幸得以親身參加三次宗教活動：7月9日的神農大王的生日會、7月13日的城隍會與7月23日的六皇會。

儀式過程以7月13日的城隍會為例。據李蔚芳說，本主廟內全年所有的做會活動除了上的表文和念的經文不一樣，其餘的儀式過程都是一樣的，所以透過對城隍會的儀式過程的記錄，即可窺見全年內其他做會活動的儀式過程。

圖 3 本主趙善正及其下屬

圖 4 財神

圖 5 五穀神王和六畜尊主

夏日紀事：洱源田野調查集
松鶴篇

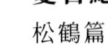

圖 6 子孫娘娘的靈位

圖 7 馬伕

圖 8 馬伕

據村民說，以前的城隍會村民都是要去洱源縣城裡過的，由於參與活動的人越來越多，就把城隍請到本村的本主廟裡，村民就在本村的本主廟裡進行城隍的做會活動。

（一）準備之前

早上9點左右，本主廟已經到處青煙裊裊，人聲鼎沸。人們來來往往進進出出，偶爾還傳來一陣陣音樂聲。

值得注意的是，筆者進廟的時候，正巧逢著一群老奶奶從裡面走出來，詢問後得知，她們都是松峰寺會壇的人員。由於不與本主廟會壇的人一起做活動，所以早早就結束祭拜活動，把時間留給本主廟會壇的人員。

前來參加做會的會壇人員9點左右陸續到齊，在本主廟大門口的焚香槽裡點燃香以後，就開始祭拜。先是向樓梯左右兩旁供有香的位置拜了拜，上了5級臺階以後，到達本主廟的大門，接著對本主廟大門兩旁的獅子塑像拜了拜並燒香。期間會有婦女從裡面走出來分發桃子、餅乾等食物。進入本主

廟的大門以後，兩旁是本主的馬匹以及馬伕，會友又分別給他們燒香和祭拜。接著便是給廟裡供奉的各位神靈上香、祭拜和倒香面。

（二）準備工作

1. 婦女

會場上的婦女們聚集在一起，一邊交流一邊用彩紙製作給本主的衣服和金銀子，衣服是用黃、紅、藍三種顏色的彩紙做的，金銀子是用黃色和灰色的彩紙做的。製作好後一起放置在本主像面前，用於在婦女唸經結束以後在香爐裡面燒掉。與此同時，在廚房裡的婦女們已經開始洗米做飯。

本主前面的案子上放有香面、油壺、如意弓、鈴鐺（鈴鐺上面綴著一個彌勒佛）、和尚唸經時用的寶劍（名為嚇妖劍），此外還有糖、彩色糯米粑（粉、綠、黃三種顏色）、桃子、生米、茶葉、生薑、茶水、豬頭（嘴裡喊著尾巴，意為從頭到腳都供奉給本主。供奉兩三個小時後就可以煮了吃）、油燈、蠟燭（點蠟燭的人員、數量和擺放的位置都沒有特殊的要求）、清淨水（裡面裝有蒿葉與冷水，象徵觀音菩薩的甘露水）、金銀紙（有黃色和灰色兩種顏色）、本主的衣物、香爐等。香爐下面則放著會友們捐的功德錢。本主面前的所有供品擺放的位置都是有講究的，是歷史上遺留下來的。

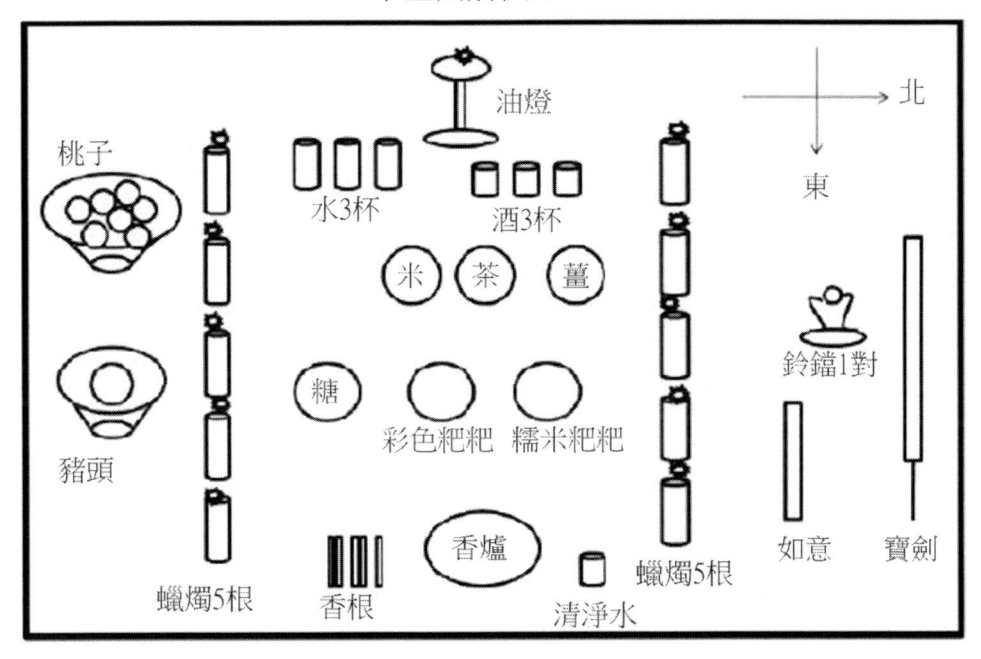

圖 9 本主面前供品的分佈圖

2. 男人

　　炊事班的人在殺豬，準備晚飯。在戰馬雕塑的前面放有一張大桌子，就在上面宰豬。

　　樂師們開始調音，為做會做準備。樂隊主要分成兩組，分別在本主像的右側與左側，左側演奏的樂器主要有二胡、三弦、簫，右側演奏的樂器主要有鑼、鼓、大鈸、鐃鈸、小鈸、圓月。右側的兩個柱子中間還繫著一個大鑼。這些樂器都是用村社的錢在大理三月街買的，大概兩三百一個。

　　其餘的男人們都五六成群地聚集在一起打牌、打麻將。

（三）活動進行

督壇的三聲敲大鑼的聲音響起，通知大家做會即將開始（如果做會當天主壇沒有來，其他人上去敲擊也是可以的）。同時，幾名領導人員開始在本主廟主房內的地上鋪上跪墊，前後一共三排。

左右兩只樂隊開始打鼓敲鑼，示意活動正式開始。同時，和尚的扮演人員開始換和尚的衣服，並戴上帽子。

導演：「發鼓三響、明鑼三響，炸號三聲」。「明鑼」即交替敲響大鑼和小鑼，速度漸漸加快。隨後樂師們就分別發聲，依次傳來鼓聲、鑼聲和炸號聲。示意已經準備完畢。

導演：「樂師調好六律，」所有樂器就一起隨意發出一些聲音，示意已經調音結束。

導演：「奏樂」。樂隊正式開始演奏。一般是三個吹嗩吶的或三個吹簫的人站立著，其餘的彈奏三弦、二胡等的人坐著演奏。樂隊從開始到結束一共要演奏 22 首曲子，但是所有的樂師都不知道這些曲子叫什麼名字，只知道音調。這些音調也都是老一輩傳下來的。大理的其他地區進行的本主崇拜活動所使用的音樂與本村社的有所不同。

與此同時，所有會壇的男性成員進入本主廟主房內，跪在墊子上對本主進行燒香祭拜。女性則跪在外面的露天場地內，自己拿著自己的小跪墊進行祭拜。壇會人員行三跪九叩禮，跪完起身。男性退出主房外，和尚進入主房內。婦女們並沒有離開，而是接著進行跪拜燒香。

曲調轉換，和尚穿著袈裟，左手拿著如意弓，右手拿著鈴鐺。如意弓上飾有紅花、鈴鐺上綴有一個坐著的彌勒佛。鈴鐺主要用於控制唸經的節奏。和尚先分別向天、地、神農、六畜、財神爺以及左右兩旁的樂隊進行俯身禮拜和對本主進行磕頭敬香，隨後開始「繞場」、唸經。左右兩旁的樂隊開始奏樂，大鉢和鐃鈸加入演奏的陣營。

曲調告一段落，和尚首先念《常用法事》裡面的起壇詩（主要用於神表）。念的時候，和尚和樂師交替進行，即和尚先念一句，樂師齊念下一句，和尚再念下一句，交替進行。

另一階段的音樂開始，婦女的集體跪拜告一段落。按照年齡大小和入會時間的順序，兩人一組地進入主房內進行跪拜。其他人則在主房外的場地上休息。和尚接著繞場唸經。和尚唸經的時候，左手拿著如意弓，右手拿著鈴鐺。唸到嚇妖的時候，就把右手的鈴鐺放下，舉起嚇妖劍來一下。唸到灑水的時候，就把淨水瓶裡的清淨水灑在地上，表示這裡是清淨的，這一過程叫除穢。和尚一邊唸經，一邊一根一根地把枕炸香插在香爐裡面燃燒。隨後，一邊唸經一邊拜向神農、樂師、天、地。和尚念的首先是壇規，如靜心咒、淨口咒，然後才是表文。

隨後就是上表活動。一道表文大概 1300 多字，相當於村民寫給做會主人（城隍）的一封信，內容是城隍的事跡和村民對他的祈求。和尚正式跪拜在本主面前唱念《表文》之前的經，手中平舉著捲好的《表文》。樂隊停止演奏，全部站起來，會壇裡面的男性重新進入主房內，前後三排，開始進行跪拜儀式。和尚唱完《表文》前的經文以後，組織會壇的人，即李蔚芳上前宣讀《表文》。宣讀之前，要先對本主附身祭拜，再對和尚行禮，然後從和尚手中取過《表文》，跪在本主面前宣讀。

圖 10 音樂演奏

夏日紀事：洱源田野調查集
松鶴篇

圖 11 女性集體跪拜

　　李蔚芳唸完表文後，和尚拿著表文走出主房，一邊唸經一邊走向火池。樂隊以及拿供品的人跟在和尚身後，樂隊接著演奏音樂。火池的左邊站著一名手持一瓶鮮花的婦女，右邊站著的是手捧一盤彩色糯米粑的事務長，婦女們則跪在最外圍的場地上。《表文》在香爐裡燃燒，升起縷縷青煙，彷彿腳踩祥雲，登上了城隍居住的寶殿。

　　燒了《表文》後，和尚唱一段經，請求送信的使者快一點將《表文》呈給城隍，讓城隍知道這個地方的會壇在請他下來。上一道表需要一個半小時，表上標有不同的唸誦方式，「念」即坐念，「白」即講話，「祝」即祝壽用，「演腔」即念唱，有曲調。上表儀式結束後，眾人又回到原來的位置休息。

　　和尚又接著繞場唸經，婦女們也接著兩人一組地上前祭拜。這時，唸經的不僅僅有和尚，還有李蔚芳及其他 4 位男性在主房內唸經。最後，和尚念一句「供表事畢」，就退出了主房。除了兩名嗩吶手繼續演奏外，其餘的樂師全部退出主房。嗩吶手演奏完最後一曲後，上午的上表活動全部結束。

　　上表結束以後，男人們基本上就可以閒下來了，接下來的時間就是婦女們的拜經。在這期間進行的是早飯的進食。

前言

　　本主廟做會期間,參會人員每天只吃兩頓飯。早飯在上表結束以後吃,時間在11點左右,因為在本主廟要吃葷,所以早飯吃的就是豬肉。除此之外,還有雞、乳扇等。每次做會都需要買一頭豬,大概1000元人民幣左右,費用由所有參會人員均攤。吃飯的時候男人都要喝酒,女人是不喝酒的。

　　下午2點左右,婦女們都開始在本主前面跪拜唸誦經文。她們唸誦的經文內容根據做會的對象而定,如果是做神農會,就會念神農創世時的歷史;若是做城隍會,就是念城隍的經文。唸完做會對象的經文以後,剩下的時間就由她們自己安排。婦女念的經文與和尚念的經文雖然意思差不多,但是表達方式卻不同。

　　婦女們唸經時的位置順序,往往根據她們的年齡、入會時間、經母的安排等來安排,依次從前往後,從左到右。在所有婦女的最前面還有兩個一邊唸誦經文一邊燒紙錢的人。婦女們都穿著民族服裝,頭上戴著不同顏色的帽子,手裡拿著木魚(在大理三月街買的,用於掌控唸經的節奏)在敲,還有一長串的佛珠飾品。每人都有一個跪墊,一個小板凳。唸誦經文的活動要持續一兩個小時左右,中間有幾段休息的時間。休息時,大家或互相交談,或去燒香祭拜,或在原地磕頭。休息時間結束後,繼續唸誦經文。

圖 12 上表

239

图 13 唸经

最后，本主祭拜活动在一阵唢呐音乐中结束。接着，厨房的老奶奶们把案桌上摆放的各种供品分发给参加活动的人们。据说，吃了供品就会得到本主的护佑。

最后的娱乐活动，是在老年协会的场地上进行的舞蹈表演。洞经会、妈妈会的成员中较为年轻点的会出来跳舞、吹奏音乐，年纪大的就坐在一旁静静欣赏。虽然与白族的本主活动中的「娱神」环节不同，但是同样也表达了一种「阈限」的含义，人们在欢聚中摆脱平时生活中的痛苦，尽情地发泄自己的情绪，同时也是稳定社会的一种方式。

（四）仪式之后

五六点钟左右，大家就聚成一团，席地吃饭，饭菜都放在地上。男性成员大多在主房里吃，女性成员则大多在主房外吃。

随后，老年妇女们开始燃烧早上摺好的衣服和金银纸。烧了所有的东西以后，大家纷纷收拾东西：炊事班的负责洗碗筷，负责卫生的扫地倒垃圾，乐师们收拾自己的乐器，唸经的妇女收拾自己的随身物品，其他人帮忙搬运东西。所有东西都收拾好后，大家三三两两地结伴回家。李蔚芳最后一个走，仔细检查完所有房间和角落后，把大门锁好。

六　文化的解釋

（一）文化調適與地方性知識的生成——與大理白族本主信仰的對比研究

因為白族內部體系複雜，每個村寨的本主信仰儀式都各有不同，因此這裡的對比僅是一個在白族本主信仰儀式廣泛意義上的對比。

1. 本主的意義闡釋

在白族社會中，最普遍、影響最深遠的信仰就是本主信仰。在白族語言中，「本主」就是「我們的主人」，是白族鄉村的「村舍保護神」。松鶴村社同樣如此，受白族文化的影響，認為本主是本村的保護神，每逢大事必到本主廟內做會。本主神祇的種類很多，有動物本主、圖騰本主、王侯將相本主、外族本主、平民百姓本主等。松鶴村大松甸供奉的本主——趙善政，則屬於王侯將相類本主。

2. 宗教活動場域——本主廟

白族地區的本主廟一般坐落於村寨的中心或附近，是村社文化的中心和重要依託，與白族居民村落構成「人神友鄰」的格局。其建築一般帶有傳統白族民居風格，多為一進一院式。廟門口常常栽有一兩棵巨大的「風水樹」，內部的雕像也獨具民族和地方特色。本主廟既是神的殿堂，也是村民們共同的進行宗教活動和民俗活動的場所，不論是日常的民俗活動，還是重要的宗教祭祀，一般都是在本主廟內進行的。

大松甸本主廟的地理位置、建築格局、內部佈局、文化形式等都與白族的本主廟區別不大，只是形式略微簡單。

3. 神靈供位體系

白族社會的本主廟堂上的神靈供奉體系是相當複雜的，還有一個輪流的供奉體系。白族的本主廟內儒釋道三教互相滲透，甚至太上老君、如來佛祖等一系列的神靈都是在同一個廟堂內。白族除了神靈的交流體系之外，還有一個物質交流的體系。

松鶴村大松甸簡化了白族本主廟的神靈供奉體系，本主兩邊僅有財神和五穀、六畜大王，其他諸如太上老君、文昌帝君等都供奉在另一個神聖領域——松峰寺內。對於分開供奉的原因，村民們解釋道：在本主廟內供奉的是「神」，在進行儀式活動的時候是可以吃葷的，但是在松峰寺供奉的是「聖」，在進行儀式活動的時候只能吃素。這與山下的白族村落將所有神靈一起供奉，並且進行儀式活動的時候只能吃葷的情況不同。筆者認為，該村彝族社會內部的這種文化解釋是一種「地方性知識」的體現，也是一個民族內部文化的再表述系統。

4. 本主祭祀活動儀式

在白族的本主祭祀活動中，平日裡的誦經活動是宗教活動的重要組成部分。日常祭祀比較頻繁，每月初一、十五，蓮池會通常以村社為單位帶著供品到本主廟中上香磕頭唸佛。在本主會時，透過請神、迎神、獻祭和娛神四種儀式結構向神靈祈求五穀豐登、六畜興旺、歲時平安等。在迎神儀式中，全體的村民會集中到本主廟中進行跪拜，隨後將本主神像請到神轎上，抬著神轎到村子內的每條街巷進行輪流巡祭。後面跟著全村的男女老少，人人披紅掛綵，抬著香爐和彩旗，一路上敲鑼打鼓、焚香誦經。有時候隊伍後面還有舞龍隊或舞獅隊，場面非常隆重，最後將本主置於臨時搭建的行宮中，供村民們供奉參拜。儀式完成後，再抬回本主廟中，誦經將本主「送回」。除了給本主的供品外，還有各種葷素、茶、酒等物獻祭。獻祭後，老人們在本主廟中聚餐。娛神環節是一種特殊的祭祀方式，其目的是為了取悅本主神，乞求他的保佑。

松鶴村大松甸的本主廟活動與白族地區的有些不同。白族本主會的「迎神」儀式，在該村彝族社會中只有在過年的時候才會如此，平時的本主會僅僅分為請神、獻祭、唸經和聚餐幾個環節，不是全村男女老少都參與。筆者問及不參與的原因時，大多數村民認為它是老年人的事情，他們更關注的是村社的經濟事務、嗩吶帶來的文化收益等。

白族地區的本主祭祀的文體有很多種，有祭文、誥、神疏、本主經等，松鶴村的彝族村社做本主會時，用的是神疏（即表文，用於表達對本主的感

恩之情，並祈求本主護佑本村村民平安，祭祀的時候焚燒）和本主經（主要內容是本主生平的經歷和本主的誕辰等）。而且松鶴村彝族的本主活動中已經很少有「娛神」環節了，僅僅只是在老年協會的場地上跳舞以示慶賀，場地已經變化，不在本主廟的儀式空間內，不再具有人神共娛的意義，只是用於豐富老年人的業餘生活。

在儀式活動所應用的音樂方面，二者大部分相同。在進行請神儀式和送神儀式時，音樂以民間歌舞曲、嗩吶吹樂為主，大本曲和吹吹腔是其中的重要組成部分；在祭祀本主時，以洞經音樂為主，演奏者多是德高望重的男性長者。

在松鶴村的彝族村社中，儀式活動中音樂的選擇和演奏的順序都是李蔚芳在繼承祖輩文化的基礎上，加以自己的創造確定的，既有白族的嗩吶和吹吹腔，也有白族祭祀活動中的樂器種類，但是音樂的選擇和吹奏的順序則是彝族村民自身創造的「地方性知識」。筆者深入訪談期間，村民還一再向筆者強調，嗩吶文化的源頭應該是彝族村寨，白族向他們學習了這一樂器演奏形式，因為地理環境等方面的原因，外界誤認嗩吶文化的源頭為白族。正值大力發揚民族文化的時代，各地政府紛紛把自身的文化特色作為獲得經濟效益的條件。該彝族村社為了進一步發展嗩吶文化，獲得更多的發展機遇，再創造了一個民族內部的文化表述系統。這一文化表述系統正是各地文化博弈背景下的文化表述的「地方化」。

5. 儀式活動的組織與參與人員

在白族的本主儀式活動中，白族老人是重要的參與者，不論是平時的日常祭祀還是本主大會，宗教活動均以白族村社為單位進行，民間老年婦女組織蓮池會（也稱「媽媽會」「唸經會」）、有文化並且擅長音樂演奏的老年男性組織的洞經會，還有巫師一起組成了本主祭祀的參與人員。雖然女性是本主崇拜的主體力量，在供品的採辦、宴席菜餚的製作、唸經等環節發揮著巨大的作用，人數也遠遠超過男性，但是儀式活動中的關鍵環節和重要的角色仍舊由男性來擔當。松鶴彝族村也是如此，他們沿用了白族「媽媽會」「洞

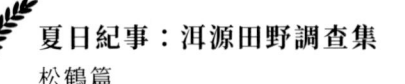

經會」的稱呼，深受白族社會輕視婦女的思想的影響，生活中的性別觀念與對婦女的偏見在宗教儀式中也有所呈現。

（二）民族本源文化的痕跡——與大理巍山彝族土主信仰的對比研究

巍山境內的彝族人民主要信奉的是土主崇拜。下面，筆者將松鶴彝族的本主信仰與巍山彝族的土主信仰做一個大致對比。

巍山作為南詔國的發祥地，在歷史上具有極其重要的地位。文獻記載，這裡的彝族主要有「臘羅」「迷撒」「格尼」三個支系。《史記·西南夷列傳》中記載的「名為嶲、昆明」，「隨畜遷徙」的部落就是「臘羅支系」，是巍山境內最早的居民。李蔚芳說洱源縣松鶴村的彝族是「昆明人」的後裔，屬於「臘羅支系」，還是有些歷史依據的。

唐開元二年（714年），唐朝皇帝李隆基欽準在今巍山縣巍寶山建土主廟，內祀細奴邏，細奴邏被民眾尊為巡山土主。南詔官方建土主廟祭祀祖先由此開始，祭祀日期為每年的農曆正月十四日至十七日，但由於4天的祭祖時間太短，很多遠方的彝胞不能按時趕到巍寶山祭祖，所以又把每年的農曆二月初一至十五定為祭祖日。

需要明確的是，巍山彝族的土主信仰供奉的對象主要是神化的祖先，信仰對象和供奉者之間是具有血緣關係的。並且各個廟宇供奉的土主神都是男性，基本上都是南詔王及其後代。

巍山彝族的土主祭祀十分隆重，蒙氏後裔「字」姓的宗族都要事先把祭祀用的東西準備好，並且各家各戶還要將一張追念祖先功德、祈求祖先保佑的「表」寫好。正月十四日，組織帶頭人把東西都放在土主廟內。十五日，婦女去土主廟內唸經吃齋飯。十六日，男女老少都來到土主廟內準備各項獻祭的供品，並放在供桌上。隨後放炮、師傅唸經、人員跪拜土主、集體念唱、燒表文、打歌，最後酒足飯飽。

只要對比一下松鶴彝族的本主信仰儀式過程與巍山彝族的土主信仰儀式過程，不難發現二者較為相似。

筆者由此認為，松鶴村的本主信仰是融合了其歷史淵源的土主信仰和周邊白族的本主信仰，是一個民族文化融合的體現。雖然其供奉的對象、神聖空間的地理佈局、儀式過程中使用的音樂等，都與白族的本主信仰頗為相似，但是具體的儀式過程還是保留著彝族自身土主信仰的文化烙印，不論其遷徙去了哪裡，這種文化烙印始終都刻入靈魂深處。因此，松鶴彝族村社的本主信仰是自身文化調適的表現與結果，它在適應生存環境的同時，並沒有忘記自己的民族本位，儀式過程中處處體現著自己的民族本位。

（三）本主信仰文化現象的歷史原因闡釋

　　筆者認為，該彝族村社的本主信仰由來已久，松鶴彝族的先民出於適應環境以及生存發展的需要，在與山下的白族共同生活交流的過程中，具有主體性意識地選擇了白族的文化信仰，是一種地理環境與自身生產生活發展需求影響下的文化調適。

　　由於彝族村社內部自身的認同感非常強烈，對於其他民族的文化並不是簡單的複製和借鑑，而是在進行文化主體性選擇和調適的基礎上加入自己的創造，即在吸收借鑑白族本主信仰的同時，又重新建構了適合自己社會的宗教信仰體系，形成特殊的「地方性知識」。在這個過程中，村社精英人物發揮的作用是巨大的，這一點在老書記李蔚芳身上表現得尤為突出。沒有他的帶頭，沒有他強大的號召力和組織能力，松鶴村大松甸的宗教神聖空間——本主廟不可能這麼迅速地恢復元氣。而他對於祖先集體記憶的理解和文化表述的再創造，也最能體現該村的文化與民族身份定位。

　　需要指出的是，文化調適和地方性知識的創造貫穿於社會變遷的整個過程。在新的時代背景下，特殊性文化歸屬問題的爭論以及村寨自身的經濟發展需求使得彝族村社主動地在主體性選擇的基礎上，又加以文化表述系統的再創造，以打造新的「地方性知識」文化系統。

（四）文化的融合與民族身份定位的強化

　　當被問及與白族本主的關係時，大多彝族村民都一再向筆者強調：「我們不是白族的本主信仰，我們這個是彝族的本主信仰」；「我們的本主是彝

族的，不是白族的」；「嗩吶文化是我們彝族的，白族沒有我們吹得好，他們學習過我們的嗩吶吹奏」。並且著重指出，該彝族村社的本主信仰是祖先就有的，並不是向白族社會學習的，只是恰巧白族與他們一樣信奉本主而已。由此不難看出，該彝族村社的民族自我認同感是非常強烈的，並沒有因為與白族的本主信仰較為接近，就認為自己受到了白族文化的影響，而是具有非常強烈的文化主體性意識。

下面，筆者將從以下幾個方面對彝族在進行民族身份定位的強調過程中所創造的表述體系。

本主廟內供奉的神明分類與做會地點的變化

該彝族村社把做會的地點分為兩個，一個是吃葷食的本主廟，一個是吃素食的松峰寺。並且在本主廟內，也同樣供奉著吃素食的神明——地藏王。他們對此的解釋是，本主廟供奉的是「神」，做會的時候應該吃葷（若是地藏王的會期，就吃素）；松峰寺內供奉的是「聖」，做會的時候應該吃素。對比白族的本主廟的神明供奉系統，幾乎所有的做會過程都是吃葷的。在這裡，松鶴村的宗教飲食文化與自身的神明觀念有機結合，形成了自己的表述系統與自身的理解。

關於嗩吶文化的來源

該彝族村社堅稱，嗩吶文化是他們的文化特產，也是他們吹奏得最好（相較於壩子上的白族而言）的樂器，白族人學習了他們的嗩吶藝術。為了進一步發揚嗩吶文化，該彝族村社不僅建立起了嗩吶文化傳習所，並且組織該村10歲以上的孩子在業餘時間學習嗩吶。這是松鶴村人民在現代社會背景下的又一大文化策略，同樣是為發展傳統文化資源而做出的文化再表述系統。

其實在筆者看來，在當今民族互相融合的背景下，當務之急不是弄清楚嗩吶文化的來源，而是如何改善嗩吶文化日漸式微的現狀，使得嗩吶文化得以發展和傳承，繼續豐富人們的精神道德世界。

筆者之所以一再強調彝族本主信仰的「地方性知識」，是因為這種文化現象只有基於彝族村社特殊的環境與文化土壤才能夠出現。在當地人的文化

表述中，本主信仰、嗩吶文化、吹吹腔等都是祖先傳承下來的文化遺產，而對於自身對周邊白族、漢族文化的吸收或借鑑則很少提及。不難看出，松鶴村是一個民族認同感非常強烈的彝族村寨，當地精英不僅塑造了自己獨特的本主信仰體系和嗩吶文化，並且進一步將之轉化為文化資本，用以促進地方經濟的發展。

總而言之，該彝族村社的本主信仰是獨具民族和地方特色的，並且形成了自己特有的地方文化敘述系統，表達了地方獨特的歷史記憶，呈現了一種文化融合的景觀。

（五）立場與結論

一直以來，筆者都在思考對於「地方性知識」的形成，社會該持有怎樣的態度？在新的時代背景下，對於民族交匯地區文化資源的博弈，我們是應該理解支持這樣的文化主體性選擇，還是應該批駁這樣的文化再造現象？

筆者認為，地方性特殊文化存在的基礎在於當地人的文化創造，因為只有他們的文化操作，才能體現文化的集體記憶以及對於社會的作用。因此，與其批駁這樣的文化再造現象，不如承認只有當地人對那些文化進行集體記憶的重塑和創造，才能使得他們加強自身的民族身份認同，讓他們知道自己是誰，並且想要成為誰。

雖然彝族的本主信仰和周邊白族的本主信仰存在著諸多區別，對於嗩吶文化的源頭歸屬還在博弈之中，但是二者最核心的文化內涵卻是一致的，即希望本村的保護神能夠護得村社一方平安，風調雨順。在這裡，「地方性知識」體現的是文化內涵的融合以及文化身份與文化形式上的再創造，而文化傳承的內涵並沒有改變。因此，文化「再地方化」、文化「重構」等關注的都是文化外在形式的變遷，對於文化的深層次內涵的研究則要關注當地人的主體性意識。只要其文化內涵還存在，只要本主信仰儀式的目的——祈求社會豐產、人們平安幸福沒有改變，不管是對外在形式的重構，還是對文化表述系統的再創造，社會都應該給予包容。

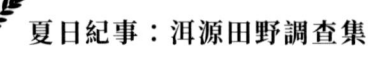

文化的融合是民族交匯地區的一大特點，文化資源的博弈和地方性知識的再創造是一種趨勢。在這種趨勢的推動下，該彝族村社不斷更新自身的宗教文化信仰，進一步發展嗩吶文化，這也是文化傳承的必然途徑。

　　大松甸彝族在本主信仰基礎上的地方文化再創造，在全球化的背景下是一個極其正常的現象。文化始終是和其生存發展的社會土壤相結合的，始終處於流動變化之中。傳統的民族文化不是孤立地區的一個自我文化界定，而是取決於與周邊民族文化的互動情況，在不同的歷史情境中，互動的結果也不盡相同。正是處於民族交匯和民族文化互動頻繁的地區，正是在文化資源的博弈中，才創造了自己的地方性知識，才特別強調屬於自己的民族身份認同，直到今天仍在積極的調整和適應的過程中。正如本主信仰對於儒、釋文化的融合，不正是在當時的時代背景下做出的文化再造嗎？

　　因此，不應該對該彝族村社的文化再造現象持批駁態度，因為民族文化本身就是在隨著歷史演變而不斷更新的。不應該一味地強調現代文化表述系統的再創造對於傳統文化的負面影響，不應該將目光聚焦於民族文化的形式重構或是源頭歸屬的各方博弈上，而是應該聚焦於民族文化的深層內涵對於社會的價值。只要民族文化還在促進著村社的發展，還在凝聚著村民的精神，其價值就應該給予肯定。

參考文獻

（一）專著

　　洱源縣民族宗教事務局、洱源縣彝學學會編：《洱源彝族概覽》，雲南民族出版社，2007。

　　格爾茨著，韓莉譯：《文化的解釋》，譯林出版社，1999。

　　湯因比著，曹未風譯：《歷史研究》，上海人民出版社，198。

（二）期刊

　　安學斌：《白族本主祭祀儀式象徵意義的闡釋》，《中央民族大學學報》2006年第1期。

丁慧：《本主崇拜·人神共娛·音聲和諧——從雲南白族本主信仰儀式看大本曲與吹吹腔的音樂行為》，《湖北師範學院學報（哲學社會科學版）》2010年第6期。

李金發：《當前彝族民間信仰的社會功能探析》，《畢節學院學報》2013年第3期。

李學龍：《白族本主崇拜社會功能試析》，《西南民族學院學報（哲學社會科學版）》1992年第4期。

李昱：《淺析白族對彝族「聶蘇」支系的文化影響》，《大理民族文化研究論叢》2010年第4期。

羅漢田：《巍山彝族的土主崇拜》，《民間文學論壇》1995年第1期。

潘興德：《畢摩文化對當代彝族人信仰的影響》，《人民論壇》2015年總第17期。

萬志瓊、王東昕：《現代文化背景下雲南楚雄彝族畢摩及其文化變遷》，《思想戰線》2009年第6期。

王天鵬：《大理白族本主信仰調查研究》，《民族論壇》2008年第5期。

楊甫旺：《文化傳播視野中的彝族宗教信仰》，《宗教學研究》2013年第2期。

楊富東：《白族本主分封現象初探》，《大理學院學報》2010年第11期。

楊富東：《白族本主分封現象初探》，《大理學院學報》2010年第11期。

楊明高：《白族本主祭祀活動中的音樂文化》，《藝術探索》1997年第1期。

楊庭碩：《論地方性知識的生態價值》，《吉首大學學報（社會科學版）》2004年第3期。

楊憲典：《大理白族本主崇拜研究》，《雲南師範大學學報（哲學社會科學版）》1988年第4期。

楊長城：《「大天興」國王趙善政墓調查報告》，《大理學院學報》2007年第2期。

張海超：《空間視角下的白族本主廟與村莊的宗教生活》，《雲南社會科學》2011年第4期。

張繼：《白族本主神祇分類淺述》，《大理師專學報（綜合版本）》1997年第3期。

張澤洪：《中國西南彝族宗教祖靈崇拜及多元信仰體系》，《宗教學研究》2011年第4期。

趙櫓：《白族「本主」信仰的文化內涵》，《雲南學術探索》1994 年第 4 期。

鄭筱筠：《佛教與白族本主崇拜神系》，《學術探索》2001 年第 3 期。

作為交換的梅園

李若晨

摘要：從莫斯到薩林斯，交換問題一直都是人類學家研究的重點。改革開放近四十年來，梅果產業已經成為松鶴村重要的經濟來源，與此對應的是，村子裡興起了「老人有養老私房梅子樹，以梅園作為嫁妝」的彝族新風。本文以梅園在代際和婚姻間的交換現象為主要研究內容，淺述梅子以及梅園交換的過程，列舉了幾種不同情況，並試圖以此反映松鶴村的社會關係。

關鍵詞：市場交換；代際交換；婚姻交換

一 緒論

（一）選題緣由

20 世紀 70 年代末 80 年代初，對內改革首先在農村展開，家庭聯產承包責任制的推行大大解放了農村生產力，洱源縣松鶴村也順應這一潮流分田到戶，並於 1989 年在村幹部的號召下開墾荒地，充分運用山區優勢，興起了農民家庭經營的以梅子為主的經果生態支柱產業。現在，作為遠近聞名的梅子之鄉，松鶴村擁有佔地 5000 畝的優質梅果示範基地，年產 4200 多噸鹽梅，年產值 1100 多萬元人民幣，人均產梅超千噸。[55] 可以說，梅果產業是當地人頗為重要的經濟來源，也是松鶴村與外界溝通的主要手段之一。不僅如此，隨著家家戶戶種植梅子的風氣興起，原本分田到戶的土地加上後來辛苦開墾出來的土地，都成為了大片的梅園。人均擁有一片梅子地，一家擁有六七塊乃至十幾塊梅園是很常見的事，並逐漸形成了「老人有養老私房梅子樹，以園作嫁妝」的新風尚。雖然梅果產業在松鶴村的發展歷史不過 30 年的時間，但是已經深刻地改變了當地人的經濟生活和風俗習慣。尤其是作為一個較少與外界通婚卻又深受其他民族影響的彝族村莊，這樣的改變更值得探究。

（二）交換理論的人類學理論來源

馬林諾夫斯基（1884—1942）在《西太平洋的航海者》（1922）一書中記述了新幾內亞東部的庫拉活動。庫拉是一種在部落間進行的大型的交換活動，交換物品只有紅貝殼的項圈和白貝殼的臂鐲。庫拉交換不是簡單的經濟交換，而是一種能夠結交朋友、獲得聲望的半商業、半禮儀性的交易。它有兩個主要的原則：第一，它不是物物交換，而是禮物之間的延時交換；第二，回贈的禮物是否等值由回贈者決定，對方無法勉強。馬林諾夫斯基用「互惠原則」解釋當地的禮物交換系統，「一個人『給』是因為期待著『回』，一個人必須『回』是因為否則的話，對方會終止『給』」。[56] 他認為土著人透過庫拉交易滿足了自己占有財物的慾望，並透過這種非西方的、全新的交換方式，批判了西方人認為原始人的經濟行為只是為了滿足自己最簡單的需要的慣性思維，向世人展示了土著人交易的社會功能，也開拓了人類學在經濟領域的研究空間。

另一位研究交換的著名人類學家是馬歇爾·莫斯（1872—1950），和馬林諾夫斯基認為交換可以滿足人的心理需要不同，莫斯認為這些活動看上去是自願的，其實是一種強制性的義務，不僅給予是義務，接受和回報也是義務，這種義務不是以個體為單位的，而是在集體之間履行的。莫斯還提出了一個問題：「在後進社會或古式社會中，是什麼樣的權力與利益規則，導致接受了饋贈就有義務回報？禮物中究竟有什麼力量使得受贈者必須回禮？」[57] 這種力量稱為 hau，hau 是禮物自己的靈魂和附著於禮物之上的贈予者的靈魂，在交換中，hau 總是試圖回到原來的地方，同時也賦予贈予者控制受贈者的危險的力量，因此受贈者必須透過回禮的方式將 hau 返還給贈予者。

薩林斯（1930—）在《石器時代經濟學》（1972）中批評了莫斯關於禮物之靈能來帶危害的說法，認為擁有獲益的物品不是危險的，而是不道德的，把莫斯有關禮物的靈性的觀點轉到了社會層面上。薩林斯總結出了原始交換的三種互惠形式：慷慨互惠、等價互惠、消極互惠。既成的社會結構推行了

慷慨互惠，慷慨互惠也參與了社會等級秩序的建構。可以看出，薩林斯有著鮮明的結構主義思想。

二　梅園的代際交換

　　松鶴村梅園的代際交換十分有特點。首先，出嫁的女性或者入贅的男性可以從父母那裡獲得一片梅園；其次，分家時留家的孩子平分剩下的梅園；最後，也是最為重要的，許多老人在年輕的時候就已經給自己規劃好了一片用於養老的梅園，當地人叫「私房」，分家以後，老人把掌家的權力交給兒女，在還能幹得動活的時候自力更生，仍然有自己獨立的收入。最終誰和老人一起生活，誰繼承這片私房。

　　下面是代際交換的具體情況。

（一）女兒的梅園：終身的財富

　　個案 1[58]：我們這邊的好處就是這樣，像你出嫁了以後，你爸媽會給你一塊地對不對，然後你那塊地，終身都是你的。就算你以後離婚了還是怎麼樣，那塊地依然是你的。

　　在大松甸村，如果女兒是嫁在村子裡，父母只要有能力一般都會給女兒一塊梅園。具體分給女兒的是哪一塊梅園，大部分家庭是父母做主，有些家庭也可以是孩子自己選。這塊梅園在訂婚的時候一般就定下來了，有些是訂婚之後就讓女兒拿走，有些在結婚的時候正式讓女兒帶走，梅園遂成為女兒自己以及新家庭的所有物，即便以後女兒想把梅園賣掉，娘家父母一般也不會幹預。雖然女兒結婚以後也會和娘家保持密切的關係，比如時常會一起吃飯，農忙時兩家可以互相幫忙，大部分娘家父母也會幫忙照看外孫外孫女，但是打發出去的人沒有贍養老人的義務，只需要在逢年過節盡盡心意即可。老人也不會期望嫁出去的女兒為自己養老送終，即便跟在家的子女有矛盾，也不會去打發出去的孩子家生活。

（二）留家：繼承和承擔

在兒女多的家庭，女兒肯定要嫁出去，兒子可能上門幾個，或者兩三個兒子分家，老人可以選擇跟其中一個兒子住，但是也要給分家的兒子蓋房；在子女少的家庭則不需要分家，嫁出去一個女兒，家裡只剩一個女兒或兒子繼承家產的情況也很常見；另外在只有女兒的家庭，則是嫁出去幾個女兒後，往往只留下一個女兒並招一個上門女婿。近二十年來，大松甸村的家庭一般只有一個到兩個孩子，現在很多都是獨生子女，不分家的情況更為常見，以後也會越來越普遍；同時，結婚後兩方都是獨生子女，一家有四個老人的情況也會漸漸多起來。

1. 分家的情況

個案2[59]：分家你肯定要把旁的分出去，小的留在身邊嘛，因為沒成人嘛。那小的成人了，你喜歡跟誰過都一樣嘛。

在小兒子還沒結婚的時候，幾個哥哥就已經結婚分家了，這也就是為什麼父母一般都和小兒子住在一起，但是他們也可以在小兒子成年以後，選擇和其他在家的兒子一起住。毛某是家裡的小兒子，大哥做了上門女婿，二哥三哥雖然沒有和父母住在一起，但是蓋房的費用都是父母承擔的。毛某的二哥三哥現在都是三口之家，既沒有和自己的父母一起住，也沒有和女方的父母一起住，用毛某的話說「娶回來的怎麼跟他住啊」。

毛某告訴筆者：「當年分家的時候，家裡有十渠田，一分二，一分三，就這樣分下去的。你這個家就是三個人分，就是三份一樣的，沒有哪個多哪個少的。分田是兄弟們自己分，大的來分，小的先選。幾個兄弟坐下來，田就是這幾塊，你分田，那幾個兄弟就選嘛，反正分田那個要最後的嘛……要不然我分田，我先選的話，我肯定把最好的一片我給選了。」幾渠田都是獨立的一塊，不會把一塊田分成幾份。父母提前給自己留好了一塊較近的梅園作為私房，毛某說私房是「每家都有」，那些不留私房的老人不是沒有私房，而是「他自己不用了，都給子女了」。

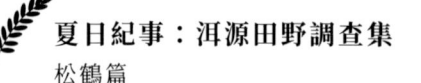

2008年，毛某定親，然後出去打工一年，之後結婚。結了婚以後，父母把家庭的權力移交給毛某和他的妻子，現在父母的私房靠他和妻子來打理，然後他們再把收益給老人。毛某的母親有的時候去跳舞，跳舞的衣服能裝滿腌梅子的桶，大概有幾千塊錢，都是用老人的私房買的。老人的私房梅園以後會留給毛某，但是如果他們想去毛某的兄弟家住的話，私房就會給他的兄弟，毛某對此說：你給他養老送終，那個就是你的；你不給他養老送終，那個怎麼會是你的呢？

個案3[60]：我不去。他們就他們一家人一起去摘。他們也不幫我們摘，我們也不幫他們摘。

分家後，李蘭順家成為一個四口人的核心家庭，李蘭順的公公婆婆和丈夫的弟弟一起生活，有自己的私房梅園，他們的私房錢足夠滿足自己的生活開支，不需要問兒女要錢。丈夫的弟弟幫著老人摘梅子，再把收益給老人。李蘭順和丈夫則不去幫老人摘，老人也不幫他們摘梅子。分了家以後，兩家人也經常來來往往，但是幹活的時候是各做各的活。

2. 不分家的情況

個案4[61]：什麼分家？我一個人嘛，獨生子一個嘛。

毛庭作為家中的獨生子，雖然現在父母當家，但是以後家裡的土地和財產都是由毛庭繼承，不存在分家的問題。毛的妻子方面，姐姐出嫁的時候帶走了一塊地和一些嫁妝，其他的財產都歸毛的妻子所有，其實也相當於屬於毛庭。說到老人的私房，毛庭說：「他們不用留私房，因為不像我父母輩兄弟好幾個，（父母）下邊只有我和老婆。（我）一個人，那你拿什麼私房？你想用錢的時候我給你就是了……以前老人那樣不行，幾個人分了以後你跟誰要去，必須要給自己留些私房。」他說以前孩子多，分家的時候公平地分下去，老人要是想問孩子要錢，應該問每個人都要一點，如果只向一起住的那個孩子要錢實在是太不公平了，所以老人要有自己的私房。現在家裡只有他一個孩子，父母的土地財產都會由他繼承，養老也由他負責，就不需要私房了。

個案 5[62]：這會兒呢我媽有呢，就是我當家，我媽媽還有呢，就我的兒子媳婦當家，我就不管。這會兒我要管呢。

羅某的婆婆還健在，所以依舊是她當家，她說如果到七十幾歲，媽媽還在，那就還是她當家。在大松甸村，很少有同時贍養兩代老人的情況，[63] 只有在不需要贍養自己老人的情況下，父母才會把家裡的權力移交給子女。因此，梅園的代際交換實際上有一個條件限制：只有在父母是家庭最高長輩或者父母沒有能力當家時，留家的孩子才能真正從父母那裡繼承到梅園，並承擔起相應的責任。在家裡當家，意味著對所有家庭成員共有的田地、財產具有支配權，比如雖然孩子當家了以後，老人還是會幫孩子摘梅子，但是賣梅子一般都是孩子自己去賣，收益由當家的人來分配。當家的人不僅要負責老人的日常開銷，同時家裡的日常開支也是由當家的人管理。對梅園收益的支配權是家庭權力的重要組成部分，是當家人的權力之一。

羅某說她以後不想留私房。羅某的大兒子當了上門女婿，留家的小兒子實際上相當於獨生子。如果離開家的大兒子想把從娘家得來的梅園賣掉，羅某說自己不管，同意他賣；要是留在家的小兒子想把梅園賣掉，羅某則說「賣掉，不同意。（除非）我死了（才可以）賣掉嘛」。可見父母對留家的孩子的梅園還是有一定的權力，雖然打發出去的人和留家的人的梅園都是從父母那裡繼承而來，但是明顯父母對留家的人的這部分更為關注。

三　梅園的婚姻交換

（一）不公平的婚姻交換？

個案 6[64]：嫁女兒也是，你嫁兒子也是，都是這樣，基本上都比較少。就是感覺他們過來這邊，然後把東西抬過來的時候，（婆家）就隨便給一點，給一千多那種，別的就沒有。像你們城裡邊啊，要好幾萬娶個媳婦。

在松鶴村的婚姻交換中，嫁妝比彩禮要豐厚得多。以羅雄媳婦為例，她 2012 年結婚的時候，娘家除了給一塊梅園以外，還給了電視機、冰箱、太陽能、飲水機、衣櫃、梳妝臺、床等家具、家用電器。除此之外，娘家還給了 10080 元人民幣錢，這些錢幾乎都給婆家人，用於蓋房子。羅雄媳婦只給

自己小兩口買了一臺電腦。而婆家沒有給娘家父母彩禮錢，只是在抬東西過來的時候隨便給了娘家 1000 多元人民幣。其實，羅雄媳婦的娘家不算是嫁女兒花費多的，在大松甸村，結婚時娘家給五六萬、七八萬嫁妝錢是很正常的事。據羅雄媳婦說，有一家出去打工了好幾年，嫁女兒的時候嫁妝花了 16 萬多，而且這些都是女方家自願給的。

另一位訪談對象羅某，37 歲，大女兒上高二。她說自己結婚的時候娘家父母沒有給錢，只給了一塊梅園，但是男方也不看自己有沒有這塊梅園做嫁妝。男方給的彩禮就是買了七八套衣服。把羅某和羅雄媳婦的例子放在一起來看，近 20 年，男方的彩禮錢幾乎沒變，女方的陪嫁卻漲了不少。

個案 7[65]：我們這裡本來就（嫁）出去的不行啊，以前像我們結婚的那個時候，（彩禮）才兩三百元人民幣。

毛某說他結婚的時候只給了女方三四百元人民幣錢，而女方需要提供全部的家具。筆者問他這樣對女方家是不是不公平，他的回答是：

那也不一定嘛，像我們的父母還不是要給我們蓋房子，把我們房子搞好了，我把你娶回來了，你父母再給一點錢，不是我們兩口子自己好過日子嗎？……男方家給了你十幾萬的彩禮把你娶回家，欠下一屁股債還不是要你們自己去還？沒房子不是還要你們自己去搞？那其實是（女方）父母他享受這一點錢了，彩禮他拿了，那你們就苦了自己了是不是？

再回頭去看羅雄媳婦的情況，女方帶來的那一塊梅園的收益，在父母當家的時候都是小兩口用。娘家人準備的家具、電器也都是一家人共同使用。而男方家為了娶媳婦，拆掉了老房子，花了大約 19 萬重新蓋了房。結婚的酒席由男方家置辦。男方家雖然沒有給多少彩禮，但是在婚姻交換中投入也不少；而女方家的投入實際上最終的獲益人還是自己的女兒。在松鶴村，嫁出去的女兒就是潑出去的水，筆者在果品廠和那裡的女工訪談時，談及她們的父母，她們的第一反應是婆家的父母，而不是娘家的父母；叫起自己的婆婆為「媽媽」也是親切自然。從這個角度考慮，娘家父母給女兒的嫁妝越多，實際上女兒的獲益越大。娘家人本著希望女兒過得好的想法，盡可能地給女

兒更多的嫁妝。同時，在一個較為封閉的村莊裡，一家能把女兒風光體面地嫁出去，在村子裡也能收穫榮譽和聲望。

（二）作為嫁妝的梅園

在代際交換部分，已經說過女兒的嫁妝梅園和娘家人之間的聯繫。這裡簡要說明結婚之後這塊園子在婆家的使用情況。綜合幾個個案來看，年輕子輩的嫁妝梅園，一般都是兩口子自己打理，收益一般都是小兩口自己用，甚至他們在錢不夠用的時候，還會向掌有經濟大權的父母要錢；子輩出去打工的話，父母當家的時間就長一些，這種情況下，父母管理全部的梅園，收益也是由父母管理。子輩當了家以後，一般就不再區分家裡的哪塊梅園是帶過來的嫁妝，但是也有女性依舊自己掌管嫁妝梅園的收益。

（三）梅園對選擇配偶的影響、梅園的價值以及其他延伸的內容

在訪談中，有村民這樣評價當地以梅園作為嫁妝的習俗：

這也不是什麼風俗，其實，像你家裡田多、梅子多，看到人家女兒打發一點，你也就給她一點。這就是一家看一家，一家比一家嘛。

當被問及如果沒有這塊梅園作為嫁妝怎麼辦時，大部分人的回答是沒有也可以，但是實際上很少有家庭不給打發出去的孩子一塊梅園。筆者問羅書記給的梅園少的話，女兒是否會在婆婆家受欺負，羅書記回答：這個也不至於，因為現在家家戶戶都有嘛，你帶過來一點我們全家都高興，你不帶過來也沒有關係，男方家自己有。不僅是男方對女方帶過來多少梅園不在意，女方對於男方家有多少梅園也並不關注。筆者詢問幾位當地婦女為什麼要嫁給現在的老公以及是否會在結婚前看男方家的地有多少時，得到的回答基本上都是只看人，不看梅園。

相比於外面，松鶴村各家各戶貧富差距很小，梅園的大小、產量也都差不多，所以筆者並不認為當地人說不在意配偶的梅園有多少是敷衍之詞。其實與其說是看梅園的大小，不如說是看這家兒子有多少；兒子少的，分得的梅園自然就多一些。而現在，首先，每家的孩子都是一個到兩個，因為兒子多而使得每個人分得的梅園少的情況越來越少；其次，由於梅子價格下跌、

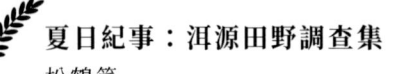

梅子減產，很難再像 20 世紀 90 年代那樣，僅靠梅子就能成為當時的萬元戶；最後，大批梅園開始出現是近些年的事，基本上現在 50 歲左右的女性，結婚時都沒有梅園，而現在二三十歲的女性，結婚時都有梅園作為嫁妝。發展時間短或許也是當地人對於梅園在婚姻選擇中的作用不以為然的原因之一，梅園在未婚男女選擇配偶時影響力不大也就不難理解了。

雖然如此，在一個只發展第一產業的山區農村，梅園作為農民的田地，其價值顯然很重要。對那些不外出打工的人來說，梅園的收益是他們幾乎唯一的生活來源，即使是對於外出打工的人來說，梅園的收益也是不能輕易捨棄的。有些人是父母在家裡打理梅園、採摘梅子，有些人在梅子收穫的季節還要返鄉摘梅子。筆者問羅書記是否會有人因為家裡的梅園面積很大，就不出去打工了，羅書記說：「打工這個事，根據他的家庭，不在於梅園多還是梅園少，（是）根據他家的條件，就是你出去打工以後，家裡面這些有沒有人照顧……要是家裡沒人照顧梅園，就不出去了……在家就只能維持生活現狀，就蓋不了房子了。」梅園甚至能決定當地人是否外出務工，其重要地位可見一斑。

但是這種重要地位是否僅僅源於梅園的經濟價值？梅園的收益大多集中在梅子收穫的兩個月間，兩個月能有一萬元人民幣左右的收益。但是如果因此放棄外出務工，還是得不償失，畢竟外出務工的話，整年都能有收入。筆者問羅書記為什麼人們不把梅園捨掉，然後出去打工？羅書記答：「那你出去打工，你年紀大了怎麼辦啊，沒有一個家？這個家庭必須要鞏固好。」由此來看，梅園不僅有它的經濟價值，還有從經濟價值中延伸出來的社會價值；這個價值不僅現在重要，更能在未來發揮作用；不僅每個家庭成員能從中受益，整個家庭也因此得到了鞏固。現在，大部分離鄉的年輕人都是出去打工，雖然也有透過讀書考學、結婚等途徑獲得在外面定居機會的人，但是對於大部分外出務工的年輕人來說，在外打拚不是長久之計，至少在訪談過程中筆者還沒有遇到因為出去打工而在外面定居的人。年輕人外出務工使得父母當家的時間更長，但是當父母無力當家的時候，這些年輕人總還是要回到家鄉，回歸家庭。小而言之，父母的養老有了保障，一個家庭得到鞏固；大而言之，雖然會有一部分年輕人暫時離開村莊，但是在梅子收穫的季節，或者到需要

自己當家的年齡，他們還會回來，整個村莊的結構不會缺失青年人或中年人的一環。梅園召喚著年輕人的回歸，而只有梅園在，這種回歸才有可能。

四　結語

　　所謂交換，簡單說就是給予、接受和回報三個方面。本文主要介紹了作為代際交換和婚姻交換的梅園。在松鶴村梅園的代際交換中，父母給打發出去的孩子一片梅園，孩子可以接受，也可以不要，但是接受的人占大多數，而且這種接受有時還可以轉化為主動挑選和索要，至於回報父母，對於打發出去的孩子來說，不是必需的義務，但是時常來往和互相幫助也是人之常情。父母將大部分的梅園留給在家的孩子，如果孩子多就要分家，公平起見，父母要給自己留一片私房梅園，這樣就不會給和自己一起住的孩子造成額外的負擔。一般情況下，分家出去的孩子組成獨立的小家庭，在幫助父母勞動以及贍養父母方面的責任小於和父母一起住的孩子。但是父母也可以選擇和任何一個分家的孩子居住。在父母年老體衰、幹不動活的時候，這片私房梅園自然地由一起居住的孩子繼承。在孩子少，不需要分家的情況下，父母把全部的梅園留給一個孩子，以後贍養父母的責任也就落到了這個孩子身上，父母這時可能就不需要給自己留一片私房梅園。但是由於現在很多年輕人出去務工，父母當家的時間變長，孩子接受梅園、履行對家庭的責任的時間也變得比以前要遲一些。

　　在婚姻交換方面，新加入的家庭成員一般會從娘家帶來一小片梅園，但是這片梅園的收益一般會先用於年輕夫婦的核心家庭，整個家庭的財產掌握在當家的父母手裡，年輕夫婦還要向父母要錢。這時候的嫁妝梅園還不能說是完全融入婆家，還具備一定的獨立性，而這種獨立性婆家父母也認可。等到父母把家庭權力移交給下一輩，下一輩的嫁妝梅園才算完全成為這個家庭的財產。本來在松鶴村，嫁出去的女兒就是潑出去的水，再加上媳婦此時又成為當家的人之一，夫家原來的梅園不僅是丈夫的所有物，也是媳婦的所有物，所以雖然嫁妝給了婆家，但是夫家的大片梅園也由丈夫和媳婦共同管理。因此在婚姻中，梅園的交換不是單方面的給予，而是兩方的流動和融合。出嫁之後，媳婦本人和媳婦的嫁妝都不再屬於娘家，因此，理論上夫家的梅園

流動到媳婦身上就結束了，但實際上以梅園為依託的社會關係卻在一直互動：姻親之間在勞動的時候互相幫忙，從而形成比血緣親屬之間更為親密的關係。

■松鶴彝族神聖空間的互動與分化——以松峰寺六皇會為個案研究

白一莛

摘要：寺廟是民間信仰的實體空間，隨著場所的變換、活動的開展和信徒的流動，象徵空間建構在廟、神、人三者之間，形成神聖空間的互動與分化。筆者以松鶴村松峰寺六皇會為個案，由信仰與儀式的記錄、闡述進入神聖空間的模式和功能探討，並對其互動與分化的淵源、過程與發展作初步分析，對於維持地方信仰系統完整性與有序性具有一定的意義。

關鍵詞：彝族；神聖空間；互動分化；六皇會

前言

素有「高原水鄉」之稱的大理洱源縣，是洱海的源頭，這裡風光綺麗，歷史悠久，人文蔚起，名冠三迤，是一個以白族為主，多民族聚居的文化大縣。松鶴村是縣內彝族的主要聚居區，而大松甸彝族村主要分佈的是彝族的臘羅支系，由於長期與白族、漢族雜居，他們自稱「白彝」，其宗教信仰與縣內其他彝族支系不同，信奉本主的同時也深受佛教、道教文化的影響，形成了「三教歸流」的多元信仰體系。

此次調查以專業實習為契機，在兩位指導老師的帶領下，筆者深入松鶴村大松甸，親身感受那裡的彝族民俗風情，更是有幸參加了當地一年一度的六皇盛會，收集到許多珍貴的資料。目前，學術界對於彝族宗教信仰的研究主要集中於萬物有靈、祖靈崇拜和畢摩信仰，對於多民族雜居地區的彝族信仰研究並不多，尤其是聚焦於某一項具體活動而展開的，對當地作信仰分析和價值探討的文章更是鮮見。

因而，筆者懷揣著田野實習的熱情和涉足文化研究的欣喜，嘗試著以松鶴村松峰寺六皇會為個案，由信仰與儀式的記錄、闡述進入神聖空間的模式和功能探討，並對其互動與分化的淵源、過程與發展作初步分析，對於保護和維持地方信仰系統完整性與有序性具有一定的意義。

一 導論

（一）研究背景[66]

松鶴村位居於茈碧湖鎮西南部，東距洱源縣城 13 公里，全村國土面積 62415 畝，其中耕地 2305 畝，果園 5000 畝，農戶 782 戶，人口 3298 人。在總人口中，因婚遷入的漢族 13 人，白族 11 人，佤族 1 人，其餘 3273 人均為彞族。全村平均海拔 2500 米，氣候溫和，雨水充沛，是洱源縣彞族聚居的山區行政村之一，下轄大松甸、溪登、石照壁三個自然村。這裡的彞民因長期與附近的白族、漢族生活在一起，既具有自己鮮明的傳統民族文化，也吸收了白族、漢族文化中的一些因素，在語言、風俗習慣、服飾、節日等方面體現了民族文化的兼容性。

松鶴村大松甸雖然在不同的時期因通婚而先後有漢族、白族、傈僳族、佤族等民族人口遷入，但是總體上還較完整地保留了彞族文化的特徵，這是一個較大的彞族臘羅支系聚居村，也自稱「白彞」。據《洱源彞族概覽》介紹，大理白族自治州洱源縣的彞族有「臘羅」「諾蘇」「羅武」等支系。「臘羅」自稱「臘羅頗」，他們的族源與史稱洱海地區的「昆明人」有關，是洱源的土著支系；「諾」彞語意為「黑」，意譯即為「崇尚黑的民族」，其祖先可追溯到四川涼山彞族先民中的古候、曲涅兄弟氏族；羅武支系自稱「尼蘇」，古稱「羅婺」，原為南詔東方烏蠻三十七部之一。三個支系都帶有較為濃厚的原始宗教信仰，同時還有自然崇拜、祖先崇拜與本主崇拜。首先，這裡的彞族認為天、地、日、月、山、水、火、石、樹都有神，每當上山打獵或放牧時，都必須到山神廟祈禱；其次，當地彞族對水也非常崇拜，主要表現為龍崇拜。他們認為地下泉水彙集的地方是龍踩下的腳窩，遇到天乾旱時，就在「龍潭」邊祭祀求雨。

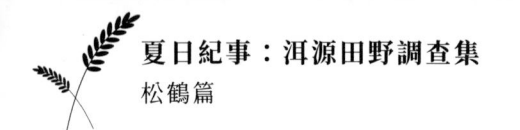

（二）研究目的與意義

　　透過村民訪談、活動記錄與資料收集，筆者擬全面分析松鶴村的信仰情況，將村落的廟宇、神靈和村民三者納入整體的時空系統，在二元對立價值觀之間反觀松鶴彝族神聖空間的互動與分化。同時運用所學理論，完善二元體系中的不足，深入瞭解松鶴村彝族人對宇宙時空、神仙聖人、山川草木的理解和對儀式活動、信徒群體及壇會分化的思考，在此基礎上對當地的神聖空間體系作出自己的分析，希望以此深化對松鶴彝族神靈意義和信仰價值觀的瞭解，對當地民間信仰的傳承和發展形式作初步總結。

　　民間信仰的表現形式和傳播方式多種多樣，以松鶴村的觀音廟所構建的信仰中心作為本次研究的重點，將從時間、空間和人物三個視角透析，具體在儀式程序、工具符號、人員分工、實體建築等方面作進一步整理和思考。首先，有利於松鶴彝族自身的文化發展，使得當地人們從外界研究來反觀自身信仰結構，強化民族心理認同；其次，以神聖價值觀和當地的信仰情況為著力點，研究彝族民間信仰特別是佛教與本主崇拜的關係，將進一步深化瞭解在立體型信仰體系之下的人們如何進行選擇和溝通，如何建立完整的神俗心靈結構，對於研究多民族居住地區的交流和發展尤其重要；最後，廟宇作為人神互動的場域，儀式正是場域中最直接的溝通平臺，本次研究透過儀式描述、神靈排位、表文解讀和參與觀察等，將全面展現松鶴彝族的宗教表徵，在較真實可靠的田野資料上深化探究當地的信仰體系，完善多民族雜居地區的民間信仰的人類學研究。

二　神聖空間的構築：寺廟與節日

　　松峰寺具體始建於何時已經無從考查，據《洱源彝族概覽》介紹，清朝鹹豐六年（1856），杜文秀領導回民起義時，曾經被焚燬過。松峰寺原來只有中間一間房，塑有彌勒佛，後來又蓋起南房三間，北房三間，既是拜佛的場所，也是學堂。

　　20世紀50年代，全國大搞「破除封建迷信」，佛寺首當其衝，松峰寺的佛像被毀，房屋也被拆除，作為搭建戲臺的材料之用。「文革」中破「四

舊」，寺廟被徹底拆除。2002 年，新建松峰寺大門及其他配套設施，並由村民李榮昌彩畫，撰有《修松峰勝景記》。2003 年起，重新綠化寺廟周圍的墳地，而今的松峰寺不僅成為村中的主要祭拜場所，也是大松甸的一大景觀。

松峰寺高坐於西嶺之上，俯瞰全村，其整體坐西朝東，分為外院和內院。正殿是整個寺廟的中心，是聖像最集中的地方，它用青磚砌成，屋頂採用重檐歇山頂樣式。大殿中間端坐著的是五聖，最中央的是觀音菩薩，從左至右分別是關公、孚佑、觀音、文昌和復聖（又名「佛聖」）。

五聖的上方是用泥巴塑成的一方「天山」，天山的左上方是地母，中央端坐著彌勒佛，左右兩側分佈著雷公、電母、風伯、雨師以及地母的童男童女。五聖的左側是儒釋道三教代表，分別是孔夫子、釋迦牟尼和太上老君，其中孔子手中拿著《孝經全集》，太上老君騎於牛背，手握項圈；右側從左至右分別是迦藍祖師、達摩祖師和玄帝，迦藍祖師一手握毒蛇，一手護仙果，達摩的左臂已斷，玄帝則是手握寶劍，眼神犀利。正殿的外壁緊鄰著兩間小殿，其中左邊供奉著妙莊王，右邊供奉著地藏王。

聖女像

夏日紀事：洱源田野調查集
松鶴篇

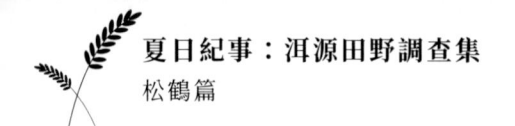

松峰寺全年的節日繁多，共計 45 個，主要目的是為了慶祝各路神聖的誕辰、修行日、得道日，如農曆正月十三的東北山神會，二月十六的雪山太子會，八月十五的太陰會等；也有集中的慶誕，比如六皇會與九皇會。

以上的節日皆需要在寺廟（包括本主廟）集體作會，除此之外，凡逢諸佛菩薩吉祥日，也會在家裡持齋、禮拜、誦經、唸佛。松峰寺主持提供了一份《諸佛菩薩吉祥日期表》，比如農曆正月初一是彌勒菩薩聖誕，十一月十九是日光菩薩聖誕，等等。這些吉祥日中只有部分在寺廟統一慶祝，其餘都僅為個人或家庭的功德，不作要求。

三　神與聖的匯聚分離：從六皇盛會到天地人神

每年的農曆六月初一，便是六皇會開始的日子。這天，當地觀音廟信徒們一大早便來到山上清掃寺院和佈置會場，將去年「九皇盛會」的掛表換成剛寫好的「六皇盛會」，把「二十四賢」的聖號拿出來按順序分為三行八列兩大道，掛在正殿內。把本主廟的供奉的「神」號用黃紙寫好，懸掛在正殿門口；同時將各香案前的蠟燭點上，添滿香油，燒上香和紙，以示節慶馬上開始。

第一天的作會需要進行「開壇」「蕩穢」和「禮請」，都透過上表儀式完成。在整個六皇會期間，一共需要上十六次表文，初一至初五每天三次，初六只上一次總表，以示「圓滿」，表明觀音廟會壇的六皇會儀式正式結束。而初七早上進行的「謝將」，相當於在結束之後將眾神送走，算作六皇會的延續階段，因此上謝將表不納入盛會範圍。每天的表文都是提前寫好，並將其放入黃紙神符做成的盒子裡面，上貼有綠、紅兩色紙張的符文，除了主壇，一般人不得拆開。六皇會每天使用的表文都不一樣，但是一天之內呈遞的三次表文是一樣的。在當地人看來，六皇會參拜的是南鬥星，九皇會參拜的是北星，在天地日月間的神聖行列當中，南北星鬥、二十八星宿各有地位。因此，六月初一的表文遞送至南鬥天府宮，初二至南鬥天相宮，初三至南鬥天梁宮，初四至南鬥天同宮，初五至南鬥天樞宮，初六至南鬥天機宮。除此之外，初一的三道表文即「開壇表」「蕩穢表」「禮請表」，初六的「南鬥總表」和初七的「謝將表」與對應的日期應和，但不與每天固定的表文衝突，即一

次上表儀式可能會誦讀和焚燒不止一張表文。觀音廟全年作會都有相對應的表文，儘管本次六皇會的表文複雜多樣，內容不一，但是格式相似。

六皇會期間，每日的早上 9 點半左右開始上表儀式，整個儀式總體可大致分為「啟奏—蕩穢—誦經—念表—燒表」五個階段，期間整個會壇人員相互配合、秩序井然。其中，上表儀式中身著紅色袈裟、頭戴毗盧帽加五佛冠的「和尚」是主要負責人員，一般由主壇擔任，充當神聖人之間的交流中介。

每天的上表儀式之前，樂師先入位，左邊分佈著嗩吶、二胡、笛子、木魚等，右邊是大鼓、大鑼、小鑼和鯢（鑔）。殿前右側的大鑼敲擊三下就表明儀式正式開始，嗩吶、大鑼演奏，和尚需洗淨雙手、穿戴整齊，打鼓連擊。督壇在佛前先禮拜三次，下跪的姿勢是先下左膝蓋，再下右膝蓋，然後雙腳尖頂地，上身俯至與香案平行，雙手與墊子兩邊接觸，輕輕一叩，點頭三下。堂前右側站有一位主持，初一開壇時需大喊「六皇節慶開壇」，此時大鼓作響越來越急促，最後以兩棒敲擊大鼓邊緣作小結。到了後期只需大喊「唸經上壇」，擊大鑼約 30 秒，廟內的人們聽到後便陸續趕至正殿聚集。繼續喊「大號三聲」，於是長號聲在佛前右側響起；接著再喊「六聖六皇入位」，最後一喊「奏樂」，笛聲、二胡響起，完畢之際，男人們上殿排列跪下，婦女們在殿下整理衣襟，用墊子跪下，雙手合十。

正殿的唸經儀式結束之後，由和尚領頭，大家陸續走進內院的「信爐」。督壇手捧蓋著紅布、裡面裝著供品的竹籃，跪在爐前，一位老年婦女手捧鮮花站在右側（此處以天爐面向觀音廟為標準），鮮花舉至額前；天廚炊事員站在左側，手捧一大碟，裡面盛有兩杯清酒、一小碗天飯和五彩米面制食物。

和尚與兩位擊鑔者以「8」字形互相轉繞至跪拜著的督壇身後，和尚兩邊是擊鑔樂師，其後是擊大鑼、小鑼、吹笛子、拉二胡、敲木魚的樂師。樂師隊伍陸續聚攏將和尚包圍在中間，距離樂師隊伍約一米處，仍有一位信徒拿著香跪在墊子上，或俯身或挺直腰板，眾婦女們拿好墊子陸續跪在地上，先俯身貼地一拜，再雙手合十，觀察和聆聽前方的儀式進程，跟著俯身和下拜。和尚搖著鈴鐺唸著經，經文唸完後，天爐的旁邊出現一個人將督壇手中的竹籃中寫有表文的黃紙取出，靜候；而督壇將竹籃中剩下的紙制金銀元寶一把

夏日紀事：洱源田野調查集
松鶴篇

把投入爐前的入口，頓時濃煙四起，裊裊上升，象徵著天地的相連與人神的溝通，同時門口吹響大號三聲，畢，督壇起身，將紅布整理好後放入空竹籃，輕叩三次。隨後，和尚大聲口誦經文，另一名老主壇添補後續表文，畢，將表文投至信爐後的入口處焚燒，門外鞭炮聲響起，鑔的聲音響起並逐漸急促，大小鑼配合奏樂，宣告儀式將告一段落，身後的婦女們對著信爐一個個俯身叩拜，端著花和天飯的男女走在前面，隨後是端著竹籃的督壇，之後是和尚和樂師隊伍。回到觀音大殿後，鼓聲與鑼聲應和並漸漸急促，最後以一響大鑼結束了上表儀式。樂師們放下手中樂器，和尚脫去袈裟，眾人逐個朝著觀音輕身一拜，隨即離開，而門外信爐頂部的煙霧繚繞升起，久久方才散去。

六皇會上表儀式

　　上表儀式結束之後，眾人休息片刻便開始唸經。唸經儀式相對上表而言，沒有複雜的程序，無須全體參與，由會壇的婦女們自己安排。唸經開始之際，全壇婦女們陸續走進正殿，按照年齡和級別，挺直腰板跪在墊上。

　　一方面，年齡長者位居前列。當地彝族婦女的帽子有年齡的區別，一般老人戴黑色卷布帽，中老年戴藍帽，年輕一點的中年人戴綠色的，因此由前往後排列的分別是戴著黑色、藍色和綠色帽子的婦女；另一方面，經母位於第一排的中央，左手拿著一支銅製的蓮花狀物品，右手持銀棍。其餘的婦女

們左手拿著木魚和 108 顆念珠穿成的掛鏈，右手拿著木魚棍，以大約每兩秒一次的頻率敲擊木魚，中間雖然有敲擊的動作，實際上會在距離木魚約 5 釐米的地方停頓，使其不接觸到木魚表面。唸經隊伍的右前方，即觀音殿的左側，須有一位年長婦女敲擊銅鑼，節奏與木魚一致。經母每一小段開始之前都領唱，大家跟隨著木魚的節奏，每唸完一小段鞠躬一次。

婦女誦經

　　唸經儀式與上表一樣，貫穿著整個六皇會，只是形式簡單、參與人員較少、時間較短，作為上表儀式之後的補充與過渡。婦女們所唸誦的經文主要以七字為主，內容通俗、直白，通常反覆唸誦。還有部分主題的經文中會穿插長有短句式，如《太陽經》《月光經》《文昌經》《地藏王經》等，其中《松峰寺觀音經》是每次盛會必不可少的經文。整個唸經過程約持續 40 分鐘，經文唸誦完畢，全體婦女搖著念珠，低頭晃腦，嘴裡嘟囔著祈福之語，最後將念珠和木魚捧在手心舉至額前，叩首起身。

　　六月初七的「謝將」是六皇盛會從作會回到日常的過渡儀式，此次的「謝將」將初一從山下本主廟請來的眾「神」在鼓聲長鳴、紙錢香炮中恭敬送回。同時，和尚將正殿中的「聖」號重新放回經樓，並將正殿大門和內院大門緊閉，在下次盛會開始之前不再涉足。初七也是六皇會的「延續期」，名為「打

267

平好」，即在六皇作會結束後的第一天，所有參會人員聚在觀音廟外院的臺地，共享食物，結束之後即表明已經完全從儀式階段過渡到俗世日常。

縱覽整個六皇會，可以說是經歷了「從世俗進入神聖，從神聖重返世俗」的過程，結合特納在《象徵之林》和《儀式過程：從結構到反結構》中的分析，所有「伴隨著地點、狀態、社會位置和年齡的每一次變化而舉行的儀式」都是過渡儀式，可以分為三個階段，即分離、過渡和聚合。在六皇會作會之際，人們透過「蕩穢」進入儀式，在此過程中一反日常的飲食、舉止、服飾和分工，在很大程度上脫離了原有的社會結構而進入閾限階段，人們在神聖面前奏樂、上表、唸經，實際上就是一種超越了時間和空間的體驗。六皇盛會總表上完之後，人們關閉觀音正殿大門，從象徵意義上看其實是將神俗兩界的通道關閉，同時齊聚臺地「打平好」，透過當地通俗的歌舞表演，特別是利用吃葷食的手段表明隔離期結束，再次進入日常生活。

上表儀式是整個六皇會中最重要的，各個環節都有不同象徵意義的符號和物品存在，因為儀式往往是透過作為符號的各種物體、事象、圖像等來隱喻某種概念或某種思想感情，而且主要是運用圖像、數字、色彩、方位等各種比較簡單的符號來隱喻某種象徵意義。它們是儀式中必不可少的一部分，其中以聖號、神號、香木、天飯、符咒、表文、人員服飾和五色紙衣等尤為重要。

四　神聖在人間：廟神人的互動分化

下面，筆者將主要從「儀式中的角色替代」「社會性別分工」「分壇的情況」「寺廟下的家庭信仰」「機構化的神聖團隊」以及「神聖的休閒場所」等幾個方面進行論述。

其中，六皇會中的角色替代主要表現在上表儀式中，一方面是指儀式中的關注核心即人神交流中介的更替，另一方面指的是同一儀式角色不同人物的變換。首先，是儀式不同階段所對應的主導角色替代；其次，主要是由師徒關係所構成的角色替代；再次，是基於信徒平等身份和互惠原則構成的角色替代；最後，就是由於儀式禁忌所造成的角色替代。觀音廟的作會中，社

會性別分工主要體現在儀式中和儀式外兩個方面、兩種管理體系,實際上是當地男尊女卑社會性別制度的世俗化體現,也在一定程度上反映出男潔女汙的宗教性別觀念。截止到 2015 年 7 月 25 日,本主廟會壇成員有 209 人,松峰寺復元壇共 186 人,在村落地理分佈上並沒有明確的範圍界限,除了兩廟節日作會的時間和場所不一致,平日裡村中不同會壇成員間仍然和睦相處。在本次六皇盛會當中,筆者也注意到寺廟活動下其實更多反映的是家庭或者家族的信仰空間。首先,觀音廟會壇中參加的老年男女中很多都是有血緣關係的兄弟姊妹;其次,村民家庭中普遍存在聖像供奉,一般為觀音菩薩、釋迦牟尼佛和文昌帝君;最後,參會成員意識到彼此擁有共同的神聖空間,競相以家庭的名義表達在集體活動中的作用和價值。對於寺廟中的神聖機構團隊,目前復元壇設有主壇、督壇、樂長、事務長、會計、經濟保管各一名,經母兩名,天上炊事員一名,在全年的作會準備、儀式過程和後期協調方面,復元壇多元化、層級制的管理方式發揮了相當重要的作用。所謂「休閒是世俗的宗教,宗教是神聖的休閒」,觀音廟或許只是一種名義上的宗教場所,實質上應該是當地老年人的休閒之地,他們游離於神聖儀式與世俗休閒之間,更多是為了尋找一種可以合理放鬆的方式。

五　初步研究分析

回首本次的調查內容,並進行整理小結,筆者初步得出以下幾點結論。

（一）互動分化的四個層面

縱覽六皇盛會從開始到結束的整個過程,再結合松峰寺的歷史背景、發展脈絡與會壇現狀,筆者認為大松甸彝族村透過地理位置的分離、儀式的象徵和邊界認同的凸顯,在廟、神（聖）、人之間構建起當地的神聖空間。也就是說,當地的「神聖空間」是作為物理存在的觀音廟、本主廟場所及其整體配置與透過儀式象徵建構在當地彝族心靈頭腦中「天地人神」觀念的共同體。它分為閉合性空間構建（即神聖內部的自我塑造）和開放性的空間構建（即神聖外部的他者擴張）,並由此形成多層次的互動與分化。

其中,「聖」與「神」的互動分化是當地神聖空間的核心,「神聖」與廟的互動分化是儀式活動的內在原則,「神聖」與人的互動分化是人神交流的本質要求,廟與人的互動分化是世俗化信仰的必然趨勢。

(二) 松鶴彝族的神聖觀

這裡的松鶴彝族的「神聖觀」並非單指「神聖空間觀」,它是建立在當地天地宇宙觀念基礎上對其宗教信仰的分析和思考。一方面,「神聖空間觀」應屬「神聖觀」的一部分,是神聖實體與信徒心靈建構之上的價值表達;另一方面,「神聖觀」並不是廟神人互動分化的結果,而是其整個過程中所存在的精神狀態。換句話說,「神聖觀」更多的是一種宇宙觀的秩序表達,包括靈魂的精神秩序、「神聖」的秩序、社會存在的秩序,它們具有形式與結構上的相似性,集中表現在當地的宗教信仰和儀式活動中。

第一,松鶴彝族其多元性的神聖空間建立在中國傳統民間信仰的多神崇拜觀念之上;第二,當地人「以聖為本,三教合流」的信仰理念集中反映其神聖整體觀;第三,整個六皇會不同分類結構聯繫當中處處體現著神聖潔淨觀;第四,當地人認為神聖的儀式活動中必須要有支配性的象徵符號;第五,從儀式的人神中介互換到機構化的會壇領導,集中體現了當地的神聖權力觀。

(三) 神聖空間的理性存在

村中復元壇與本主壇的分化在現實意義上認定觀音為代表的「聖」和以本主為代表的「神」分屬兩個神聖體系,建立在「聖」「神」基礎之上所形成的松鶴彝族神聖空間的互動與分化,正是由於神聖從虛幻的天上降至人間,回歸真正的「現實的人」,最終完成了神聖與世俗的對接。

而當地神聖空間的互動分化之所以得以持續理性地存在,其本質在於與世俗意願的結合,關鍵在於廟、神、人三者的關係。它們凝聚和整合著群眾的社會意識,維繫著鄉土認同,是增強社會凝聚力的「文化紐帶」,而這條紐帶不僅透過「信仰共同體」的空間想像編織而成,還透過類似於六皇盛會這樣的禮儀慶典之戲劇表演縫合構建。

總而言之，神聖空間不是靜止的永恆不變的質點，而是可以透過世俗具體的社會關係的改變而不斷實現、發展且無休止地漸進，即神聖空間非一勞永逸的信仰思維，而是具體歷史生活情境變更的追尋，是無限理念與精神的分離匯聚。對於松鶴彝族而言，這是感性的生活，也是理性的文明。

六　結語

　　六皇盛會作為松峰寺復元壇全年 45 個節日之一，是當地十分重要的儀式活動。筆者在實習期間有幸全程進行了觀察和記錄，並透過對相關資料的收集和整理，將構建在松鶴彝族村實體建築與村民精神心靈中的神聖空間作出初步的思考分析。

　　全文主要闡釋了以下幾個部分的內容：第一，是關於全村的歷史、地理、生產生活及民俗文化的簡單梳理，建立起對田野調查點的整體印象；第二，是對本次研究主題的初步理解，透過價值評析、理論學習和文獻回顧，為後續內容的展開做好鋪墊；第三，正式書寫本次調查的研究內容，對上表儀式、唸經儀式的儀式過程作出詳細表述，並在其中儘可能充分呈現當地人的見解和視角；第四，回歸神聖空間在世俗人間的討論，針對儀式內外的現實狀況作出記錄和小結；第五，結合前期的理論學習和內容的展現對研究主題作出自己的分析和思考。最後，敘述了本次實習中的一些問題，並對此作出一些反思，為今後的調查研究積累經驗。

　　總而言之，這是一次尚未結束的考察，由於多種原因未能在當地進行長期的田野調查，失去了深入瞭解當地文化的機會。另外，由於本人學力有限，文中難免存在疏漏之處。但是，筆者希望以此次調查作為今後深入研究和探討的開端，激勵自己在田野的路上走得更遠，收穫更多。

「土風計劃」的田野實踐與理念反思——以雲南大理松鶴村為例

覃聃

　　摘要：2011 年，著名音樂人陳哲發起的「土風計劃」是一項針對原生態文化的傳承和保護行動，旨在搶救和保護瀕臨失傳、不可再生的民族文化資源，將民族文化的資源優勢轉化為民族文化產業優勢，促進文化的可持續發展。[67]它計劃用 5 年的時間，在雲南省建設規範的 50 個具有文化底蘊、富含生命力的文化傳承示範村。[68]

　　本文一共分為五個部分，以松鶴村為例，闡釋「土風計劃」的文化活化傳承理念，分析它在松鶴村嗩吶文化傳承活動中的具體運用；同時關注專家組對民間傳統文化傳承的認知，以及基層對它的具體實施；著重分析嗩吶文化傳習所，作為嗩吶文化的傳播和培訓基地，它在傳承和發展嗩吶文化工作中發揮的作用。最後，依據「土風計劃」作為由知識精英發起的自上而下的民族民間文化傳承和保護活動，總結它的特殊參考價值。

　　此次的民族民間文化傳承和保護活動，是一項社會各界廣泛參與的活動，它遵守文化活化傳承理念，既著眼於民間文化的本土傳承，也關注文化產業的優勢轉換，它積累的經驗對鄉村文化的傳承和發展將具有全國性的示範作用。

　　關鍵詞：土風計劃；文化活化傳承；嗩吶文化傳習所；價值思考

一　導論

　　洱源縣茈碧湖鎮松鶴村位於茈碧湖鎮西南部，西靠羅坪山，東距洱源縣城 13 公里，南與鳳羽鎮莊上村接壤，北與果勝村相連。下轄大松甸、溪登、石照壁三個自然村。全村國土面積 62415 畝，其中耕地 2305 畝，果園 5000 畝。農戶 782 戶，人口 3298 人。在人口總數中：因婚遷入漢族 13 人，白族 11 人，佤族 1 人，其餘都均為彝族，是洱源彝族聚居的山區行政村。

松鶴村作為示範村之一,被稱為「嗩吶藝術之鄉」。松鶴嗩吶音量大、穿透力強、曲調高亢;嗩吶文化藝術具有大眾性、開放性、包容性和創造性的品質,融合了彝族和白族的嗩吶曲盤。[69] 但由於是口傳心授,沒有藝人會譜寫曲調,許多曲牌正在消失。技藝精深的嗩吶藝人也年老,年輕人出去謀生,嗩吶缺少新一代的傳承力量。松鶴嗩吶文化的傳承面臨危機,亟待採取保護措施。而松鶴村自身也重視傳統文化的保護,立志打造嗩吶文化藝術精品。在洱源縣文化產業辦公室與松鶴村村委會的積極申請下,最終,文化傳承示範村的項目選擇了松鶴村的嗩吶文化。

二 雲南「土風計劃」及其核心理念

(一)「土風計劃」項目介紹

「土風計劃」是由陳哲倡導,經雲南省委審核批準,由雲南省文化產業辦公室和文化廳組織實施,委託專家指導組開展具體工作的一項具有全國示範性的鄉村文化傳承和保護工程。[70] 它是拯救瀕危的鄉村民間文化,培養雲南鄉土文化人才、壯大文化成果的具體措施;也是打造雲南鄉村文化品牌、發展鄉村文化產業的創新實踐;更是建設雲南民族文化強省的一條有效途徑。[71]

(二) 文化活化傳承的核心理念

文化的各部分與大樹的樹根、樹幹、樹冠對應,在根文化、文化樹幹、文化「開花結果」的不同階段都採取活化傳承的方式。

首先,延伸根文化。「土風計劃」主張深入村寨,立足本土,保護村寨文化賴以生存的文化環境,倡導活化的本土傳承,[72] 使樹根延展、結實。其次,也可挖掘與根文化相關的文化事項,鞏固文化樹幹,這不僅需要發揮傳承藝人的重要作用,也需要政府和社會的關注與支持。最後,培育出鄉土文化的「花和果」,鼓勵鄉村文化走出去,積極推動民族文化的優勢轉換為文化產業優勢。外部的關心和支持會反作用於村寨,在外界收穫的自信,能激勵人們傳承母體文化的積極性。[73] 這一良性的社會循環,是靈活的文化傳承方式,是「土風計劃」貫徹的文化活化傳承理念。

三 「土風計劃」在松鶴村的具體實踐

（一）「ABC」理論的具體操作

1. 保護「根文化」

梳理嗩吶第三代與第四代傳人的關係，編成完整的《松鶴嗩吶藝人名錄》，第四代嗩吶師傅以李家福、羅六芳、毛六凡為主，分別師從第三代的毛厚銀和毛玉保，三位師傅又招收第五代嗩吶藝人，師承關係因此得到完善；在毛六凡等幾位師傅的努力下，現存的106個嗩吶曲調被收錄成體系；再將嗩吶演奏時穿戴的彝族服飾與嗩吶文化聯繫起來，進一步延伸嗩吶文化；加強嗩吶文化的基礎設施建設，建立嗩吶文化傳習所。

2. 鞏固「文化樹幹」

「土風計劃」重視傳承藝人在傳承文化工作中的主體作用，2011年，大理州人民政府認定松鶴村的三位嗩吶藝人——李家福、羅六芳、毛六凡，為大理州第一批民族民間傳統文化保護項目（民間音樂）代表性傳承人，州級傳承人每年有2000元人民幣補助；組織定期的集體訓練，提升藝人的技藝，增加對嗩吶文化的瞭解，農閒時的分組訓練，師傅和學生也會有幾十元人民幣不等的補貼；樹幹的鞏固也需要民族文化傳承發展機制的支持，「土風計劃」中來自省、州和縣政府的資金，推動了松鶴嗩吶文化的基礎設施建設，而社會各界的關注，陳哲老師親自指導，民族音樂專家的培訓，松鶴人的自覺保護意識等也成為鞏固文化樹幹的有效力量。

3. 培育「花果」

松鶴嗩吶把自己推廣出去，服務範圍更加社會化，嗩吶隊應省、州或縣的邀請，平均一年內有4—5次的外出表演；同時探索出文化產業化的發展道路。

（二）松鶴村嗩吶文化傳習所的建立

根據「嗩吶文化傳承工程」的目標，即有文化傳承組織、有文化傳授能人、有文化傳習人員、有文化傳播場地，[74]松鶴村建立了嗩吶文化傳習所，

作為嗩吶文化傳播的主要場地。傳習所實現了松鶴人保護和傳承民族文化藝術的願望，嗩吶文化藝術也由虛變實，組織機構作為它的實際載體，極大地推動松鶴嗩吶文化藝術的世代傳承。

傳習所在嗩吶文化的發展規劃以及細節規範中造成不可替代的作用。首先，傳習所提供了培訓和學習的場所，藝人培訓和專家指導可以隨時進行。第二，傳習所探索松鶴嗩吶的歷史起源，明晰嗩吶藝人的師承關係。據說，松鶴嗩吶的起源與距松鶴村40公里外的一個地方（臘坪）有關係。第三，傳習所在短時間內召集全村的嗩吶藝人，組織集體培訓，統一曲調。第四，固定現存的嗩吶曲調，收錄藝人集體培訓和參加活動演出的錄像，製成用於培訓的光盤。

上述工作初有成效，傳習所制定了後期的工作計劃：將固定的曲調刻成光盤，供後代嗩吶藝人學習；並嘗試在松鶴村小學五年級及以上的課程中增加學習嗩吶的要求。

「嗩吶文化的傳承工程」實行傳承為主、搶救第一、合理利用、繼承發展的方針，[75] 綜合上述傳習所的工作收穫和計劃，傳習所正確處理了四者的關係，松鶴嗩吶文化的傳承工作在初見成效的基礎上還會有更大的發展。

四 松鶴村「土風計劃」實踐過程中的矛盾與調解

（一）先搶救還是先發展

這個矛盾是關於順序先後的問題。規劃相關工作時，松鶴村既結合現實，也廣泛吸收了各方面的建議，先將嗩吶曲牌的收集和保存工作置於首位，將僅存的106個曲調記錄下來，然後再構思嗩吶的對外發展，探索盡快實現文化資源優勢向文化產業優勢轉變的有效途徑。

（二）嗩吶文化傳習所是否有建設的必要

「土風計劃」的配套資金共30萬，原計劃主要用於培訓藝人和購買道具設備，並未包括場所的建設。但羅書記認為，傳承嗩吶文化要有組織活動

場所，需要固定的培訓場地。考慮到嗩吶文化傳承工作的完善，最後決定在保證藝人培訓資金充足的前提下，建立傳習所。

（三）松鶴嗩吶的所屬權

松鶴人稱本村嗩吶為彞族嗩吶；在洱源縣，嗩吶隊外出表演則稱洱源白族嗩吶。這種混合型名稱的存在，「土風計劃」並未有明確的探討。其實，嗩吶文化的歸屬權是共享的，故應稱為「松鶴民族嗩吶」，它是生活在這片土地上的勞動人民的共同結晶，無論是白族的還是彞族的，其實都是中華民族的優秀傳統文化，都是我們需要傳承和保護的對象。

三組矛盾的出現並沒有影響嗩吶文化的傳承工作，它們只是文化傳承理念相互碰撞的結果，不同層面地反映了知識精英和社會各界對松鶴嗩吶發展的重視程度。矛盾終會得到協商解決，松鶴嗩吶也終將會摸索出一條符合鄉土實際、適合自身發展的路子。

五　對「土風計劃」的相關思考

（一）知識精英推動的價值

1.「土風計劃」項目中的知識精英

「土風計劃」項目在執行的過程中，包括陳哲在內的專家指導組是項目指導理念的貢獻者，是項目順利進行的重要推動人，他們就是項目中異於政府人員的知識精英。

「土風計劃」具備理論上的科學性，可以用於指導雲南不同民族的文化傳承工作；它也具備前瞻性，較客觀地預見了傳統文化在社會中的新適應與新發展。作為由知識精英發起的文化傳承和保護活動，「土風計劃」的科學性和前瞻性使它具有獨特的參考價值。

2. 知識精英推動的價值

提供科學的理念指導。「文化的活化傳承」這一核心理念，經過省和州政府的傳導，最終作為指導思想在村寨得到實施。有了理論指導，示範村在保護和傳承民間文化時就有了明確的目標，就能制定出較科學的實施方案。

在「土風計劃」實施後，松鶴人民不僅認識到了嗩吶文化是松鶴彝族文化的重要標誌，還深刻意識到要改善嗩吶文化日漸衰竭的生存狀態。松鶴人民已經較好地形成了一種對自我文化保護與傳承的良性循環，是典型的在自我文化認同的基礎上萌生的一種文化自覺現象。[76]

（二）「自上而下」推動的價值

「土風計劃」是自上而下推動的，由雲南省委審核批準後，具體落實到村寨的鄉村文化傳承活動，這種自上而下的理念傳導和工作安排有一定的參考價值。

1. 增強活動的靈活性，調動基層參與文化傳承工作的積極性

「土風計劃」自上而下的工作安排是理念的傳遞，理念具有適用的普遍性，實際的操作必須依據鄉村實際狀況，這就要求村寨靈活運用文化活化傳承理念，只要是有利於文化傳承的行為都值得提倡，具體實施因而更加靈活。「土風計劃」的基層實施單位是村寨小組，根據鄉村文化發展的現狀，村寨小組充分調動群眾參與活動，鼓勵用自己的方式來保護本民族文化，倡導「自力更生」的工作模式，以此提高了參與傳承活動的積極性。

2. 促進社會各界在文化傳承工作中的互動

自上而下地將理念落實在基層，知識精英和政府精英以及地方精英和民間精英之間，產生了頻繁的交流和互動。知識精英的理念，政府提供的資金，村委會的實際工作，民間傳承藝人的參與等，在「土風計劃」中都有互動的體現。政府尤其是不可或缺的角色，政府的支持提供了很多便利，不僅擴大了影響力，還加大了項目的實施力度，推動了村寨工作的順利進行。

（三）「自外而內」推動的價值

陳哲老師作為文化外來者，站在客觀的角度，為他者提出文化發展規劃和搶救性的工作指導。「土風計劃」就是自外向內的一種文化傳承與保護理念在村寨中的實踐。理念基於客觀地看待少數民族傳統文化，工作依據傳統文化的生存現狀而制定，指導理念因此具有客觀性。理念由外向內的傳導，能擺脫本族人民的習慣性思維，關注當地人眼中習以為常卻瀕臨消失的文化

現象。實際的傳承與保護工作是由「內部」來實行，突出當地人的主體性。基於這兩點，客觀理念的指導與主觀需求緊密結合，文化傳承工作有外部專家的指導，又有當地人的重視參與，它關注和解決的問題以及提出的發展規劃，都會更加全面。

六 結語

本文主要探討了松鶴嗩吶的發展和傳承路徑，嗩吶文化的傳承與發展工作要結合文化傳承、藝人培育以及嗩吶文化的產業轉變，[77] 本土傳承和外部展示緊密聯繫，創新了村寨文化的繼承與發展方式，推動了嗩吶文化的可持續發展。「土風計劃」在松鶴村的實踐，也為其他地區的民族民間文化的傳承和保護工作積累了寶貴經驗。

目前，由知識分子倡導和規劃某地區或民族的傳統文化保護活動的現象並不少見，但「土風計劃」是近年來中國少數民族文化保護的一個大事件，在雲南乃至全國擁有廣泛的影響力。它具有其他文化保護活動所缺少的特點，其一，正如陳哲老師要求的那樣，專家是帶著協作者的態度去幫助少數民族發展、保存民間文化，而不是「拯救者」的態度；[78] 其二，項目的指導理念是文化傳承活動成功開展的關鍵，文化活化傳承理念構建出一個良性的社會系統，當地人主動去瞭解本民族的傳統文化，增強自身的文化認同意識，從而促進文化自覺，主動地傳承母體文化。這個良性的社會系統就是用來面對經濟發展中傳統文化流失問題的一種極為有效的機制。

中華民族自古就形成了多元一體的格局，豐富多彩的民族文化構成了中華文化，少數民族文化是中華文化的瑰寶，重視少數民族傳統文化，開展切實的文化保護工作，是豐富中華民族文化寶庫的有效途徑。「文化傳承與保護活動」是對傳統文化的尊重，是中華民族守護精神家園的意識增強的體現，[79] 它的實施和開展將是中華民族文化薪火相傳、生生不息的重要保障。

松鶴村民族嗩吶文化來源的研究

柴博聞

摘要：嗩吶是中國雲南大理各少數民族所喜愛的表情達意的工具之一。現今流行的看法是，大理州的嗩吶是屬於白族的文化遺產，對大理州其他的少數民族，尤其是彝族在嗩吶發展過程中的作用與地位著墨甚少，筆者透過對大理白族自治州茈碧湖鎮松鶴村嗩吶文化的來源進行探討，旨在說明松鶴村的嗩吶並不是由哪個民族發展而來的，而是和漢族、白族等民族相互交流的產物，是各民族智慧與文化的結晶。

關鍵詞：松鶴村；嗩吶；文化來源；文化交流；身份衝突

一　緒論

（一）研究背景

現今流行說法是嗩吶起源自波斯，經由中亞和新疆傳入內地，西晉時期的新疆克孜爾石窟寺的壁畫中即有藝伎吹奏嗩吶的內容。如今，嗩吶是中國各地區各族人民喜愛的民間樂器之一。1996 年，洱源縣被中國文化部命名為「中國民間文化藝術之鄉（白族嗩吶）」，因此，在研究洱源嗩吶的文化來源時，主流觀點都強調了白族人民的作用，對於其他民族，尤其是漢族和彝族的作用則鮮有提及。

本文將從嗩吶的器物、傳承人、表演場域與形式、曲牌曲調等方面，具體分析和探討嗩吶文化的來源。

（二）研究的目的和意義

民族樂器是一個民族重要的身份標識，在歷史中它隨著時代的變化而變化。民族自誕生以來，就從來不是孤立的，它始終處在和其他民族的文化交流中。對文化交流的研究是人類學的任務之一。文化交流的雙方往往是不平等的，以洱源縣的彝族和白族為例，白族處於明顯的優勢地位，所擁有的話語權比彝族要大得多。筆者此次調查，深入處於弱勢地位的彝族一方，透過對松鶴村嗩吶文化的來源進行調查，對其究竟是「白」是「彝」進行一個初探。

目前學界對嗩吶文化的研究取得了豐碩的成果，但對中國西南地區少數民族嗩吶的文化研究則顯得有些不足。透過這次調查，筆者將從物、人、曲幾個方面對松鶴嗩吶的文化來源進行探討，對現階段的主流觀點進行部分修正，並為今後的深入研究打下一個基礎。

（三）研究方法

此次研究與調查主要運用了人類學田野調查方法，其中以深度訪談與參與觀察為重點，輔之以文獻研究法。筆者進入松鶴村的彝族社會，在調查期間與松鶴彝族村民同吃住同活動，對他們的日常生活，尤其是有關嗩吶的文娛活動進行了詳細記錄，並對嗩吶傳承藝人進行了詳細而深入的訪談。

（四）田野點概況

1. 基本情況

松鶴村隸屬於雲南省大理白族自治州洱源縣茈碧湖鎮，地處茈碧湖鎮西南，西靠羅坪山，距洱源縣城13公里，下轄大松甸、溪登、石照壁三個自然村，是洱源彝族聚居的山區行政村。

2. 選點理由

洱源素有「嗩吶之鄉」的美譽，1996年，被文化部命名為「中國民間藝術之鄉」，而「嗩吶之鄉」的嗩吶吹得最響亮、最出名的要數松鶴村。據松鶴村前任書記羅學義介紹，該村現有嗩吶表演藝人152人，佔整個洱源縣嗩吶藝人的一半以上。

（五）文獻綜述

嗩吶傳入中國的歷史很早，但直到明代，才始見於典籍中。戚繼光在《紀效新書·武備志》中說：「凡掌號笛，即是吹嗩吶。」

改革開放以來，黨和國家對少數民族傳統文化的保護愈加重視，對大理地區民族嗩吶的研究成果也如雨後春筍般湧現出來。在白劇吹吹腔方面，張紹奎在《白族吹吹腔戲劇概述》中認為白劇產生於明朝時期，而明末清初是其興盛期；黎方在《白劇的源流、形態、發展之我見》中認為白族吹吹腔起

源於湖廣一帶的羅羅腔和安徽的吹腔。兩位學者均提及了白劇吹吹腔的部分漢地文化來源。李洋在《大理白族自治州民族民間器樂概述》中則對白族器樂音樂進行了專門研究，不僅對嗩吶、鑼、鼓等民族樂器有詳細的描述，並把嗩吶吹打樂作為一個獨立的曲種單獨列出，與民族宗教樂等並列為七大曲種之一。梁宇明在《雲南彝族民俗中的嗩吶音樂》中提到演出吹吹腔的不僅有白族，還有彝族。尹明舉在《永遠伴隨白族生活的音樂藝術》中甚至提到了茈碧的松鶴村，承認了松鶴彝族在嗩吶傳承中的作用，但是仍把其歸入白族嗩吶文化的大框架之下。綜上所述，白族的嗩吶文化雖然受到了學者們的關注與重視，但是對彝族人民對嗩吶文化的貢獻的研究則有所欠缺。

二 松鶴村民族嗩吶概述

松鶴村的民族嗩吶歷史悠久且名聲遠播，筆者將從嗩吶器物、嗩吶傳承藝人、嗩吶表演形式、嗩吶曲調四個方面對松鶴村民族嗩吶作一概述。

（一）松鶴民族嗩吶樂器

在調查走訪中，筆者發現部分嗩吶藝人會使用兩種嗩吶：白族嗩吶與漢族嗩吶。這兩種嗩吶在表演中都有使用。

白族嗩吶：白族嗩吶由哨子、氣盤、芯子、桿子、碗等組成。白族嗩吶的桿子大多是採用質地纖細的軟質木，當地人稱為「jida」。嗩吶桿長約8吋，大多數為平桿，上端插芯部分約半寸。嗩吶本身上下寬度不同，上端直徑大約1釐米，下端直徑大約2釐米。嗩吶桿有7孔為音孔，7個音孔全部都在正面，背面沒有音孔。芯子、氣盤、碗多用銅合金製作，芯長約5釐米。碗口直徑約10釐米，近似圓柱形。

漢族嗩吶：漢族嗩吶與白族嗩吶的構件大致相同，唯一的區別在於漢族嗩吶為8孔，是「前7後1」的模式。

其他輔助樂器：嗩吶通常需要和其他的樂器一起合奏。主要的合奏樂器有鑼、鼓、鉢、三弦、橫笛。一個完整的嗩吶表演團隊一般有20餘人，以上幾種樂器都要配備齊全。

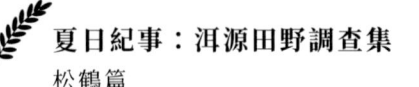

（二）松鶴民族嗩吶傳承藝人的基本情況

本村嗩吶傳習所現有成員 152 人，除此之外，還有少數沒有加入傳習所的嗩吶藝人。這 152 人並不全是嗩吶藝人，是吹、打、拉、敲的嗩吶表演團隊的總和。其中大理州洱源縣認證的縣級嗩吶傳承藝人有三人，分別是李家福、毛六凡、羅六芳。三人之上則是松鶴村的第一代嗩吶傳承藝人：毛厚銀、毛玉保和羅萬金，現已全部過世，其中毛玉保於 1992 年還獲得過國家級的認證。

這些嗩吶藝人平時以雕梅和務農為生，在需要表演的時候，就拿出樂器和自己的團隊去表演。除了在村子裡表演之外，有時候也會去外村表演。受到政府部門的邀請時，也會到縣裡、省裡去參加表演。

（三）松鶴民族嗩吶表演形式

透過查閱相關資料，對嗩吶藝人以及嗩吶傳習所負責人的走訪，對嗩吶表演現場的觀察，筆者對嗩吶表演的內容與規則進行了歸納與總結。

1. 表演時間

嗩吶的表演時間集中在農曆十月、十一月、十二月、正月，這幾個月恰好是農閒以及春節前後。

2. 表演場合

平時的表演場合主要有紅事（新人結婚）、白事（有人去世）、喬遷新居、房屋上樑等。每逢節日（包括民俗節日和宗教節日）也會進行表演。表演時間兩到三天不等。在迎接比較重要的客人來到村寨時，也要吹奏樂曲。筆者就有幸參加了一場板凳戲。

3. 表演隊形

在表演嗩吶時，需要排成特定的隊形，以便能讓整個樂隊團隊井然有序，互不干擾。下面，筆者以親自參與的三次表演為例，對嗩吶的表演隊形加以說明。

板凳戲：以長條桌為中心，主位上是鼓手，面對鼓手左手邊敲打樂器者排成一列，右手邊嗩吶演奏者排成一列。客人被圍在中央，觀眾則在樂手的外圍。

舞臺表演：以舞臺為中心，正中央為鼓手，面對鼓手左邊是一列嗩吶吹奏者，右邊是一列敲打樂器者，觀眾處於第四邊，與表演者恰好圍成一個矩形。

宗教場所表演：表演者較少，只有板凳戲和舞臺表演的 1/4 左右。表演時，鼓手仍位於中心，嗩吶樂手以鼓手為中心圍成一個半圓形，敲打樂手夾雜在嗩吶樂手之間。

（四）松鶴嗩吶的曲牌曲調

透過對嗩吶藝人的採訪以及對相關資料的整理與收集，筆者統計出已知的老嗩吶曲調有 106 首，大致分類如下：

婚事嫁娶類：此類曲調主要用於新人結婚之時，代表曲目有《迎新調》《一杯酒》《小開門》等。

操辦喪事類：此類曲調主要用於有人去世之時，代表曲目有《啞子哭娘》《離別歌》等。需要指出的是，如果老人生前在所選墓址上立碑，立碑之時所吹的調應該是喜調。而如果是兒童或年輕人夭折，無論如何不能吹喜調。

喬遷上樑類：此類曲調主要用於家庭起蓋房屋、遷入新居之時，尤其是在給新房上樑時。代表曲目有《龍上天》等。

宗教節日類：此類曲調主要用於各種宗教儀式、民俗節日之時，代表曲目有《仙家樂》《擺隊》等。

其他類：除了上述幾類之外，還有用於歡迎客人的曲調、勞動曲調、大型活動曲調等，曲調風格各不相同。代表曲目有《大擺隊伍》《將軍令》等。

三 松鶴民族嗩吶中的彝族元素

在大理、洱源白族占主導地位的情況下，松鶴村的彝族保留了不少自己特殊的民族元素，並將之融入嗩吶文化之中。

首先，在表演的時間點上。在遵循白族文化表演時間點的基礎上，加入了自己的文化表演時間點。比如在彝族傳統的火把節、祭天的「十月年」和祭祖的「二月八」上，都有嗩吶表演；在開春的第一聲春雷響過之後，也要大吹一首《開春調》。

其次，在吹奏的曲調上。雖然說洱源縣的嗩吶曲牌曲調，白族、漢族、彝族三者很多都是相通的，但是在長期的生產生活實踐中，松鶴彝族村民也創作出很多自己的曲調，尤以大松甸的吹調《跳場》《擺隊》最為著名。

最後，也是最為重要的一點，即吹奏的表演者。人是文化的載體，同樣演奏者也是音樂的載體。整個松鶴村的嗩吶藝人有百餘人，占到整個洱源縣嗩吶藝人的一半左右。在洱源縣的所有村鎮中，松鶴村無疑是嗩吶文化保存得最完整的一個村子，許多其他地區已經失傳的曲調，松鶴村的嗩吶藝人們都還會吹。而且洱源縣認定的三個嗩吶傳承藝人都是松鶴村人，縣、市、州、省裡舉行什麼表演活動，必定邀請松鶴的嗩吶隊伍去表演。

四 松鶴民族嗩吶中的彝白身份衝突

對於洱源縣乃至大理州的嗩吶文化究竟是屬於白族還是其他民族的問題，主流的觀點是，洱源嗩吶是白族人民在長期歷史中保存並發展壯大的文化事項。松鶴村作為以白族為主的洱源縣下轄的彝族村落，對於以自己為主要表演者及傳承主體的洱源嗩吶持有不同的看法，其中存在著彝族和白族身份的衝突。下面，筆者將從松鶴村彝族知識分子以及嗩吶傳承藝人的視角，來簡要敘述、剖析這種身份衝突。

（一）彝族知識分子

彝族知識分子在一定程度上也即彝族的精英。松鶴村是一個文化教育相對比較落後的村子，普通村民在「嗩吶文化是彝是白」的問題上，基本上沒有看法或者隨大流。在這種情況下，知識分子的看法就顯得十分重要了。

筆者調查採訪中發現，在這個問題上彝族知識分子分成了兩派，一派認為嗩吶文化是屬於彝族的，其文化主體是彝族文化；另一派則認為嗩吶文化屬於外來文化，松鶴的嗩吶是從外面引入的。

持第一種觀點的人，主要立足於彝族嗩吶與漢族嗩吶在器物上的區別，與白族嗩吶在曲調曲牌上的區別。如果嗩吶文化的主體是外邊的白族文化或者漢族文化，外面的人應該會吹奏絕大多數的曲牌曲調，而實際的情況是，許多曲牌曲調只有本村的人才會吹，外面已經失傳了。這就說明嗩吶是松鶴村的先民傳下來的。

持第二種觀點的人，大多是在外邊打工或者上過大學的人，見識和視野比大多數村民要開闊許多。他們透過對比外面接觸的情況和本村的情況，認為嗩吶文化無論是器物，還是大多數曲調，都與外地相同，而且本村也自稱「白族嗩吶」「白族調」等，說明嗩吶文化的主體是白族，本村的嗩吶文化是從外面引入的。

（二）嗩吶傳承藝人

作為嗩吶文化中最重要的載體——嗩吶傳承藝人無疑是最應該受到重視的主體與環節，他們對這個問題的看法相對比較集中，也比較包容。他們普遍認為，村內的嗩吶文化就是彝族的，但站在更高的角度來看，宣傳成白族的嗩吶文化也沒有關係。

筆者透過調查瞭解到，參加縣、市、州、省裡組織的活動時，松鶴村的嗩吶藝人們穿的服裝都是白族的服裝，代表和宣傳的也都是白族文化。身為彝族的他們不僅沒有表現出有任何的不服氣，為了更好地宣傳和推廣嗩吶文化，他們甘願放下自己的民族身份，充分表現出彝族文化的包容性。

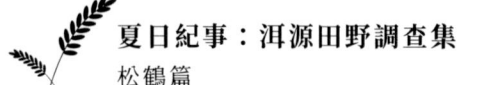

五　思考

　　族群認同是一套特定文化，同價值標準相結合。不同的環境會造就出不同的行為，文化邊界就是透過不同的行為而得以維持的。在生態性資源競爭中，族群透過強調特定的文化特徵，來限定自我族群的「邊界」，以排除他人。作為洱源縣相對弱小民族的彝族，需要透過一套與白族、漢族都不同的文化系統來構建自己的民族邊界，構建出「自我」與「他者」，而他們選中了自己最為擅長的嗩吶文化，一方面指出自己的嗩吶曲調與他人的不同，另一方面把嗩吶文化作為自己的民族特徵，作為區分自我與他者的標準。

　　但是要把漢族文化與白族文化的影響整個去除掉，也是不可能的，松鶴的彝族人也認識到了這一點。史書記載，嗩吶是明朝時期從中原地區傳入雲南的，現有資料也只能把松鶴嗩吶的歷史追溯到清朝時期。嗩吶文化本身，松鶴嗩吶的許多曲牌曲調，與白族是相同的。因此，松鶴彝人把概念換成了「松鶴民族嗩吶」。「松鶴民族嗩吶」這個概念沒有明確指出嗩吶文化屬於哪個具體的民族，一定程度上承認了嗩吶文化是各個民族文化相互交流融合的結果，其中不僅有傳入器具的漢族文化的影響，也有傳入大多數曲調的白族文化的影響，最後在整合的基礎上，再融入自己民族特色的彝族文化，才形成了今天的松鶴嗩吶文化。

六　結語

　　筆者認為，松鶴、洱源乃至整個大理的嗩吶文化並不是單屬於哪一個民族的文化專利，而是各個民族長期交流、交融的結果，其中又以白族、彝族、漢族的影響與貢獻最大。民族自產生的那一天起，就不是孤立的、獨自發展的。各個民族或多或少都會有經濟、政治以及文化上的交流，各個民族在交流中相互學習、借鑑，共同進步，才形成了世界民族大觀園中璀璨多樣的文化。在雲南大理這樣一片多民族雜居的土地上，這樣的民族交流在將來只會多不會少，各個民族應在交流中博采眾長、相互借鑑、共同發展，才是當今世界文化發展的主旋律。

「生存空間」視角下的松鶴嗩吶現狀研究

楊切

摘要：嗩吶作為松鶴村重要的傳統文化，曾經迅速發展，整個松鶴村會吹嗩吶的超過了百人。然而在如今，嗩吶卻面臨著發展困境。20世紀70年代以來的空間理論對當今世界產生了深遠的影響，空間理論擴展到自然社會科學各個領域。而福柯提出的生存與空間理論，為我們研究探索嗩吶的生存與發展提供了一個新的視角和切入點。

關鍵詞：嗩吶；生存空間

一 研究緣由及意義

首先，嗩吶作為松鶴村的重要文化事項來說，它已經有兩百年來的發展歷史了，期間湧現出一批優秀的嗩吶藝人，如毛厚銀、毛玉保、羅萬金等，他們作為德高望重的嗩吶藝人，培養了一大批徒弟，這些徒弟又將嗩吶繼續發揚光大。作為一個重要的傳統文化事項，嗩吶是松鶴村人精神與文化的紐帶，是歷史與現在的一脈相承。因此可以看出，嗩吶作為一種樂器，在發展過程不斷完善自身的曲牌技藝，也在不斷完善其歷史傳承體系和豐富其與外部社會聯繫。因此研究這種傳承與聯繫是極有意義的。

其次，社會經濟的迅猛發展，松鶴村也正經歷著一場變革。來自外界文化和經濟的衝擊，松鶴村的傳統生計方式、傳統文化尤其是嗩吶文化正在經歷著深刻的變化。這種變化體現在松鶴村和外界的交流之中，孕育在松鶴人的辛勤勞作與熱情好客之中。筆者這次來到松鶴村進行田野調查，幾乎每天都同松鶴村的人有著深入的交流，松鶴人的熱情為我們的田野調查提供不少幫助。尤其是嗩吶這個在當地極負盛名的代表性文化事項，他們給我們講了許多有關嗩吶的歷史、風俗習慣以及現實狀況。從嗩吶以前作為一個極有生存和地位象徵的意義，到人們僅作為一個謀生的工具，再到現在的搶救與傳承，作為一個優秀的傳統文化，人們都不願意看到它消失在歷史之中。然而要發展與傳承，就必須在一定的形式中進行，也就是要有它的生存空間。為

此，我們對嗩吶過去以及現在的生存空間進行了調查研究，思索嗩吶發展規律，以探索其未來的發展方向及模式，為保護和傳承嗩吶文化做一點貢獻。

最後，借助研究嗩吶文化的生存空間，進一步深化對專業知識和田野調查的認識和理解。民族學本就對於民族地區的文化關注得比較多，在民族文化研究中，最重要的就是「跨文化」研究。面對嗩吶文化體現出來的差異性，我們應該予以尊重和理解。比如，不同於漢族及其他民族的嗩吶，彝族的嗩吶只有七個孔，吹奏時要用手指的中間關節按住孔來發聲；嗩吶沒有譜子，徒弟學習嗩吶也只能透過聽和練習。此外，關於嗩吶是彝族的還是白族的，在大理州不管是官方還是民間都沒有統一的權威的說法。筆者也採訪過很多藝人，有人說是彝族的，因為現在有很多曲牌只有彝族人會吹，也有人說是白族的，因為彝族嗩吶是從白族那兒傳入的，大部分嗩吶的曲牌也是白族的，彝族自己不會寫曲牌等。不管哪一種觀點，對於訓練有素的田野調查者來說，都應當尊重當地人的觀點和風俗習慣，而不是將自己的觀點強加給別人。

二 研究方法

（一）深度開放式訪談

對於嗩吶的調查，我們組成了一個訪談小組，並列了一個詳細的訪問提綱。在訪談過程中，隨時都在判斷訪談是否圍繞嗩吶展開，扯遠時就將話題拉回來；在討論中，也注意到受訪者的思路和我們的不同之處，並設身處地地去理解其思路；同時還不斷追問關於嗩吶的一些知識，判斷受訪者的想法何時已經表達清楚，何時還需要進一步詳細說明，確保每一個閱讀筆記及訪談整理的人都能理解。

（二）查閱文獻資料

在實習之前，我們小組查閱了大量關於松鶴村的介紹資料，對松鶴村有了一個整體的瞭解，並初步確立了田野調查的方向。在實地調查的時候，除了訪談相關當事人，還對當地文獻資料中有關嗩吶文化的部分進行了摘抄和複印。確定研究對象之後，閱讀相關的書籍資料，深化自己對研究對象的理解。

（三）採用錄音攝像等記錄工具

我們幾乎對所有的受訪者都進行了攝像或者錄音。起初，我們小組採用攝像的方法，實踐中發現對受訪者進行攝像訪談並不可取，在攝像機鏡頭的壓力下，受訪者很難隨心所欲地談關於嗩吶的事情，導致收集訊息有限。後來就改用錄音的方式，受訪者在輕鬆隨意的狀態下，對於嗩吶提供的訊息也更豐富了。

表1　訪談對象情況

姓名	性別	民族	藝人身分	是否攝像	是否錄音
李家福	男	彝族	州級傳承人	是	是
毛六凡	男	彝族	州級傳承人	是	是
羅六芳	男	彝族	州級傳承人	是	是
羅代凡	男	彝族	精通嗩吶曲牌和打鼓	否	是
羅先雄	男	彝族	會吹嗩吶	否	是
羅學義	男	彝族	原村委書記：嗩吶文化傳習室負責人	否	是
毛德全	男	彝族	嗩吶大師毛厚銀的孫子，精通嗩吶	否	是
羅康福	男	彝族	現村支書，會吹嗩吶	否	是
毛佑林	男	彝族	新一代嗩吶藝人，會漢族嗩吶寫譜	否	是
羅連六	男	彝族	會吹嗩吶	否	是
毛正歧	男	彝族	會吹嗩吶	否	是

三　文獻綜述

20世紀60年代末，空間理論開始傳播開來。70年代以後，許多學者逐漸認識到空間並非一個非物質性概念，而是種種社會現象、政治現象、文化現象的化身，社會空間總是多維的。其中當代著名的馬克思主義學者米歇爾·福柯對空間問題的思考最為深刻。

福柯提出生存空間的理論，不僅是指某物生存的純自然的宇宙空間，更不是指絕對空的「空盒子」，而是與處於社會實踐和社會聯繫中的人有著密切的、深層次的、複雜的、實在的或虛擬的諸多聯繫中。換句話說，在當代

空間理論的語境中，空間與人有關，人不僅創造了空間，空間反過來又作用於人，成為人們生存、生活不可或缺的因素。福柯企圖以空間性思維重新建構歷史和社會生活，特別是闡釋知識、生存與空間的關聯，由此為我們反思嗩吶在現在社會中的存在形式提供了一個新的切入點。

嗩吶作為一種傳統的文化，也可說是一種藝術，其存在不僅僅是一種樂器或者一段曲子的客觀事實，更多的關注應該放在人們的社會聯繫之中，關注它留在人們心中的印象以及它的社會位置。嗩吶作為傳統藝術和文化的融合，無論是歷史的縱向傳承還是當今的橫向生存，都是在一定的社會聯繫之中進行的。這種聯繫包括嗩吶藝人之間、師傅與徒弟、會吹嗩吶的與不會吹的、村裡與村外的等。正是這種聯繫賦予了嗩吶得以生存發展的空間，而不是消失滅亡，我們可以把這種聯繫視為嗩吶的生存空間。從這個角度來看，嗩吶既有能夠讓它生存的空間，也有能令它窒息的空間。

四　田野點概述

本次田野實習基地選擇在大理白族自治州的松鶴村。松鶴村是洱源縣彝族聚居的山區行政村，位於茈碧湖鎮的西南部，西靠羅坪山，東距洱源縣城13公里，南與鳳羽鎮莊上村接壤，北和果勝村相連，下轄大松甸、溪登、石照三個自然村。全村面積62415畝，農戶782戶，人口3298人。素有「嗩吶之鄉」「梅子之鄉」「松茸之鄉」的美稱。這裡的人民熱愛生活，善於學習，因長期與附近的漢族、白族生活交融在一起，所以形成了自己鮮明的民族傳統文化，又吸收了漢族、白族的一些文化和習俗。尤其是松鶴村的嗩吶文化藝術，不僅保留了彝族嗩吶的曲牌，而且還吸收了漢族、白族嗩吶的曲牌，體現了民族文化開放性、包容性、創造性、大眾性的品質和多樣性的特徵。

五　松鶴嗩吶的「空間」現狀

（一）風俗習慣中的嗩吶

喜事，一般是結婚。在以前，松鶴村彝族女性是不允許嫁到其他村的，也就是嫁內不嫁外。而且，男方不僅不給女方父母彩禮，相反，女方家還會給男方家彩禮，除了一般的家具外，梅園是必不可少的。在結婚的前幾個月

就把新娘接到新郎家裡來住，這樣到結婚那天就不用去女方家接新娘了，新娘的父母也不會那麼傷心了。結婚的時候，首先是迎親隊去岳父岳母家接嫁妝。這個迎親隊有吹嗩吶的，有新郎（沒有新娘）及其家屬，還有一些幫忙的。到了岳父岳母家門口，嗩吶藝人首先吹《小開門》，吹三調（遍）之後，在一片歡呼聲中，岳父岳母開門迎接新郎。之後進堂屋拜見岳父岳母，也就是所謂的拜堂。拜見完岳父岳母后，幫忙的就幫著將岳父母買的家具等彩禮搬回新郎家裡。一路上少不了吹嗩吶、戲耍新郎等趣事。將家具搬回家後，就開始「買」家具，一些平時價值萬元人民幣以上的家具這時只賣一兩千元人民幣。賣完一兩件家具後，已經是中午十一二點了，就開始待客——請親朋好友和幫忙的人一起吃飯。下午三四點左右，新郎新娘就開始拜堂，拜堂要吹《一杯酒》三調，然後進入新房，之後就是鬧洞房。晚上，嗩吶藝人沒事就可以回去了，也標誌著結婚的儀式基本就結束了。一般辦喜事，嗩吶藝人只幫兩天忙。

　　白事，即指喪事。白事的調子是很講究的。80歲以上的長壽老人去世後，可以吹一些喜調，但是夭折的就不能吹喜調。一般來說，辦喪事的頭天晚上，嗩吶藝人就去幫忙了。先幫忙扎花（也叫懸白），懸白要吹嗩吶《離別調》。然後幫死者洗臉、擦身，之後就是殺雞，祭靈，鬧喪。鬧喪要唱「板凳戲」，可唱《大哭》《小哭》《陰陽板》《淨哭》。如果是80歲以上的老人，可唱《生腔》《旦腔》《醜腔》，但不可唱《淨腔》。到三四點鐘，也就是雞叫的時候，要吹嗩吶，調子是《啞子哭娘》，吹四五分鐘。民間傳說，三四點鐘是鬼出沒的時候，這個時候吹嗩吶鬼是聽得見的。雞叫後，鬼就離開了。雞叫的時候吹嗩吶，就是叫醒死者的靈魂，死者家屬都要哭幾聲，給死者以安慰。中午11點左右開始繞靈，繞靈要吹嗩吶《繞靈調》。吹嗩吶的站在第一排，死者的家屬站在第二排，第三排是死者的親朋好友。在嗩吶藝人的帶領下，繞著棺材正轉三圈，然後反轉三圈。12點之前要把棺材抬出去，也就是所謂的送喪。棺材抬出去後，在經過岔路口的時候，也要正三轉，反三轉，要吹嗩吶《過山調》，三喜調。一路上要吹著《過山調》走到墳地。下葬的時候，要將牌位——就是棺材前面貼的一張紙（之後，死者家屬要將這張紙帶回本祖廟進行祭拜，也就是回靈。）撕下來，還要燒掉死者的一些東西和扎花。

下葬時要吹嗩吶《過壇》，離開墳地時也可以吹這個曲子。到村之後，可以吹喜調《回靈調》。回到家中，用洞經音樂或嗩吶吹《一杯酒》安慰死者的在天之靈。到第三天，嗩吶藝人就可以回家了。因此，白事一般是幫忙三天。

立碑。立碑也是很講究的。有錢人家大多是提前立碑，立碑的一般都是60歲以上的老人。沒錢的人家一般在下葬十年八年後才重新立碑。如果夫妻二人中有一個人提前離世，也可以提前立碑。提前立碑要吹喜調。有些人不喜歡提前立碑，這個對他們有心理壓力。墓室一般是男左女右，碑上刻名字的位置也有規定，左邊對應刻的是男方的家屬，右邊對應刻的是女方的家屬。修墓室的錢也是男方出男方的，女方出女方的。

豎柱。在松鶴村，修房造屋有一個重要的環節，就是把房屋的頂梁給抬上去，通常也叫豎柱。豎柱這天是要吹嗩吶的，並且還要擺宴席招待親戚朋友。柱子是一根又粗又大的橫樑，抬梁一般需要4—8個人，抬梁的人都要站在房頂上，用繩子將橫樑拉上去。在放橫樑的時候，要吹嗩吶。房主家的兒子和兒媳婦共同舉著一塊大紅布站在樑下，用大紅布接住從房樑上拋下的四方形大饅頭，代表團團圓圓。之後，請村裡有威望的人站在房頂上往下丟硬幣和小饅頭，讓在場的人接。豎柱一般就一天的時間。

從松鶴村豐富的風俗習慣來看，嗩吶的生存方式也是多樣的。不管是在風俗儀式上還是宗教儀式上，嗩吶藝人出場的時間並不長，然而如果將吹嗩吶去掉，整個儀式就好像少了些什麼。因此，嗩吶在松鶴村具有不可替代的作用，只要是辦事，就少不了它。吹嗩吶可算大事，在一定程度上還是家世地位的象徵。無論是喜事、白事，還是豎柱、立碑等，都可以說是嗩吶的生存空間，是嗩吶展示自己價值的時候。一個地區的風俗習慣一經形成，就具有穩定性和地域性。在幾百年的發展中，松鶴村形成了自己獨特的、穩定的風俗習慣，也就意味著嗩吶跟松鶴村形成了不可分割的聯繫。從這一方面來看，嗩吶存在和發展的空間基礎是穩定的，長久的。

（二）戲曲中的嗩吶

松鶴村每年都會定期舉行許多節日，著名的有火把節和老人節。在節日中，戲曲是必不可少的。主要的戲曲有吹腔戲、板凳戲等。吹腔戲屬絃索聲

腔系統劇種，因其主要伴奏樂器是笛子、笙、嗩吶等吹奏樂器，故俗稱吹腔。板凳戲就是用吹腔戲的唱腔法，在舉辦喪事或喜事的晚上，在主人家的堂屋裡，擺上糖果、煙、酒，坐在板凳上邊吃邊唱的一種地方戲。唱詞可按戲本，但大多數是臨場發揮的祝詞，喪事則唱緬懷逝者的哀詞。豎柱時，在上樑後演唱，一表祝賀，二有壓土安居之意。

農夫之樂。在松鶴村，每年正月初一至初五都要唱吹腔戲過新年。期間，農事活動和其他活動都基本停止，村民們或互相串門，或去看戲。而去春臺看戲，茶水和午餐是組織唱戲的人免費提供的。戲場上還有賣小百貨的、小吃的，全村老小穿紅著綠，非常熱鬧。到了晚上，則舉行聯吹晚會。除組織唱戲的人外，放假的學生、回家過年的務工人員及其他社會人員等，都積極報名參加演出，全村人都全身心地投入看戲和演出當中，整個村子都沉浸在一片歡樂、祥和、喜慶的氛圍中。

從戲曲方面來看，松鶴村的嗩吶仍然有立足的空間。因為每年定期舉行的節日慶典，必然少不了戲曲表演，而這些表演是少不了嗩吶的。然而隨著時代的變遷，村民生計方式的變化，戲曲和嗩吶在未來是否還有足夠的生存空間，就另當別論了。

（三）洞經會上的嗩吶

在松鶴村，有兩個宗教場所，一個是本祖廟，一個是觀音廟，兩個廟宇的主要信仰和習俗也存在一定的差別。本祖廟裡是可以吃葷的，廟會的規模較觀音廟要小，主持儀式的和吹嗩吶的主要是較為保守且有一定威望的人，比如三位州級嗩吶傳承人都參加這裡的廟會。觀音廟裡只能吃素，主持儀式的和吹嗩吶的主要是一些較為前衛的或者是一些資歷較淺的人。兩個廟宇的存在也代表了當地文化多元並存、包容並蓄的特點。然而在儀式程序和音樂的使用方面，兩者並沒有太大的差別。廟會開始時，首先是吹《起堂調》《迎親調》和《過堂調》，之後是誦經。誦經持續時間最久，誦經時用大樂和細樂伴奏。洞經會中，包含嗩吶的樂曲叫「大樂」，不包含嗩吶的樂曲叫「細樂」。大樂的樂曲一般包括嗩吶、鼓、長號等，細樂的樂曲則包括二胡、三弦、

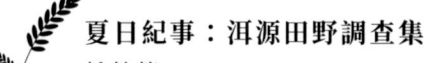

笛子、小鑔、钹等。誦經完畢後，吹嗩吶的《將軍令》《大擺隊伍》等曲牌來收場。

以前，松鶴村的洞經會很活躍，嗩吶在其中扮演著重要的角色。由於經濟社會的發展，科學技術以及思想的進步，一些傳統的宗教信仰正在慢慢消失，像松鶴村這樣經常舉行宗教儀式的地區也越來越少了。即便在松鶴村，本祖廟和觀音廟也深受現代化的影響和衝擊，主要表現在儀式、服飾、祭品等方面。教育和科技的普及、人們對宗教信仰的虔誠程度以及對村莊的熱愛等都成為影響洞經音樂持續下去的重要因素。可以說，由於作為嗩吶生存場所之一的洞經會正面臨著危機，嗩吶的生存空間也不可避免地受到影響。

（四）生計方式中的嗩吶

在松鶴村，嗩吶曾經是一部分村民的謀生手段。過去，松鶴村許多窮苦人家的孩子，為了討一口飯吃，就去拜師學嗩吶。那時候拜師只需請師傅和師兄們吃一頓飯，吃飯時，自己的父母要給師傅敬酒，表示以後就把孩子交給師傅管教了。因此，在徒弟的眼裡和心裡，師傅比父母「大」，因為師傅是自己的衣食父母。師傅去世了，徒弟要戴孝，所謂「一日為師，終身為父」就是這個道理。徒弟學嗩吶往往是在師傅家裡學的，跟師傅一家同吃同住同勞動。有人請師傅辦事的時候，徒弟就跟著一起去。在自己村子裡幫忙辦事是不收禮金的，只需要請一頓飯，有時也會給煙。去外面的村子幫忙，就要收禮金了。去縣、州、市、省裡表演，一天有100元人民幣的報酬。去幫忙辦事，禮金數字都會帶個6或者8，代表「六六大順」或者「就要發（八）財」。比如喜事，三天兩人（吹嗩吶的）會給660元人民幣，三天四人（吹嗩吶的）會給1260元人民幣，也有760元人民幣的。現在的嗩吶藝人並不像從前那樣以吹嗩吶為生，只是有空有需要就幫幫忙。透過對三位州級嗩吶傳承藝人的調查，筆者發現他們每個人的收入也是不一樣的，有的每年收入萬元人民幣以上，有的四五千，有的兩三千。還有一些會吹嗩吶的人都紛紛外出打工，不再以吹嗩吶為生了。

過去，嗩吶作為松鶴村民重要的一種生計方式，從業的藝人很多，發展勢頭很強勁，然而隨著生計方式的變遷、社會經濟的發展，單靠吹嗩吶並不

能維持生計，越來越多的村民或選擇從事其他行業，或外出務工，而如今仍從事吹嗩吶的主要是上了年紀的人、由於種種原因無法外出務工的人，嗩吶生存的土壤空間也越來越小。

（五）非物質文化遺產保護下的嗩吶

「土風計劃」——嗩吶傳習館。為了保護嗩吶文化，松鶴村加入了人雲南省組織的「土風計劃」，投資建立了嗩吶傳習所，由原村支書羅學義擔任主任。傳習所由陳列室、會議室、傳習室以及訓練場地構成。傳習所收集整理了嗩吶曲調，並刻錄成光盤，同時還製作了簡譜，編撰了《嗩吶名人錄》。每到農閒的時候，傳習所都會定期組織排練，向學員傳授嗩吶技藝，最多的時候一個月四五次。傳授嗩吶的師傅主要是三位州級傳承人，每次培訓會給師傅20元人民幣的補助。傳習所的模式改變了以往拜師學藝的模式，只要願意學，隨時都可以到傳習所學習，並且還可以得到補助。傳習所的經費主要是從「土風計劃」以及其他方面申請而來的。此外，傳習所還具有上傳下達的功能，州、縣、市、省裡有需要的時候，就會組織學員去表演，人數10—100人不等，去表演的藝人每天會得到100元人民幣的報酬，還管吃住。傳習所的存在，在一定程度上緩解了嗩吶所面臨的生存困境，促進了嗩吶文化的傳承。

教育方面。松鶴村正推行著一項計劃，即在五年級的學生課程中加入學習嗩吶的課程。之所以選擇10歲以上的孩子，是因為吹嗩吶需要一定的肺活量，10歲以下孩子的肺活量還達不到要求。據羅書記介紹，為瞭解決樂器的問題，他們聯繫了外縣的一家鐵匠，預計給孩子們打造300來支嗩吶樂器，讓他們在週末和節假日的時候進行學習，既可以約束學生，不讓他們到處亂跑，還可以讓他們學到一項新的技能，同時將嗩吶這個傳統文化傳承下去。

政府和社會各界給嗩吶開拓的新的生存發展空間，雖然並不能從根本上解決嗩吶面臨的生存困境，但是對於嗩吶文化的傳承和保護來說，還是大有裨益的。

六　總結

透過這次的田野調查，筆者從生存空間的角度看到了嗩吶生存和發展的危機和希望。在風俗習慣、節日慶典、宗教信仰等的共同推動下，嗩吶目前還有一定的生存發展空間，而宗教禮儀、洞經音樂等在現代化的衝擊下日漸式微，勢必會擠壓乃至吞噬嗩吶的生存空間，嗩吶未來的發展前景令人擔憂。幸運的是，在「土風計劃」、政府教育部門和文化部門的大力扶持之下，嗩吶實現了由主動到被動、由自發到自覺、由民族到大眾的生存轉型，然而其具體效果如何，還拭目以待。

參考文獻

（一）專著

[美]瑪格麗特·勒孔特著，康敏、李榮榮譯：《民族志方法要義：觀察、訪談與調查問卷》，重慶大學出版社，2012。

（二）學位論文

候斌英：《空間問題與文化批評——當代西方馬克思主義空間理論與文化批評》，博士學位論文，四川大學，2007。

寧鵬飛：《福柯空間理論及空間美學研究》，碩士學位論文，西北民族大學，2011。

「掀起你的蓋頭來」——松鶴彝族婚俗研究

樂美

摘要：婚俗文化是民族共同體在長時間的歷史發展中形成的習俗和觀念的積澱，是文化在儀式過程中的重要體現。研究婚俗的文化內涵，能夠從中窺探民族的信仰觀念、宗親制度與社會互動。松鶴村位於大理白族自治州洱源縣苴碧湖鎮，是一個傳統彝族村落，臘羅支系的彝族文化在這裡一代代傳承延續下來，尤其是其婚俗文化獨具特色。本文以松鶴村作為實地調查點，重點闡述婚俗的儀式過程與文化內涵。從松鶴村彝族的婚禮儀式入手，解讀

儀式過程中的主要習俗與其象徵意義。透過比較鬆鶴村婚俗與傳統彝族婚俗的異同，總結出三個代別的通婚圈在當代所呈現的特點，並分析其原因。

關鍵詞：松鶴彝族；婚俗；通婚圈

一 松鶴彝族婚俗的儀式與過程

傳統的正式婚禮由男方舉辦（特殊婚姻形式除外），分三天舉行，松鶴彝族人將這三天分別稱為「成大」「正喜」「正臺」。

（一）成大：進行準備工作

新郎將關係親密的好友請來，選擇其中兩人作為第二天的伴郎。幫忙的好友除了要佈置新房，在男女雙方家門口貼上喜聯，還要去山上砍四棵松樹，男女家門口各栽兩棵，松樹上掛滿紙花，象徵辦喜事。

早晨殺一頭豬，將豬頭割下，把豬頸部割下後套在豬頭上，兩個鼻孔中各插一朵花，擺在主屋的客廳，有祭祀祖先的意義。與豬頭同時擺放的還有橘子、蘋果、香蕉、饅頭各一盤（之後都是給媒人的）。

男女雙方分別在自己家中宴請各自的親戚，晚上八九點時，在男方家主屋中唱「板凳戲」（吹吹腔）、吹嗩吶。唱完板凳戲可以跳舞、喝酒、聊天。

（二）正喜：正式辦宴席

早上八九點鐘，女方在自己家化妝。男方和伴郎去接媒人，伴郎身上披男方買的毛毯。把之前供奉的東西（豬頭、水果等）、兩壺酒、紅糖、兩捆細粉，事先買好的衣服以及毛毯（男方買給媒人，女方買給媒人的配偶，給媒人的毛毯要比給伴郎的大。）送過去。之後再接「大媒頭」——新郎父親的姐妹（如果新郎的父親是入贅的話，則請新郎母親的姐妹），送普通豬頭。如果沒有，可以略過此過程。在接媒人和媒頭的過程中，由伴郎給媒人和媒頭奉茶，新郎則雙手拿一藍色布條在門口跪拜。

最後接新娘，由於男女雙方在訂婚後已經同居，所以有的是去女方家接嫁妝和親戚，有的也會像徵性地接一遍新娘。新郎將準備好的彩禮（大約幾千元人民幣）給女方的父母和爺爺奶奶，表示孝心。女方會準備錢、電器、

櫃子等嫁妝。男方要將女方嫁妝中的櫃子「買」過來，女方家得到的錢給女方的弟弟。因為弟弟是女方家中以後的男主人，以前如果夫家對新娘不好，她的弟弟就會把她帶回家。作為嫁妝的木櫃子不能用車拉，要由伴郎輪著抬過來。女方家的弟弟、妹妹或背一小隻雞或拿一束花，標明價格。由男方逐個買下，就像給孩子紅包一樣。

下午五六點，拜堂正式開始。操辦婚事的司儀拿一沓紙錢、麵糊的小餅、一對香等主持婚禮。新郎新娘祭拜的順序是首先拜祖先，拜天地；其次拜灶君、灶王爺；再次拜媒人、母舅（母親的哥哥或弟弟，一般是母親家當家的）和媒頭，最後是拜雙方的父母。此外，新娘要向新郎跪拜，再和新郎一起接受下一輩小孩子的跪拜。

（三）正臺：拜祭本主與各路神靈

早上 8 點多鐘，新郎新娘和幾個朋友拿著活雞，請上會摺紙錢的老人，去本主廟祭拜供奉的神靈。

進入本主廟後，新郎新娘和幾個朋友跪拜在本主像前，會摺紙的老人唸經祈求。祭拜完畢後，在本主廟進門處把雞殺了，與臘肉放在一個盆子裡，供奉在本主像前。在廟門口燃放鞭炮，放完鞭炮後，新郎新娘要給廟裡的功德箱捐錢。之後伴郎伴娘將自己佩戴的花拆了，把新娘頭上的花和裝飾物也拆了，在本主廟內焚燒，新娘新郎佩戴的胸花則可以帶回家留作紀念。

二 文化互動語境下的松鶴彝族婚俗

文化互動是指不同文化之間的接觸、衝突與融合，是不同文化之間的平等對話和相互吸收。在互動的過程中，二者的文化特質都會有所改變，始終處於平等交流的位置。松鶴村由於地理位置的特殊性，既受附近生活的漢族、白族的文化影響，又保留了彝族臘羅支系的部分傳統文化，其婚俗呈現出文化互動語境下的多元性特點。

（一）傳統的彝族婚俗

1. 婚禮天數

如前文所述，松鶴彝族的婚禮需要舉行三天，巍山彝族的婚禮同樣需要三天的過程，分別為「相幫天、正客天、酬席天」。[80] 二者每天需要完成的工作則大致相同。

2. 嫁妝中的木櫃子

松鶴村彝族嫁女兒時要將一個木櫃子陪嫁給女兒，櫃中四角壓上從河裡撿來的石頭（意味著乾淨），櫃中裝滿五穀雜糧（意味著過生活）。據當地老奶奶說，這一習俗與當地維護婆媳關係的一個傳說有關。巍山彝族婦女的嫁妝中有一對木櫃子，木櫃中要裝入紅糖、乾果、大米和錢。與松鶴彝族不同的是，巍山彝族對於櫃子的選擇更為講究，必須有新娘的舅舅家幫忙準備。

3. 拜堂過程中男方手中的藍布條

男方在拜堂過程中，始終手拿一塊折疊好的藍布條。問其原因，則回答說是很早以前傳下來的習俗。巍山彝族的婚禮中，也出現了這塊藍布條，所不同的是，這塊布條被新郎擋在嘴前，意為「遮羞」。

4. 殺豬祭祖

松鶴彝族人每逢辦大事，如立碑、蓋新房、結婚等，都要殺豬。婚禮的第一天，要將殺好的豬擺在堂屋，意為供奉祖先，第二天將豬頭贈予媒人。巍山彝族的婚禮中，也有祭三牲的儀式，要用豬頭、羊頭、雞頭祭拜祖先。這種豬頭祭祖的習俗不僅臘羅支系有，尼蘇支系的花腰人也會用此方法拜祭祖先，涼山彝族不僅會用豬頭祭拜祖先，還會用豬肝等內臟來進行占卜。[81]

使用松樹，殺雞拜神等，都是彝族傳統的婚俗，但涼山彝族實行嚴格的等級內婚、家支外婚，而松鶴彝族則沒有這種傳統。

（二）婚俗中的白族習俗與其他習俗

1. 宴席中的「八大碗」

「八大碗」的菜色最初為滿族所有，白族也有「土八碗」的菜色。松鶴村彝族在舉辦婚禮時也有吃「八大碗」或是「十二大碗」的傳統，但沒有固定的菜色和做法。這一習俗只是借用滿族菜色的名字，來表示飯食的珍貴美味。

2. 紅色婚服

松鶴彝族新娘的婚服一般為紅色，婚服上還會別上一面鏡子。巍山彝族新娘則穿紅布料的上衣和綠布料的褲子。由此可見，松鶴村彝族對婚服的選擇，一方面選取了製作婚服的傳統紅色布料，另一方面結合了「銅鏡闢邪」的漢族傳統做法。值得一提的是，如今的新人還會特地去影樓拍攝婚紗照，並懸掛在新房中。

3. 信仰觀念

巍山彝族在婚禮的第三天，會舉辦退喜神活動，還會請畢摩來做法事。按照松鶴村彝族婚禮的流程，第三天要去本主廟祭拜。本主廟內供奉的除了白族本主外，還有其他神靈，如土地、灶王爺、觀音等。此外，松鶴村不但沒有畢摩的存在，也沒有哭嫁這一傳統的彝族婚俗。

（三）分析與總結

文化互動的起點是不同民族間的文化接觸，結果則表現為兩個方向，一是不同文化相互衝突、碰撞，一種文化戰勝另一種文化；二是不同文化間相互借鑑、吸收，融合成一種多元特質的文化。[82] 松鶴彝族在與白族文化、漢族文化、現代文化互動的過程中，產生一種新的婚俗文化。

松鶴村產生獨特的婚俗文化，首先是因為其地理位置的複雜性。松鶴彝族人世代與白族、漢族、回族居住在同一區域，互相有經濟、通婚往來，其文化必然會受影響。在 20 世紀以後，由於經濟、政治、教育的原因，交流愈發頻繁。經濟林果業發展後，村裡常有來收購梅子的白族人，這些外來的

白族人也會成為村子裡重大儀式，如婚禮的參與者與幫忙者；青年人外出打工人數增多，一方面使得村子裡的外來文化因素逐漸增多，另一方面也導致了村裡人與外來人口的通婚數量增多，外來通婚對象對婚禮的不同需求也導致了婚禮形式的變化。

除了地理、經濟、政治等自然因素與社會因素的影響外，松鶴村村民的自我選擇與傳承也促成了多元婚俗文化的最終形成。如嫁妝中家用電器的比重越來越大，陪嫁的木櫃子也是買來的，而不是手工製作的，這些變化都反映了人們經濟觀念的改變。

傳統婚俗文化深刻地內在於人們的觀念、心理之中，從而被自覺或不自覺地遵循。[83] 同時，社會發展、文化互動也使得其他民族的文化因素與現代因素融入婚俗中，使得傳統婚俗的某些程序與細節內容發生改變。總體來說，松鶴彝族婚俗在早期形成的過程中，由於地域的原因，受白族影響較大；在傳承的過程中，受經濟性因素和社會性因素的影響，某些程序和細節也發生了變化，體現出既符合地方傳統文化，又與現代價值相符合的特點。

三　當代松鶴彝族的通婚圈

通婚圈是描述擇偶規律和結構的重要指標，表示某一社會群體成員婚配對象的來源範圍。從地域角度而言，指在特定時段內，某一研究對象（一個家族、村落、族群等），在其通婚的地理半徑內，與其餘各宗姓通婚；從社會等級角度而言，指把自己的擇偶範圍限定在一定的階層、種族、宗教和教育之內。[84] 松鶴村彝族在社會發展過程中，通婚圈也發生了一些變化，其中有兩個關鍵節點，一個節點是 1978 年改革開放後，婚姻自由，不再受包辦婚姻的影響，另一個節點是 21 世紀開始，村內青年大量外出務工。這種變化以通婚圈的擴大為特徵，但由於長居山區的地理條件，這種變化與其他村莊相比並不明顯。

根據兩個時間節點，筆者將調查涉及的案例大致分成三個代別，第一個代別在 1978 年之前結婚，第二代 1978—2000 年結婚，第三代 2000 年之後結婚，其婚姻情況如表 1 所示：

表1　松鶴彝族通婚情況

代別	姓名	性別	嫁娶類別	配偶所在地	族別	通婚地域	備註
1	羅連六	男	娶妻	本村	彝族	本村內結親	村內自由戀愛
1	羅陸全	男	入贅	本村	彝族	本村內結親	村內自由戀愛
1	廟中的老奶奶	女	嫁夫	本村	彝族	本村內結親	包辦婚姻
1	羅貴農	男	娶妻	本村	彝族	本村內結親	自由戀愛
2	毛春慶	女	招贅	本村	彝族	本村內結親	村內自由戀愛
2	鄭松	男	入贅	本村	漢族	省外結親	外出自由戀愛
2	毛佑林	男	娶妻	昭通	漢族	省內結親	打工認識
2	羅連六二女兒	女	嫁夫	昆明	漢族	本村內結親	外出上學認識
2	毛慶凡	男	娶妻	本村	彝族	本村內結親	不知
3	羅麗雄	男	娶妻	本村	彝族	本村內結親	打工時戀愛
3	毛杰元	男	娶妻	本村	彝族	本村內結親	打工時戀愛
3	羅某某	女	外嫁	洱源縣	漢族	本現結親	工作時認識
3	毛雙庭	男	單過日子	本村	彝族	本村內結親	村內自由戀愛
3	羅雙月	女	外嫁	重慶	漢族	省外結親	不知

由表1可知，第一類別的家庭的通婚地域都在本村，沒有外村甚至外縣市的，且由於村內彝族的集中，與其他彝族地區相距較遠，通婚對象都是本村內的彝族；還有一對包辦婚姻的存在。第二類別的家庭開始出現與外村、昆明市甚至其他省市人的通婚，民族也不僅僅侷限於彝族，有漢族及其他民族。深入探究原因，婚姻中的男女雙方多為外出求學和打工時相識的。由於筆者只在本村範圍內進行調查，所以只能關注到上門入贅或者嫁入本村的其他地區或其他民族的人，無法關注外嫁到其他地區的人。第三類別的家庭與外地區和外民族通婚的例數與第二類別的家庭相比並沒有明顯的增加，這類家庭中的男女雙方都在40歲以下，父母健在且有勞動能力。由於外出務工的較多，村中留下的典型案例較少，所以，此代別的大致情況多為與其他人交流所得。

縱觀松鶴彝族人的婚姻情況，當代通婚圈主要侷限在本村與本民族的範圍，與其他地區、其他民族通婚的案例雖然增多，但不占主流，地區集中在

西南地區，民族集中在漢族、白族、佤族幾個民族。其通婚圈逐步擴大的趨勢，一方面與國家改革開放、經濟發展的大趨勢是分不開的，另一方面也與村內青年外流導致的村外婚配現象的出現以及新的婚戀觀念的進入有關。

1950年《中華人民共和國婚姻法》頒布，正式提出了「婚姻自由、一夫一妻」的概念。但松鶴村所在山區海拔高、交通不方便，村民與外界接觸有限，所以婚戀觀依舊傳統，存在包辦婚姻的情況，這個時期，村民的通婚圈僅僅侷限於和村內本支系的彝族通婚，婚姻並不自由。1978年，村內開始進行經濟改革，發展經濟林果業與松茸種植。尤其是1990年後，村內公路修通，與外界的經濟聯繫增多，一些從事經濟活動的年輕人率先與外村的對象戀愛並結婚。隨著高等教育的普及，成績優異的學子進入縣裡、市裡讀高中、本科，之後或留在外面成家立業，或者帶著在村外結識的對象回村內結婚。2000年後，外出打工的青年人比率增大，加上經濟林果業和松茸種植業已成規模和大眾傳媒的發展，村民的生活和思想觀念均發生了很大的變化，除了與外村外族通婚的案例逐漸增加之外，還出現了女性外嫁、男性去外地做上門女婿、夫妻倆在縣城過日子的案例。但村內本族通婚仍占據主流，許多外出務工的年輕人仍選擇回村中擇偶生子。本村人結婚後，能實現親屬集團的擴大化和現有生存資源的加強與鞏固，而且村裡人比較滿足門當戶對的要求，照顧雙方父母都很方便。

四 結語

松鶴村彝族的婚俗文化代代傳承，體現出強烈的本民族特色。從空間維度來看，受白族和漢族文化的影響較大，從最初就表現出與其他彝族不一樣的文化特徵。從時間維度來看，代際之間的變化不明顯，雖然由於經濟和社會的發展增添了新的元素，但傳統的婚俗模式仍舊占據主流，內在的家族觀念仍舊是根深蒂固的。由於較封閉的地理位置和沒有受到現代化的過多影響，松鶴村仍舊可以作為在白族與漢族的多元文化背景下生存的彝族臘羅支系的典型。只是在全球化的大背景下，少數民族地區的文化逐漸表現出趨同性，若干年後再看松鶴村的彝族婚俗，不知會有怎樣的變化。

參考文獻

期刊

傅朝文：《武定彝族婚俗》，《今日民族》2013 年第 9 期。

李寧寧、高韶晗：《論中國人的家族觀念》，《安陽師範學院學報》2014 年第 3 期。

梁演鍇：《情滿巍山：雲南大理巍山東山彝族婚俗見聞》，《中國攝影家》2010 年第 2 期。

普梅笑：《花腰人傳統婚俗》，《今日民族》2015 年第 5 期。

唐利平：《人類學和社會學視野下的通婚圈研究》，《開放時代》2005 年第 2 期。

汪璆：《田野工作的體認與思考——以雲南松鶴村嗩吶的現狀調查為例》，《藝術研究》2014 年第 1 期。

楊金全：《彝族婚俗「啊咩取」》，《雲南農業》2005 年第 7 期。

張會葉：《撒米落彝族婚俗儀式及文化特徵》，《畢節學院學報》2014 年第 12 期。

張興蓮：《現代文明建設視角下的彝族婚俗》，《文化學刊》2015 年第 3 期。

趙建平：《彝族婚俗中的信仰觀念》，《大眾文藝》2010 年總第 21 期。

周賢潤：《通婚圈研究綜述——以社會學、人類學學科為視野的討論》，《法制與社會》2009 年總第 25 期。

朱炳祥、余園：《通婚圈與民族社會的變遷——楚雄南華摩哈苴彝族村和大理周城白族村的調查與分析》，《雲南民族大學學報（哲學社會科學版）》2012 年第 3 期。

「不對等的交換」——松鶴彝族嫁妝彩禮的流動探究

陳嘉欣

摘要：婚姻家庭是人類社會生活的一種重要方式，婚姻作為聯結人們、擴大社會網絡的重要途徑，始終是人類學研究的熱點問題。並且，隨著時代

的推移，婚姻家庭也會隨之改變。反之，透過婚姻家庭的演變我們也可以觀察、瞭解到社會的變遷，或者一個區域背後的深層社會文化。其中嫁妝彩禮作為婚俗文化中必不可少的一部分內容，也是研究婚姻家庭的重要切入點，其所反映的社會現象和文化內涵同樣也是不容忽視的。本文以深度訪談為主要研究方法，對松鶴彝族嫁妝彩禮的時代差異、空間差異以及其交換的形式、最終的流向等方面進行梳理，進而探究嫁妝彩禮相差懸殊的原因，並反映其背後的特殊親屬關係，以及可能存在的社會觀念、文化意向等許多方面的問題。

關鍵詞：婚禮；嫁妝彩禮；梅園

一　緒論

（一）研究背景

不可否認，婚姻家庭是人類社會生活的一種重要方式，與社會發展有著密不可分的聯繫。社會的發展影響著婚姻家庭的形式，同時透過婚姻家庭的演變我們也可以觀察、瞭解到社會的變遷，或者一個區域背後的深層社會文化。在不同時期、不同地域，婚姻家庭的表現形式也各有特色。並且，婚姻作為聯結兩個家庭的重要方式，其中牽涉著社會關係網絡、社會交換模式、親屬製度等眾多內容。另外，關於人類婚姻家庭與親屬製度的探究也始終是人類學研究中的重要內容。

另外，各地區、各民族關於嫁妝彩禮等婚俗上的文化不盡相同，其中嫁妝彩禮作為婚俗文化中必不可少的一部分，也是研究婚姻家庭的重要切入點，其所反映的社會現象和文化內涵同樣也是不容忽視的。而田野調查點洱源縣松鶴村的嫁妝遠超過彩禮的現象及其背後的原因、所反映的社會事實等，都是值得探究的地方。

（二）研究目的與意義

1. 研究目的

不同時代、不同地區之間關於婚俗的文化各不相同。筆者選擇關注松鶴村的婚俗文化，尤其是嫁妝彩禮，目的在於：第一，梳理當地嫁妝彩禮在時代上的差異，並且瞭解嫁妝彩禮在代際之間傳遞的具體情況。第二，將嫁妝彩禮的交換置於婚禮的過程中，並進而延伸到婚禮流程所涉及的其他交換。第三，歸納嫁妝彩禮等物品交換的最終流向。第四，分析造成此類社會現象的原因，並總結在此交換過程中所體現的特殊親屬製度。第五，闡釋梅園作為嫁妝所涉及的一系列問題。

2. 研究意義

雲南省大理市洱源縣茈碧湖鎮松鶴村是坐落於白族自治州的一個彝族村落。少數民族地區的婚姻家庭研究本來就是人類學家研究的熱點，因此描述松鶴村中獨具特色的彝族婚嫁儀式，並從中提煉出特殊的內容以及探究其中的深層文化意義等具有一定的價值。

此外，從文化交流的角度看，松鶴村身處白族聚居之地，是否在其婚姻家庭中受到白族、漢族等人數較多民族的影響、受到影響的具體表現、與傳統彝族地區的婚姻家庭形式的不同等，也都是值得瞭解的方面，而松鶴村的嫁妝彩禮的特殊之處及其背後的原因，尤其值得我們進一步進行探究。

最後，對於松鶴村獨特的婚嫁習俗的梳理及探究，也具有一定程度上的民族志價值。

（三）田野概況

1. 基本情況

松鶴村的地理位置：松鶴村位於茈碧湖鎮西南部，西靠羅坪山，東距洱源縣城13公里，南與鳳羽鎮莊上村接壤，北與果勝村相連。下轄大松甸、溪登、石照壁三個自然村。全村國土面積62415畝，農戶782戶，人口3298人。在人口總數中：因婚遷入漢族13人，白族11人，佤族1人，其餘均為彝族。

松鶴村的自然地理情況：大松甸自然村位於山區，海拔 2000 米左右，受地理條件的限制，交通十分不便。為了發展經濟、教育等，村民們用了 4 年的時間將村裡的路修好，既拉近了山區與壩區之間的距離，也為村子經濟的發展奠定了基礎。

2. 選點理由

松鶴村的婚姻家庭狀況：透過走訪村支書羅書記瞭解到，族際或者村外通婚的比例在村中不到 10%，其餘都是村內通婚，並且雙方都是彝族，入贅的現象也是比較多的。因為村子裡一般結婚年齡為 20 歲左右，和法定結婚年齡還有一點距離，因此，在當地帶著孩子舉辦婚禮或者生了孩子還沒有領證的現象十分普遍。村子舉行婚禮的時間一般為農曆的十月、十一月、臘月、正月，因為這段時間可以避開農忙，較為閒暇。

關於本村的彩禮，一般是禮節性的，由最開始的沒有彩禮，演變到幾百元錢，再發展到今天的幾千元錢。相反，女方則會帶去很多的嫁妝。單從彩禮和嫁妝的價值上看，雙方是不平等的。這種現象也存在於相鄰的兩個村子——石照壁和溪登。這種嫁妝與彩禮相差懸殊，尤其是嫁妝多於彩禮的現象正是筆者感興趣的地方。

二 文獻綜述

閻雲翔曾在《禮物的流動》一書中這樣解釋「人情倫理」：一是禮尚往來，收到禮後必回禮；二是送禮者在禮物份量的選擇上不該打破既有的社會地位，透過與主人血緣遠近來決定禮物的種類和份量。社會網絡、人情關係就在禮物的流動中構建起來。[85]

嫁妝彩禮，是親家之間為了建立長久的婚姻關係而採取的交換關係中的一部分，對於嫁妝和彩禮的研究成果，刁統菊曾進行過專門總結：繼承說、福利說、勞動價值說、競爭說、家庭意圖說、財產轉移說。

第一種是繼承說，透過對歐洲社會進行考察而得出，認為嫁妝是在父母死亡之前的一種財產繼承形式。在中國傳統社會中，通常女兒不可以繼承父母的不動產，而繼承動產一般就透過嫁妝來實現。第二種是福利說，即，嫁

妝的多少可能會關係到新娘在新家庭的生活幸福程度。第三種是勞動價值說，認為婚姻償付與男女雙方在生產性勞動中所創造的價值有關，而由於男女兩性在同一社會中所創造的勞動價值的差異，產生了社會類型與婚姻償付制度的對應。古德從婚姻與婦女在經濟和生產中的地位之間的關係出發，提出了「生計經濟地位」決定論。該理論認為婦女在生計經濟中的貢獻大小是影響支付嫁妝或聘禮的決定性因素。[86] 第四種是競爭說，認為嫁妝是女人之間的競爭，而聘禮是男人為了女人而進行的競爭。第五種是家庭意圖說，即婚姻貿易經常被解釋為新娘的父母與新郎之間所作的安排，將此作為一種手段和機制，試圖保持或者增加他們的資源，強調婚姻所具有的一些社會功能。第六種是財產轉移說，古迪認為聘禮和嫁妝都涉及結婚時財產的轉移，是一種財產再分配的方法。[87]

三　松鶴彝族婚俗中的儀式與禮物交換

（一）松鶴彝族婚俗中的禮物交換

表1　松鶴彝族婚俗中的禮物交換情況

	女方父母	男方父母	媒人	新人	雙方親戚
所出	訂婚：從單的酒席；給新郎的衣服 結婚：前一天辦酒席（可有可無）；嫁妝（家用電器、家具）、錢（幾萬）、地（田地和梅園）；拜堂時給新人的錢； 回門：簡單的招待	訂婚：媒人的晚飯；給新娘及其親戚的衣服、糖果等； 結婚：前一天招待賓客（一方或者兩方）；第二天接媒人的豬頭、衣服、毛毯等物品等接媒頭的的豬頭、衣服等；接新娘的叫門錢（幾萬）；買嫁妝的錢（幾百或者幾千）；宴請賓客的酒席；拜堂時給新人的錢；結婚時出的房子或者重新裝修的錢	給新人的衣服；拜堂時給新人的錢	無	當天來吃飯時帶的五斤米及禮錢
收入	「叫門錢」（可有可無）；女方弟弟：賣嫁妝的錢	禮錢	新衣服、豬頭等；宴請	拜堂錢；嫁妝；嫁妝錢	宴請

特殊情況的變動包括以下幾種：

1. 從村外迎娶新娘

從村外迎娶新娘，要視兩人的具體情況而定。若舉辦婚禮，則與村子正常的流程一致，嫁入村裡一般不會有太多嫁妝。

2. 嫁到村外

由於是嫁給村外的人，一般會根據男方那邊的習俗來確定婚禮細節，在嫁妝、彩禮方面也會產生一些變化。並且受個人觀念的影響，嫁妝彩禮方面的差異可能會很大。村民羅陸全女兒的男朋友是外地人，當被問及為女兒準備的嫁妝時，他表示：如果女兒嫁到村外面的話，不但不會給梅園和嫁妝，還會反過來要彩禮錢，而且彩禮錢還不會太少，「畢竟我們這裡是山區又是彝村，不要就顯得姑娘不行」。

3. 男方上門入贅或女方招進女婿

男方選擇入贅，主要是因為家中有兩個或以上的男孩，家中的房子一般都會留給最小的兒子，而大兒子則出去做上門女婿。女方招女婿，則是由於家中沒有男孩，大女兒就會選擇招入女婿。入贅時，女方不需要有嫁妝，相反，男方則會帶過去相當於嫁妝的物品，但酒席則由女方家辦，但媒人還是要由男方來找。

4. 族際通婚

迎娶村外媳婦或嫁到村外的，一般都是與其他民族通婚，與漢族通婚的較多，與非漢族通婚的較少。由於符合條件的人均外出務工了，所以筆者沒有調查到多少資料。

（二）特殊的嫁妝——梅園

20世紀80年代，實施家庭聯產承包責任制後，村民可以自主分配所持有的土地；再者近30年來，松鶴村大力發展梅子產業，梅園成為松鶴人的又一份產業。

以前在松鶴村，女兒是不能夠繼承家中的不動產的，梅子產業興起之後，將梅園作為女兒的嫁妝卻成為松鶴村的新風俗，且作為嫁妝的梅園最後都由

其丈夫管理。之所以會出現這一現象，與其通婚圈的影響密不可分。在過去，松鶴村的婚姻形式大多為村內本族通婚，近些年隨著外出務工人員的增多，與村外人結婚的情況逐漸增多，但村內通婚仍然占據主流。並且，如果女兒嫁到村外，便不會給她梅園作嫁妝了。

從表面來看，以土地或者梅園作為嫁妝對於女方家而言是財富的外流，但是跳出兩家人的框架看，土地或者梅園還是村子的財產，只是在村子內進行了流動。因此，以土地或者梅園作為嫁妝的行為並不會對整個村子的財產造成損失。而且在以前，男方在農忙的時候去女方家幫忙是一種「義務」，現在則變為相互幫助。透過締結婚姻，女方家也算是得到了額外的勞動力。

四　嫁妝彩禮的時代對比

（一）嫁妝的種類

自己製作或購買的櫃子，裡面除了裝有一些生活用品外，還要放上從大河裡撿來的干淨石子。除此之外，還有雙份的被子行李、家用電器等。如果是村內通婚，還會有一些田地或梅園，因家庭經濟狀況的不同，少則幾棵梅子樹，多則一畝田地或者一個梅園。

（二）嫁妝彩禮的時代差異

實施家庭聯產承包責任制以前，嫁妝比較簡單，一般包括兩個櫃子和一些被褥行李等。如今的嫁妝則要豐富得多。首先，櫃子中除了裝有玉米、石頭外，還會有糯米、柴火等更多的生活必需品。其次，分田到戶的政策實施後，出現了給出嫁的女兒一塊田地作為嫁妝的做法。梅子產業發展起來後，將梅園作為嫁妝又成為當地的一大特色。再次，隨著時代的發展，嫁妝中出現了電視、太陽能、飲水機、沙發等許多現代化的家用電器和家具。最後，貨幣化趨勢明顯。由於村中的年輕人多出去務工，收入大大增加，越來越多的人選擇將錢作為嫁妝的一部分。

五　嫁妝彩禮相差懸殊的原因

（一）觀念

因為當地講究「買牛買馬不買人」，所以男方家不會給女方家彩禮，女方家也不會要求有彩禮，因此，並沒有商定嫁妝彩禮的環節。筆者在調查中發現，若是女兒嫁到村外，雖然外面可能有給比較重的彩禮的習俗，但是大部分人仍會拒絕要彩禮，因為在這部分人的觀念裡，收了彩禮就好像是把女兒賣掉了一樣。

但是，經濟條件好的人家會在結婚時象徵性地給女方家「撫養女兒」的費用，即結婚當天的「叫門錢」，但是不會很多，一般不會超過 5000 元。

雖然男方家不會要求嫁妝的多少，但由於嫁妝的多少也會影響到女方嫁過去之後在夫家的地位，女方父母出於對女兒的心意在家庭情況允許的條件下會給得比較多。筆者在調查過程中發現，村民在嫁妝方面存在著相互攀比的情況，因為給女兒嫁妝的多少在一定程度上反映出娘家的經濟實力、地位等。

（二）自然原因

松鶴村地處山區，位於海拔 2512 米的羅坪山麓，[88] 過去由於道路不通，交通十分不便，與外界聯繫較少，經濟較不發達，且本身的土地資源有限，娶進一個女子對於男方家庭來說是一種負擔，出現嫁妝高的現象也是不難理解的。

（三）歷史原因

由於男女生理性別上的差異，導致男性的體能要強於女性，在以體力勞動為主的小農經濟時代，男性創造的價值就要高於女性。不同的社會分工、私有制的產生使得女性在社會中處於劣勢地位。[89] 因此，重男輕女的思想就產生了。雖然本村到達適婚年齡的男女比例大多數情況下都是男比女高，但是仍不需要彩禮，相反還要出很高的嫁妝。筆者在調查過程中瞭解到，在過去村中女性的地位確實不高，而且由於嫁妝比彩禮多出很多，所以一般人家

不願意生女孩。如今隨著男女平等觀念的普及，梅果經濟和雕梅產業的發展，重男輕女的現像現在已經有所緩解。

（四）嫁妝的最終流向

一般而言，男方父母只會收取記在「禮簿」上的親朋好友給的禮錢，而新娘帶過來的嫁妝則歸小兩口所有，用於兩人婚後的生活。女方父母出於對女兒的關心，在嫁妝方面也不會吝惜。

六 結論與討論

在松鶴村的彝族文化中，婚禮是一項十分重要的內容。人們透過締結婚姻來擴大自己的社交網絡，也透過婚禮過程中的禮物交換來進行人情的互動。透過對婚俗文化中嫁妝彩禮的交換、婚禮過程中的物品的最終流向等的探究，筆者總結出造成嫁妝高這一社會現象的原因。尤其需要指出的是，單就嫁妝彩禮的交換過程來看，女方家的付出要多些，但就長遠來看，男方家要承辦酒席、準備婚房、男方還要承擔女方家的勞動等，體現在嫁妝彩禮上的差距也最終都會在其他場合以其他方式彌補回來。

此外，在嫁妝的交換過程中所體現出來的特殊親屬的地位，也反映出當地一些社會文化內涵。以從傳統延續至今的櫃子為例，它不僅是不可缺少的嫁妝，也具有特殊的文化意義。在進行「買賣嫁妝」這一環節時，男方家所出的買櫃子的錢最後是交給新娘的親弟弟的，如果新娘家中沒有男孩，則給她的妹妹。總之，這個錢是要交給新娘家未來的「主人」的。這個新娘家未來的主人，通常也是新人將來的孩子的舅舅。這一環節就說明了舅舅在本村的重要地位。同樣，還有一個環節可以體現舅舅的重要位置，就是拜堂時的拜長輩和親戚的儀式中，首先要拜的是母舅，即新郎新娘的舅舅。因此在婚禮的過程中，也反映了當地特殊的社會文化。

七 反思

雖然相比於本科階段的其他社會實踐的時間來說，此次調查時間已經比較長，但是相對於標準的田野調查時間——一年來說，本次調查還不夠全面、

深入。且由於正值農忙時節，整個調查期間村內沒有過舉辦婚禮，筆者也就無緣目睹松鶴村彝族婚禮的整個過程，只能透過訪談、影像等方式去間接瞭解，因此，調查的內容還有待完善，分析的深度也有待提高。同時，在與其他周邊村落或民族的對比方面，也沒有進行深入的探索。在禮物所呈現出的社會功能、社會網絡的構建方面也沒有過多展開。綜上所述，圍繞嫁妝與彩禮還有很多問題有待筆者今後進一步探究。

課堂基本教育——以洱源縣松鶴中心完小為例

朗杰曲珍

摘要：本文以洱源縣松鶴中心完小的課堂教育為研究對象，首先，介紹了學校的背景、教師及學生成分、教學計劃等。其次，介紹了課堂教育的教學模式、課堂教學任務落實的有效性、課堂教學中出現的問題以及產生這些問題的根源、對本民族傳統文化的教育情況等。在課堂教學的過程中，常常要處理來自家長、學生、教師、當地文化氛圍等多方面的問題，課堂教學的有效性研究成為每一位教師必須認真對待的現實問題。而只有實行教育改革，重視雙語教育與傳統文化教育，才能改變農村基礎教育的現狀，擺脫農村基礎教育的困境，使農村基礎教育更好地為農村建設服務。

關鍵詞：課堂教育；教師；學生；現狀；有效性

一 緒論

（一）研究背景

松鶴村隸屬於洱源縣茈碧湖鎮，全村人口的 99.6% 為彝族，有「嗩吶之鄉」「梅子之鄉」之稱。村內經濟以種植業、外出務工服務業為主。由於村中的許多年輕人都外出務工，留守老人和留守兒童的現象十分普遍，對於教育產生了一定的負面影響。

目前，中國農村薄弱學校小學的課堂教學普遍面臨著教育經費短缺的問題，一方面，導致這些農村地區薄弱學校辦學條件差，據統計，在貧困農村地區，校舍的危房率竟高達 10%。另一方面，造成教師待遇普遍不高，教師

隊伍不穩定，嚴重影響了農村地區的教育水平和教學質量。而洱源縣松鶴中心完小位於山區，相比於壩區，教育方面更需要進一步提高。

（二）研究目的與意義

1. 研究目的

發展農村教育，是提高農村勞動力素質的有效途徑，是促進傳統農業向現代農業轉變的助推器，是從根本上解決農村問題的關鍵一環。隨著素質教育的實施，教育觀念、教育內容、教學方法和手段互不適應的矛盾日益突出，而解決這一問題的途徑是抓好課堂教育，不斷提高辦學水平和教育質量。本文透過分析農村及山區基礎教育所存在的問題，以及造成這些問題的原因，指出應當利用現有的教學資源摸索出一條適應地方實際的教育教學模式，有效推動山區教育的發展，使之跟上時代發展的步伐。

2. 研究意義

分析位於山區的農村小學課堂教學現狀，探尋農村小學課堂教學的影響因素，為農村教育的發展建言獻策，實現城鄉教育的均衡發展。課堂教學是學生學會學習和學會創造的最重要的途徑，構建高效課堂的實踐研究，有利於提高學生的學習能力，提高教學質量，使學生適應未來社會的發展。因此，課堂教學的有效性研究有助於改變農村基礎教育的現狀，使農村地區薄弱學校擺脫困境，使農村基礎教育更好地為農村建設服務。

（三）研究方法

主要運用人類學的田野調查法，包括深度訪談、參與觀察、分發問卷等，對洱源縣松鶴村的教育環境進行了瞭解，對教師、學校領導、學生以及當地的一些家庭進行了走訪，蒐集了近幾年來當地老師的基本資料、學生成績單、家庭訊息資料等。需要指出的是，由於10歲以下的學生的認知水平還有待提高，本次調查的主要訪談對像是四到六年級的學生。

（四）田野點概述

1. 基本情況

松鶴村位於洱源縣茈碧湖鎮西邊，距茈碧湖鎮政府所在地13公里，信仰本土宗教和佛教。現有農戶691戶，人口3051人，當地大部分人初中畢業，上高中的很少，且進入高中的多為女生，男生大多初中畢業後外出務工，男女比例失調。

洱源縣松鶴中心小學位於洱源城西，距洱源縣城15公里，學校創於清末，1992年遷入現址，國家投資加群眾集資，學校發生了日新月異的變化。學校占地面積6386平方米，校舍建築面積991平方米，包括教學樓、教學輔助用房、教師宿舍等，呈「三坊一照壁」的建築佈局。現有6個教學班、124名學生、11位專任教師，11位專任教師都是一級教師。下設溪登完小和石照壁小學兩個教學點。

2. 選點理由

此次調查以松鶴村為主要田野點，一是考慮到它的地理位置。松鶴村位於山村，與鄰近的壩區相比，在地理上有很大的差別。二是考慮到師生的特殊情況。教師隊伍中，當地教師占少數，大部分教師都是從縣裡臨時來支教兩年，支教期滿後就會離開，許多學生都是留守兒童。三是考慮到當地的文化氛圍。當地實行的是雙語教育，有著嗩吶等傳統文化，而學校與當地政府對傳統文化都較為重視。因此，筆者對於當地文化在課堂上的學習情況也進行了調查。2004年，在村委會和村民小組的大力支持下，學校購置了一個占地近3畝的果品加工廠，並以承包的方式向外發包，每年創收的利潤主要用於購置教學設施和設備，救助貧困學生和單親學生。此外，果品廠為學生提供了一個實踐鍛鍊的平臺，學生利用假期深入工廠，參與勞動，既得到報酬，又瞭解了交易行情。

二 文獻綜述

基礎教育在促進社會主義現代化建設中具有全局性、基礎性和先導性作用。近年來，儘管我農村基礎教育取得了許多令人矚目的成就，有了較大的

發展，但發展極不平衡，農村學校的人才培養質量仍然偏低，邊遠山區和少數民族地區因為自然條件差、交通不便、訊息閉塞、經濟文化落後的原因，基礎教育還非常落後，存在著許多問題。首先，缺乏先進的教學設備，導致教學手段單一。國家對基礎教育的改革不管從深度和廣度上都對教育教學提出了新的要求，山區的教師受限於教學條件，只能採用講授法、問題法等傳統的教育手段，新的教學方法在這裡得不到實現。其次，制度不完善，導致教育失衡。教育行政部門考核機制不科學，教師的人力資源分佈不均衡，教師隊伍不能健康穩定發展。現代學校教育不僅要關注學生的知識學習、智力的發展，而且還要時時關注他們沒有成熟的內心世界，促進學生德、智、體、美、勞全面發展。然而，偏遠山區農村中學教育條件差、教育觀念落後，學校對待學生的成績「一絲不苟」，「管」學生的思想「避重就輕」。

三　松鶴村小學教育模式及整體的氛圍

經過調查發現，松鶴村小學教育的最大特點是教學模式陳舊，教學方法單調。

目前，當地小學更重視的是教師的經驗和資歷，課堂的教學目標和課時目標不明確或不能夠有效完成。社會、家庭、學校教育沒有緊密結合，導致學校教育壓力過大。教師隊伍不穩定，流動頻繁，導致在職老師工作缺乏主觀能動性。教學方法上，多以傳統的教學方法為主，缺乏創新，現代化教學手段的應用較少，極大阻礙了學生學習的積極性。

下面，是筆者對一位在職教師的訪談。

問：平時的課程安排如何？

答：學校的語文課一週安排六節。五六年級還有書法課。學生們大都喜歡文藝。由於預習複習工作不到位，一年級學生教好幾遍，都學不會漢字，整體漢語水平很差。對於音樂、體育、美術方面的教師沒有專業、單一的，這種在鄉村是很缺失的，只能靠上級政策來幫助。

當筆者問及洱源縣的整個教育現狀時，代理縣長這樣回答：

答：整體對教育的關心不夠，從縣政府來說，只是停留在口頭上，沒有落到實處；對教育的投入嚴重不足；對學校和教師隊伍的管理不到位。當然，我們也在做著力所能及的改變，學生也有收看中央電視臺播出的《開學第一課》等節目，在努力規範學生的行為，正在進一步加強師資隊伍建設，完善教學方法和技能。

四 課堂教學的有效性及課堂改革

教師隊伍的建設，在整個教育環節中至關重要，師資力量的好壞，直接關係到學校的教育質量。在當地，支教教師大多以職稱為目的，對於教學和管理學生沒有做到盡心盡力，再加上更替和流動頻繁，對當地的教育產生了巨大的影響。當地希望能夠建立一支年富力強、有責任心和事業心的教師隊伍，但因種種原因無法實現。本地老師由於與家長互相熟悉，家長一方面說應對子女嚴格一些，但是實際中又會責怪老師，因此老師左右為難。學生中有很多的留守兒童，由於家庭教育的缺乏，普遍缺乏學習的自覺性和刻苦學習的精神，對學習信心不足，從而產生消極畏難的不良情緒，課堂有效性很難保證。

下面，是筆者與教務主任就課堂教學的有效性和課堂改革進行的討論。

問：課堂教學的有效性能得到保證嗎？對於教學改革有沒有進行過？

答：學校一共有11個老師，本地2個，外地9個。在課堂上，學生提出問題，老師會儘量解決，學生的不良習慣等也會及時得到糾正，但回到家後，由於有許多留守兒童，他們的爺爺奶奶對於學習方面沒有太多關注，所以沒有監督，學生的自控能力又差，對於佈置的作業往往只是隨便應付，沒有質量，課堂教學的有效性很難保證。對於課堂的改革也是進行過的，以前教師把整個課堂都霸占了，講40分鐘也是很累的，現在會把10多分鐘的時間留給學生，教師對於學生進行觀察，看看對於課程的掌握程度。從一種教學模式換成另一種新的教學模式，對已養成學習習慣的學生來說，是不容易接受的。

五　雙語教育及傳統文化的結合

在許多少數民族地區，除了本民族語言的學習，還有漢語的學習，松鶴村除了努力推進雙語教學，在課堂上還加入對於傳統文化的學習。而當地老師對於雙語教育與傳統文化教育的理解是這樣的。

問：當地的雙語教育進行得怎樣？如何實施傳統文化教育？

答：在小學，雙語教育是從一二年級開始的，一半彝語，一半漢語。五六年級

時，全用漢語講。在漢語方面，和白族地區相比，學習起來比較吃力，還沒有找到適合本村的方法。在傳統文化教育方面，對於雕梅這項傳統工藝，因無形中受到家庭的影響，學校的女生基本會雕，有些五六年級的孩子比父母還要雕得好。學生最喜歡在舞臺上跳舞，所以我們用星期一、二的時間，班主任空出主課時間訓練他們在舞臺上跳一次。我們也認為在課堂基本教育的範圍外，這也是一種很好的讓他們學習傳統文化的方式。

▌教師的流動與被限的權威——雲南大理洱源縣松鶴村教師的研究

穆耶賽爾·吾買爾

摘要：鄉村教師自我本性的彰顯在於他的「鄉村意蘊」，在於他與鄉村社會水乳交融的和諧與相互影響。與傳統鄉村教師相比，現代鄉村教師無論是從他們的成長和培養，還是在現實的教育和職業的發展中都面臨著與鄉村社會互相交流的趨勢，這使得當下的鄉村教師在自我堅守的過程中處境艱難。對於雲南省大理市洱源縣松鶴村完小的教師群體進行研究，主要是出於對當地環境下教師與當地學生以及家長之間的關係的關注。筆者分別從退休教師、在任教師、本地外村教師以及民辦教師的角度，探討了松鶴教師的權威被挑釁及他們的流動性帶來的問題，以及他們在流動中對自己作為教師的價值觀的認識。

關鍵詞：松鶴；教師；權威；流動性

一　緒論

（一）研究背景

　　松鶴村位於雲南省大理白族自治州洱源縣茈碧湖鎮的西南部，西靠羅坪山，東距洱源縣城 13 公里，南與鳳羽鎮莊上村接壤，北與果勝村相連。海拔在 2100 米到 2800 米之間，而村委會駐地海拔 2512 米。松鶴村人民的文化藝術生活不僅吸收了外來文化的精華，且增強了愛惜自己民族優良傳統文化的意識，從而充分體現出多元性、包容性的特徵，像傳統的「吹吹腔」戲、嗩吶、洞經音樂、婚喪嫁娶等都極具本民族特色。

　　位於大松甸村委會對面的「完小」是本村唯一的小學，在校學生人數不多，教師總共 11 名，兩名本地老師，校長何銀漢在大松甸工作已十年，主任何雙映是一名支教幹部教師，支教期限到 2016 年 9 月，支教時間為兩年；其餘 7 名老師也都是支教老師，但是支教時間只有一年。

（二）研究的目的與意義

1. 研究目的

　　現如今中國對城鄉教育的均衡發展十分重視，尤其對於農村來說，教師對農村孩子學習知識、健康成長有著不可忽視的作用。但農村教師隊伍中，本地教師的教學技能不高，教學方法陳舊，而支教教師雖然能力遠遠高於本地教師，但是支教時間較短，缺乏施展自己才能的空間，使得家長挑戰教師權威、學生不理解老師、不服管的情況屢屢出現。筆者對松鶴村教師群體的研究立足於發現問題、找出根源、提供建議三個目的，這三個目的貫穿於筆者研究的整個過程，成為擬定調查提綱的重要線索。

2. 研究意義

　　首先，筆者對大松甸教師群體的研究主要集中在退休教師和在任教師。筆者將從在任教師的權威在村莊中是否被挑戰以及被挑戰的原因是什麼兩個方面來思考松鶴村教育的發展模式。其次，分析了支教教師一年流動一次的情況對松鶴村教育的影響，以及學生家長和本地教師對此的態度，並提出有效的建議。

3. 研究方法

此次研究主要運用了人類學的調查方法，具體形式為參與觀察和深度訪談。筆者進入學校，對在任教師的教學活動及與學生的互動進行了深入、全面的觀察和記錄，蒐集了學校及教師的相關情況。參與觀察可以有效彌補深度訪談過程中的不足，更豐富、立體地展現松鶴村教師群體的狀態。

深度訪談是此次研究的主要調查手段。考慮到五年級以下的在校學生對於漢字的認知度並不高，很難獨自有效地完成調查問卷，因此，本次調查對象沒有包含五年級以下的學生，教師群體、學生家長、學校負責人等則是本次調查的重點對象。針對每一天的訪談，筆者都事先擬定了訪談提綱，訪談工作結束後，認真整合訪談資料。

二　對松鶴村教師的概述

（一）本地教師

本地教師包括本地外村教師、本地轉行教師和本地在任教師。義務教育作為整個國民教育體系的基礎，對國家教育質量的全面提高和國民綜合素質的整體發展具有基礎性作用。目前，人們已經把義務教育關注的焦點從入學機會公平轉移到教育質量公平上。制約義務教育質量公平的因素有很多，但其中最重要的是城鄉之間教師資源配置的不均衡。如何促進義務教育階段城鄉之間師資的均衡配置，已經成為當前教育的熱點問題之一。

以下是筆者與一位本地轉行教師的對話。

問：您好，聽說您以前也是一位老師，可以給我們講講您轉行的原因嗎？

答：我 2004 年畢業於雲南玉溪師範學院，7 月就參加了工作，擔任數學老師兼班主任（高中教師），後來覺得教師工資較少，不夠養家餬口，所以 2014 年 8 月辭職創業，在村裡開了一家粗加工廠（鮮梅加工）。

問：那您孩子現在在村小學嗎？

答：孩子還在幼兒園，但將來會讓孩子去縣城就讀。

問：您是出於什麼原因要送孩子去縣城就讀呢？

答：小學教學質量差，這是最主要的……我曾經也是一個老師對吧，我對它也長期關注。這個小學，這兩年它稍微改進了一點點，十年前你們無法想像，那種成績沒法跟你們說出來，老師的素質也很差。

問：您覺得為什麼老師的素質會差？

答：這個地方是山區，以前哪個教師得罪了領導，才會被派到山上，那種情緒化、那種風氣你無法想像。現在的話，則以支教的形式，你要晉級，你要初級、中級、高級，你必須來這個地方兩年（主任等領導級幹部兩年，普通教師一年）。

問：那您讀書時是怎樣一個狀態？

答：我讀小學的時候，學校在整個茈碧湖鎮拿過好幾次第一。

問：為什麼差別會這麼大呢？

答：因為當時教我們的老師都是本地人，比較有責任心。

問：您覺得現在的老師缺乏責任心嗎？

答：現在的支教老師不像自願來這兒支教的大學生那麼有責任心，他本身不是發自內心地想來這兒，只是想透過這樣一個渠道來晉級……像壩區那邊，四年級就會寫一篇作文，但是這邊四年級還不行。這是很直接的表現，反正城裡和這裡的教育那就是天壤之別。

綜上所述，教育均衡發展是義務教育改革和發展的主旋律，落實教育均衡發展戰略，義務教育教師流動是一項重要舉措。因此，對義務教育教師流動狀況調查研究，總結義務教育教師流動狀況及其特點，可以為政府和教育行政部門制定義務教育教師流動制度和政策提供理論支撐和實踐參考。

（二）退休教師

鄉村教師在時代困境中的一言一行，體現了他們對社會巨變的理解和應對，依然可以對研究當代鄉村教師的心理與行為有所助益，也必將對鄉教

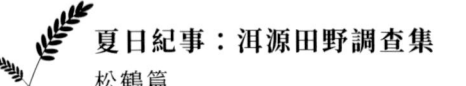

育乃至整個教育事業有積極貢獻。民國鄉村教師的生活已漸為歷史的塵埃所覆蓋，被當作既往陳跡放置於民族記憶的邊緣，但該群體蘊藏的精神財富和教育價值，依然值得我們挖掘。所以，研究民國鄉村教師的生活有其必要性、緊迫性和可能性。一方面，可以加深對鄉村教師群體的理解；另一方面，可以為當代鄉村教師發展提供精神力量；再者，可以為研究者提供歷史的鏡鑒。因此，筆者採訪了村中兩位退休多年的老教師，和他們交談有一種跨世紀的感覺，可以從一個側面瞭解那個時代知識分子的精神風貌。

以下是筆者與其中一位民國教師的訪談記錄：

問：您好，您貴庚啊？

答：我虛歲 72，我出生的時候是民國時期。

問：您是哪一年入的學呀？

答：我是 1948 年入學，當時七八歲的樣子嘛。1949 年，我們國家已經在天安門宣布國家解放了，但是我們這個地方還是亂得一塌糊塗，我們這兒的土豪劣紳勢力很大，和地下游擊隊還在打仗，學校就停辦了。直到我們這裡解放後，我才正式入了學。我們就入學了 3 個月，那個時候讀詩書。

問：老師是哪裡的老師呀？

答：老師是從下面那個壩子裡請上來的，結果呢，他就在參加地下活動的時候，被當地土司發現了，土司就捉拿他，在逃跑時就給打死了。然後這個學校就停掉了。開國大典時，我只會寫自己的名字。再後來，我記不清了是 1951 年還是 1952 年，我就讀了一年級。

問：那在這之前的學校呢？

答：我們這個地方的教育呢，在清朝的時候，都是私塾。民國時期也是私塾。我們這個村子也就是明末清初搬來的，從哪裡來的我也不知道。直到清朝末年，村民才集資辦了一個私塾，私塾先生是從壩區請上山的。

問：當時給私塾先生的待遇怎麼樣？是村裡付錢，還是怎麼弄的？

答：給錢，還給他們砍柴。從前上學就要送錢、送香油。

問：那您讀書那會兒是怎麼解決老師的工資的？

答：1951年，我就開始讀書了。那個時候是國家派老師來，國家給他們大米作為工資，當校長的100斤大米，當教師的80斤，要是他們需要錢，就拿去賣掉。

問：聽說您當年擔任了三所小學的校長，可以講一下您的經歷嗎？

答：我五年級是去縣城裡讀的，我那個時候品學兼優，就保學了，洱源縣就4個班、50來人。1958年以後，我就去溪登讀初中。1958年、1959年、1960年是我們國家最艱苦的三年，我們洱源縣21個人考上高中，其他人就回家了。當時要過家庭、經濟、年齡關，我們家經濟關過不了，1961年我就回家了。

問：回來後是直接參加工作的嗎？

答：回來後，先在洱源縣當生產營會計，3年後就到了洱源縣的農工部。1965年搞四清，我又到了大理州。在那兒干了幾年，「文化大革命」開始了。後來，我就去負責教育部。1967年，我就回到牛街。再後來，我們這個地方缺老師，我就回到本村了。

問：那您當校長是這段時間嗎？

答：對，其實我是當了石照壁的老師。到了1985年後，把我叫到教辦，我不去，我家裡有娃娃，我父親有病。所以我就不去，讓我當教辦會計。1997年就退休了。

問：您覺得本村當時與現在的教育狀態區別大嗎？

答：區別大，當時我們比較艱苦，但很有耐心，我們本地人當時都是以校為家，民辦教師公辦教師都有寢室，晚上老師必須寫課件。

問：您說區別大，是指哪些方面？

答：我就說說教育三環節吧：一、備好課，二、講好課，三、批好作業，這三個環節做好，教學質量就上去了。做不好，教學就搞不上去。現在來講，

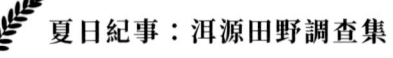

社會上各個條件都好，工資好，條件好，但是現在的老師缺乏耐心，他們確實是沒有我們那時候有耐心。

問：您當時在治校上的方法是怎樣的？

答：我們的方法就是，要批改好作業，及時表揚。小學教育必須抓好，起步不好，後來就不會穩。

問：您覺得應加大本地教師的師資力量嗎？

答：本地人教本地人，就要對得起本地人。教育是良心事業，態度要端正，要好好培養我們本地人。我們以前比較落後，現在國家支持我們，所以我們本地人要爭氣點。所以本地老師力量要加大，思想要進步。不進步，本地人也不行，人還是要踏實才行。

問：您在職時工資大概是多少？

答：當時民辦教師，國家每個月 13 塊，農村 10 快，還有糧食。我們那時 7.5 塊，民辦有 100 多個。不是給個人，而是集體使用。一九八幾年也就幾十，退休前 600 多。現在每個月 2900 到 3000 多，不過也夠了。

綜上所述，農村教師出現的浮躁、沒有責任心等問題，並不是這個時代才存在的。老人的講述中透出這樣一種精神狀態：無論是哪個時代，最重要的就是堅守自己的原則。既然身為教師，那就要踏踏實實教書育人。

這也啟示我們，外在的暴力行為與因循守舊並不是好的辦法，為人師者更不能消極忍耐、被動等待，反倒是要堅定信念與立場，並在自我批判中克服外在影響和內心困擾，堅信自身專業知識與能力的重要性。首先，克服個人追求中的「物化」傾向，確立高尚、道德的生活方式；其次，打破自我定位中的「固化」現象，樹立積極、自信的時代形象；再次，關懷他者並悅納自我，完成自我救贖。

（三）外地教師

外地教師來松鶴村基本是因為特崗，「特崗計劃」是透過中央和地方財政支持，公開招聘高校畢業生到「兩基」攻堅縣縣以下農村義務教育階段學

校任教。這是一個頗具匠心的政策設計，為農村地區義務教育發展補充了大量師資，緩解了大學生就業壓力，並取得了顯著的社會效益。基於此，應該延伸「特崗計劃」實施範圍、招聘對象、招聘形式、招聘層次，以及延長期限、形成長效機制，充分發揮政策效用，加快農村義務教育教師隊伍建設，促進教育公平。

松鶴村的外地教師有 9 人，其中何校長已在松鶴完小工作十餘年，教導主任是支教的幹部教師，2016 年回到縣城。而其他 7 位老師是普通教師，支教為期一年。外地教師作為農村教育的中堅力量，可以在很大程度上提高農村的教學質量。

但是，如今學校越來越難管理，教學質量提不上去，還走下坡路。外地教師面臨的問題，首先是要適應新環境，其次是要在新的學生及其家長中建立個人權威。期間，他們會遇到很多問題，比如對犯了錯誤的學生進行教育，學生回去告狀，家長找學校的麻煩等。

對於外地老師的權威是否被挑釁這一問題，筆者採訪了校長以及幾個本地老師，他們均認為外地教師只在這裡待一年，一年後他們就會離開，所以他們並不害怕得罪本地勢力，但是他們的確存在有鬆懈、缺乏責任心等問題，對教學工作抱著一種消極的心態，自然提升不了學校的教學質量。

（四）對於松鶴村完小教育改革的建議

基於松鶴村完小目前面臨的兩個最主要的問題——教師流動性和教師權威被挑戰，筆者認為想要提高教師的權威，必須要解決教師的流動性問題。只有當學生及其家長完全瞭解老師，明白老師的用心後，自然就會支持老師、愛戴老師。

三、結語

本文運用人類學的調查方法，對雲南大理洱源縣松鶴村完小教師的流動性以及教師權威遇到挑戰等問題進行了探索，得出以下結論：雖然教師流動是必需的，也是必然的，但是一定要合理流動，過於頻繁不僅會導致師資的浪費，也不利於當地教育的發展，因此，應該科學規劃，合理調整支教的時

間、距離，讓支教教師發揮自己的特長，讓學生學到更多的知識，從而促進教育的均衡發展。

參考文獻

（一）專著

夏征農：《辭海》，上海辭書出版社，2002。

（二）期刊

李尚衛、袁桂林：《中國農村教師教育制度反思》，《教師教育研究》2009年第2期。

李長吉：《論農村教師的地方性知識》，《教育研究》2012年第6期。

沙興新：《加強農村新老教師培訓力度，彌補培訓工作中的缺失環節》，《教育與教學研究》2010年第1期。

孫德芳、林正範：《農村教師的生存發展現狀及政策建議》，《教師教育研究》2014年第6期。

王守紀、楊兆山：《美國促進農村教師專業發展的策略及啟示》，《外國教育研究》2010年第4期。

魏紅梅、李化樹：《論新時期農村教師隊伍的建設和發展》，《高等農業教育》2008年第11期。

辛治洋、何二林：《論「特崗計劃」的制度創新》，《教育科學研究》2015年第5期。

袁冬梅、劉子蘭、劉建江：《農村教師社會保障的缺失與完善》，《教育與經濟》2007年第2期。

朱旭東：《論中國農村教師培訓系統的重建》，《教師教育研究》2011年第6期。

（三）學位論文

梁東奇：《農村教師隊伍現狀、原因與改善對策研究》，碩士學位論文，東北師範大學，2004。

劉敏：《新化縣農村教師流動狀況的調查與思考》，碩士學位論文，中南大學，2007。

馬蓉：《一位農村教師職業幸福感的敘事研究》，碩士學位論文，西南大學，2009。

秦磊：《農村教師培訓實效性評價體系研究》，碩士學位論文，東北師範大學，2012。

唐開福：《城鎮化進程中農村教師精神生活的田野考察》，碩士學位論文，華東師範大學，2014。

王獻玲：《中國民辦教師始末研究》，碩士學位論文，浙江大學，2005。

王瑩瑩：《中國農村教師生活史研究》，碩士學位論文，東北師範大學，2014。

袁小梅：《農村教師培訓需求分析》，碩士學位論文，西南大學，2008。

雲南大理松鶴村彝族留守兒童教育問題研究

阿拉法特·帕爾哈提

摘要：留守兒童是中國大規模人口流動過程中出現的一個特殊的社會群體，筆者透過調查發現，在松鶴村，留守兒童所造成的問題並非如其他地區那麼嚴重，而呈現出一種良性發展的狀態。希望透過調查，找出這個祥和的村莊為留守兒童的成長提供了哪些必要的支撐，以期為其他地區留守兒童問題的解決提供一些借鑑。

關鍵詞：松鶴村；留守兒童；農村教育

一　緒論

（一）選題緣由

留守兒童是中國大規模人口流動過程中出現的一個特殊的社會群體，主要是指因父母雙方或一方外出而被留在戶籍所在地，不能和父母雙方共同生活的未成年人。[90] 與其他國家相比，中國農村留守兒童具有一定的特殊性，

需要引起高度重視。[91] 目前，中國留守兒童的數量已近 2000 萬人，且存在增長之勢。隨著數量的增加，留守兒童的心理發展與教育問題開始引起社會的廣泛關注。

（二）文獻梳理

留守兒童，指父母雙方或一方流動到其他地區工作，留在戶籍所在地，不能和父母雙方共同生活在一起的兒童（阮積嵩，2006）。周福林和段成榮（2006）明確指出，嚴格定義留守兒童需要確定以下三個基本的要素：不在家父母的數量；父母不在家的時間長短；兒童的年齡。已有的文獻在父母外出數量上已達成一致意見，通常將留守兒童定義為父母雙方或一方不在家的兒童；父母不在家的時間長短和兒童的年齡兩方面，則沒有達成一致意見。

羅靜等人在《中國留守兒童研究述評》（2009）一文中，總結了留守兒童的 7 個問題，即心理健康方面，自我意識方面，情緒與社會支持方面，社會行為方面，人格方面，學業與校園關係方面，家庭與生活方面。

（三）理論與方法

需要對留守兒童進行多學科、跨學科的研究，比如文化人類學中的兒童文化權威理論、家庭社會學中的家庭自我認同意識理論、社會互動學派的行動者理論等，都可以用來對留守兒童在留守過程中的社會交往、心理感受、文化遵從等方面的表現進行解釋。[92] 筆者還認為，不能一味用批判和消極的態度看待留守兒童問題，作為社會成員，他們應該得到一定的社會支持。

1. 理論根據

第一，心理韌性理論。所謂心理韌性，就是指在顯著不利的背景中積極適應的過程。[93] 心理韌性研究在發展心理學界已成為一個較為活躍的領域，在該領域研究中所隱含的指導思想為國內外有關處境不利兒童的研究提供了重要的理論依據。

第二，社會支持。留守兒童得到的社會支持越多，尤其是感受到的主觀支持越多，越能充分利用社會支持，越不容易引發情緒性問題行為，進一步證實了主觀支持和對支持的利用度在個體身心發展中的重要性。[94]

2. 調查方法

表1　調查方法統計

階段分期	主要研究方法	備註
前段準備階段	文獻研究法	前往調查地點之前，通過查閱文獻對當地情況進行初步了解，對中國留守兒童有關文獻進行詳細的綜述研究
	經驗總結法	總結前人研究解決留守兒童問題的經驗
實地調研階段	深入訪談法 (1)焦點小組訪談 (2)個人深入訪談	訪談法，是通過有目的地方被調查者直接交談來獲取數據資料的方法，使用調查全面、客觀、真實 根據訪談內容，確定本次調查的對象：政府工作者、留守兒童監護人，留守兒童、教師等
	參與觀察法	參與觀察法是進行田野調查的基本方法。在實地考察時，觀察留守兒童的生活學習
	分析比較法	將對留守兒童的個案研究同國內已有的研究進行對比
成果形成階段	跨學科研究法	運用社會學、語言學、民族學，人類學的理論和方法對案例做出詳細分析，並在此基礎上進行一般的歸納總結
	歸納總結法	
	綜合分析法	

（四）田野點概況

1. 村情概況

洱源縣苴碧湖鎮松鶴村位於苴碧湖鎮西南部。全村國土面積62415畝，其中耕地2305畝，果園5000畝。農戶782戶，人口3298人。在人口總數中：因婚遷入漢族13人，白族11人，佤族1人，其餘都均為彝族。平均海拔2500米，是洱源彝族聚居的山區行政村。[95]

2. 松鶴村教育概況

松鶴村的彝族同胞，現在已擁有一所中心完小，一所完小，一個複式教學點。幾十年來，培育出一批又一批的人才。解放前，初中生屈指可數。到2013年止，小學普及率100%，初中普及率97.5%以上，在校小學生302人，初中生95人，高中生、中專生20多人，大專生10多人，碩士研究生2人，

博士研究生 1 人，在外工作人員 50 多人。[96] 但是筆者在實地調查中發現，松鶴村雖然留守兒童的數量不在少數，然而這些留守兒童並沒有像其他地區的留守兒童那樣，出現犯罪率高、輟學率高、局部社會混亂的現象，村莊甚至還培養出了不少大學生、研究生，還有博士生。在本文中，筆者主要探究了松鶴村的社會結構、文化傳統、教育現狀等，希望找出這個祥和的村莊為留守兒童的健康成長提供了哪些必要的支撐，以期為其他地區留守兒童問題的解決提供一定借鑑。

二 松鶴村留守兒童概況

（一）松鶴村留守兒童概況

透過對前村支書羅學義、學校教師、村民等的走訪，筆者統計出松鶴村留守兒童的比例大約為 70%，高於全縣的平均水平，但是松鶴村的留守兒童身上並沒有出現心理扭曲、犯罪率高等問題，除了由於教育落後而造成的升學率比較低，留守兒童的身心健康狀況位居全縣前列。

（二）松鶴村兒童被留守的原因

其一，隨著生計方式的多元化和嗩吶的產業化，松鶴村逐漸由封閉到對外開放，近些年外出打工的比例增加。

其二，因為少數民族地區早婚早育的傳統，爺爺輩還年輕，可以照料家庭和小孩，年輕的夫婦也放心外出。

其三，村裡部分在外打工的成功人士也激勵著年輕人的外出。

其四，外地嫁入的媳婦不願在村裡生活，而在外地帶小孩生活又很不方便，小孩就被留給爺爺輩，小孩被留守。

其五，學校的教師大多數為縣裡的支教教師，完成教學任務後即調回縣城，任職時間短，缺乏責任意識，缺乏對學生的深入瞭解，也沒有在學生中樹立起教師的權威。

三　松鶴村留守兒童案例的分析

案例1：案主毛某，男，57歲，高中學歷（羅學義的大姐夫）。毛某的老婆羅某52歲，兩個人有3個孩子：老大，羅某，30歲，老大的老婆25歲，一家人主要以梅子為經濟來源，有一個6歲的孩子。老二，羅某，28歲，現在在雲南大學讀博士。老三，羅某，25歲，也在讀大學。毛某認為留守兒童的父母如果管教得嚴一些，就不會有太多問題。

案例2：案主羅健花，39歲，中專學歷。丈夫羅某，42歲，中專學歷，目前在外打工，孩子現在四年級，靠家中梅園和小賣店的收入生活。她對孩子的教育很用心，除了學校教的內容，還給孩子在城裡報了書法班，學習毛筆字。

四　討論與反思——關於留守兒童問題的解決

（一）松鶴村留守兒童問題相對少的原因探析

其一，松鶴村形成了自己的經濟體系。當地大力發展民族經濟，以經果生態產業和林下資源的松茸承包產業為龍頭，生活條件較好。

其二，基礎設施建設得到加強。村內道路得到硬化，農用灌溉溝渠工程設施建設逐步得到完善。

其三，受早婚早育傳統觀念的影響，當地的青年一般在20歲左右就會成婚，結婚後就馬上生孩子，祖輩有足夠的精力照料孫子輩，可以給予很好的生活照料和行為約束教育。

其四，村內民族通婚占據主流，社會結構穩定，有比較強的凝聚力，各種親戚可以幫助撫養照料。

其五，村裡組織孩子在課外時間集中學習嗩吶這一民族傳統文化，一定程度上彌補了父母教育的缺失。

其六，村子相對封閉，沒有網吧、遊戲廳等場所，留守兒童受到的不良誘惑較少。

（二）對其他地區留守兒童問題解決的借鑑方法

其一，要將農民工就地就近轉移就業與鼓勵農民工回鄉創業結合起來。[97] 松鶴村的梅子產業發達，農民家庭經營的以梅子為主的經果生態支柱產業已形成規模，可以借此鼓勵村裡的外出務工人員回鄉創業。

其二，留守兒童的大量產生和存在，是中國現行戶籍制度以及與此相關的就業、教育、保障等體制的產物。要從根本上解決留守兒童問題，必須從戶籍制度以及其他相關體制的改革入手，消除留守兒童產生的條件。這是解決留守兒童問題的治本之策。[98]

其三，改革農村教育體制，加大對農村教育的投入，保障農民工子女正常接受義務教育。[99] 政府必須要高度重視少數民族地區的教育問題，加大對基礎教育的投入，努力改變少數民族地區基礎教育落後的狀況。

其四，全社會要加強對留守兒童的支持。在社會支持的需求方面，留守兒童更需要老師的陪伴支持，以緩解父母雙方或一方離開後帶來的孤獨感受。[100] 因此，農村地區教師的權威和職責造成了很大的作用，一方面，鄉村教師必須承擔起對留守兒童的教育和陪伴的責任。另一方面，加強鄉村教師的地位和待遇也是必不可少的。

五　總結

目前，中國留守兒童分佈的地區差異極大，全國性調查要針對留守兒童的這種分佈特點進行。此前，一些科學研究機構選擇的全國性留守兒童調查地點並不是留守兒童比較集中的地區，而一些留守兒童分佈比較集中的地區卻又沒有進入研究者的視野。這樣得到的留守兒童情況，極有可能反映不了全國留守兒童的情況。[101] 同時，對傳統文化保存較好的少數民族地區的留守兒童的狀況沒有進行系統、深入的調查，不能系統地說明少數民族地區的社會支持對留守兒童的影響。

本次對於松鶴彝族村的留守兒童問題的調查既有創新之處，彌補了以往調查的不足，但也存在著研究對象定義不準確、研究假設存在片面性、研究方法存在侷限性、研究的理論反思有待深入、研究僅限於橫向比較等不足之

處。今後的研究應進一步借鑑多學科的研究方法，加強理論反思和國際比較研究。

參考文獻

期刊

Luthar S S，Cicchetti D，Becker B.「The Construct of Resilience：A critical evaluation and guidelines for future work」[J].Child Development，2000，（71）.

Marianne Helsen M，Vollebergh W，Meeus W.「Social Support from Parents and Friends and Emotional Problems in Adolescence」[J].Journal of Youth and Adolescence，2000.

段成榮：《中國留守兒童狀況研究》，《人口研究》2005年第1期。

辜勝阻、易善策、李華：《城鎮化進程中農村留守兒童問題及對策》，《教育研究》2011年第9期。

李強、臧文斌：《父母外出對留守兒童健康的影響》，《經濟學》2010年第1期。

劉霞、胡心怡：《不同來源社會支持對農村留守兒童孤獨感的影響》，《河南大學學報》2008年第1期。

劉霞、武岳、申繼亮：《小學留守兒童社會支持的特點及其與孤獨感的關係》，《中國健康心理學雜誌》2007年第4期。

劉霞、趙景欣、申繼亮：《農村留守兒童的情緒與行為適應特點》，《中國教育期刊》2007年第6期。

劉曉慧：《留守兒童情緒性問題行為與社會支持的關係研究》，《社會·行為·心理》2012年第10期。

潘璐、葉敬忠：《農村留守兒童研究綜述》，《中國農業大學學報》2009年第2期。

余凌：《農村留守兒童心理學研究述評》，《河南大學學報》2009年第6期。

周福林、段成榮：《留守兒童研究綜述》，《人口研究》2006年第3期。

[1] 金娜：《堅持活化傳承留住民族表情——「『土風計劃』村寨文化傳承項目雲南試點交流展示會」綜述》，《人民音樂》2006年第2期。

[2] 金娜：《堅持活化傳承留住民族表情——「『土風計劃』村寨文化傳承項目雲南試點交流展示會」綜述》，《人民音樂》2006年第2期。

[3] 金娜：《堅持活化傳承留住民族表情——「『土風計劃』村寨文化傳承項目雲南試點交流展示會」綜述》，《人民音樂》2006年第2期。

[4] 金娜：《堅持活化傳承留住民族表情——「『土風計劃』村寨文化傳承項目雲南試點交流展示會」綜述》，《人民音樂》2006年第2期。

[5] 方清雲：《民族精英與群體認同——當代畲族文化重構中民族精英角色的人類學考察》，《中南民族大學學報（人文社會科學版）》2013年第6期。

[6] 來自趙站長的訪談，2015年7月21日；地點：右所鎮文化站辦公室。

[7] 來自趙站長的訪談，2015年7月21日；地點：右所鎮文化站辦公室。

[8] 來自趙站長的訪談，2015年7月21日；地點：右所鎮文化站辦公室。

[9] 來自杜瑛的訪談，2015年7月21日；地點：右所鎮文化站辦公室。

[10] 來自姓李老闆的訪談，2015年7月21日；地點：右所鎮李老闆店裡。

[11] 敖宏貞，四川金堂人，選貢，崇禎年間任靈臺知縣，後遷知州於來鳳崗。

[12] 城隍會為當地日常生活中管理城隍廟的自發性民間組織團體。

[13] 金銀：用金色、白色的特種紙折成的金元寶。

[14] 齋菜：當地人的齋菜為一種有著黃、紅、綠等色彩的薯片類食物，稱為GaLa。

[15] 寫表的通常在進入城隍廟大門下樓梯的左右兩側，打鼓奏樂的在一進入大門的左右兩邊的石臺上。

[16] 聖裝：該「聖裝」包括三個部分，一是穿著各自的白族服飾，二是挎著裝著香、香錢以及木魚的香包，三是戴著佛珠鏈。

[17] 董秀團：《雲南大理白族地區大本曲的流播與傳承》，《民族文學研究》2006年第3期。

[18] 梁黎：《陳哲和他的「土風計劃」》，《中國民族》2007年第2期。

[19] 謝崇抒、謝自律：《中國雲南少數民族音樂考源》，上海三聯書店，2012，第1頁。

[20] 董秀團：《學術史視界中的白族大本曲》，《思想戰線》2004年第4期。

[21] 王小亞：《白族大本曲的傳承與發展研究》，碩士學位論文，雲南大學，2011。

[22] 董秀團：《白族大本曲的文化內涵及傳承發展》，《雲南民族大學學報（哲學社會科學版）》2012 年第 2 期。

[23] 費孝通：《社會調查自白——怎樣做社會研究》，上海人民出版社，2009，第 13 頁。

[24] 參見 [英] 馬林諾斯基著，梁永佳、李紹明譯：《西太平洋的航海者》，華夏出版社，2002。

[25] 丁慧：《雲南白族大本曲的音樂特徵》，《歌海》2009 年第 1 期。

[26] 楊亮才：《談白族大本曲》，《中央民族學院學報》1985 年第 2 期。

[27] 楊育民：《白族大本曲的藝術特徵》，《大理民族文化研究論叢》2010 年第 4 期，第 633—641 頁。

[28] 董秀團：《白族大本曲的文化內涵及傳承發展》，《雲南民族大學學報（哲學社會科學版）》2012 年第 2 期。

[29] 董秀團：《白族大本曲的文化內涵及傳承發展》，《雲南民族大學學報（哲學社會科學版）》2012 年第 2 期。

[30] 需要說明的是，本文的養殖場既包括奶牛養殖場，也包括奶站。

[31] 胡鞍鋼、吳群剛：《農業企業化：中國農村現代化的重要途徑》，《農業經濟問題》2001 年第 1 期。

[32] 孟秋菊：《現代農業與農業現代化概念解析》，《農業現代化研究》2008 年第 3 期。

[33] 山寶琴、劉亞鋒：《農業機械化在新農村建設中的作用》，《河北農機》2007 年第 3 期。

[34] 盧秉福、張祖立、胡志超：《農業機械化技術進步對農村經濟發展的影響》，《瀋陽農業大學學報（社會科學版）》2007 年第 4 期。

[35] 王銘銘、楊清媚：《費孝通與〈鄉土中國〉》，《中南民族大學學報（人文社會科學版）》2010 年第 7 期。

[36] [美] 施堅雅：《中國農村的市場和社會結構》，中國社會科學出版社，1998，第 6 頁。

[37] 參見費孝通：《江村經濟——中國農民的生活》，商務印書館，2007。

[38] 王君柏：《失落的鄉村》，《愛思想》，http://www.aisixiang.com/data/92471.html。

[39] 賓慧中：《中國白族傳統民居營造技藝》，同濟大學出版社，2011，第 402 頁。

[40] 杜子楠：《洱源雕梅製作工藝》，《雲南農業》1995 年第 8 期。

[41] 劉啟明：《中國婦女家庭地位研究的理論框架及指標建構》，《中國人口科學》1994年第6期。

[42] 孫玉娜：《非農化進程中陝西家庭地位研究》，碩士學位論文，西北農林科技大學，2008。

[43] 李興漢：《論洱源縣梅子產業發展的地位及對策》，《經濟問題探索》2000年第9期。

[44] 單藝斌：《婦女社會地位評價方法研究》，博士學位論文，東北財經大學，2000。

[45] 以上資料數據截止至2014年6月22日，由松鶴村村委會提供。

[46] 所謂的炖梅，就是把摘下來的青梅放到罐子裡用火炖，一般要炖一個月左右，梅子炖成黑色，連核都是黑的，吃起來又酸又苦。炖梅有許多藥效，可以治拉肚子、感冒等；同時也作為果醋，加到當地人吃生皮時的蘸水裡。

[47] 毛健桃，男，30歲左右，畢業於安徽某大學，常年在昆明做皮具生意。筆者去其家訪談時，家裡有十幾個親戚朋友在給他雕梅。

[48] 李菊順，女，42歲，雕梅二十幾年，訪談時正在羅金順的廠子裡雕梅。

[49] 以上資料根據7月23日對羅金順的訪談資料整理得出。

[50] 單藝斌：《婦女社會地位評價方法研究》，博士學位論文，東北財經大學，2000。

[51] 單藝斌：《婦女社會地位評價方法研究》，博士學位論文，東北財經大學，2000。

[52] 單彥彥：《關於婦女家庭地位現狀的分析與思考——以山東省為例》，《泰安師專學報》，2002年第5期。

[53] 周建新：《從邊緣到前沿：廣西京族地區社會經濟文化變遷》（下冊），民族出版社，2007，第253頁。

[54] 許敏敏：《走出私人領域——從農村婦女在家庭工廠中的作用看婦女地位》，《社會學研究》2002年第1期。

[55] 數據截至2014年6月22日，由松鶴村村委會（當地人稱村公所）提供。

[56] 黃玉琴：《禮物、生命儀禮和人情圈——以徐家村為例》，《社會學研究》2002年第4期。

[57] [法] 馬塞爾·莫斯著，汲喆譯：《禮物——古代社會中交換的形式與理由》，上海人民出版社，2005，第5頁。

[58] 訪談對象：羅雄，男，25歲左右，2012年結婚，有一個兩歲半的兒子。

[59] 訪談對象：毛某，男，30 歲，家裡的小兒子，和父母一起住。家裡兄弟四人，大哥是上門女婿，二哥三哥分家另住。

[60] 訪談對象：李蘭順，女，42 歲。有一兒一女，女兒 23 歲，前年出嫁，嫁在村裡；兒子 22 歲，在北京打工 3 年多了。丈夫家分家以後，公公婆婆跟丈夫的弟弟住。

[61] 訪談對象：毛庭，男，25 歲，家裡的獨生子（有一個哥哥，但是小時候夭折）。毛的妻子有一個姐姐，姐姐出嫁後也相當於獨生女。因此，毛庭家現在有兩方的老人以及妻子的爺爺奶奶。毛還有一個 11 個月大的女兒。

[62] 訪談對象：羅某，女，59 歲，大兒子做上門女婿；小兒子今年 28 歲，孫子 5 歲，孫女上一年級。上面還有一個 94 歲的婆婆。

[63] 此處也有反例。羅某（37 歲），28 歲當家。上面有婆婆和婆婆的母親（90 歲），兩個人都有自己的私房。羅某的公公是上門女婿，已經去世。所以羅某的婆婆其實不具備當家的能力。

[64] 訪談對象：羅雄媳婦，女，24 歲，2012 年結婚，兒子兩歲半。

[65] 訪談對象：毛某，男，30 歲，2008 年定親，2009 年結婚。

[66] 數據資料由羅學義副書記提供，並參考大理州城鄉規劃設計研究院編纂的《洱源縣茈碧湖鎮松鶴行政村總體規劃（2012—2013）》。

[67] 梁黎：《陳哲和他的「土風計劃」》，《中國民族》2007 年第 2 期。

[68] 雲南省文化體制改革和文化產業發展領導小組辦公室編印：《雲南土風計劃·文化傳承示範村實施方案》，2010。

[69] 洱源縣茈碧湖鎮松鶴村委會編印：《關於申報松鶴村嗩吶文化藝術精品項目的報告》，2011。

[70]「土風計劃」雲南項目部編印：《土風計劃·雲南文化傳承示範村使用手冊》，2013。

[71]「土風計劃」雲南項目部編印：《土風計劃·雲南文化傳承示範村使用手冊》，2013。

[72]「土風計劃」雲南項目部編印：《土風計劃·雲南文化傳承示範村使用手冊》，2013。

[73] 趙盈娜：《對「土風計劃」民族音樂文化傳承的再思考》，《民族音樂》2008 年第 4 期。

[74]《洱源縣茈碧湖鎮「松鶴村嗩吶文化傳承村」建設實施方案》，2012。

[75]《洱源縣茈碧湖鎮「松鶴村嗩吶文化傳承村」建設實施方案》，2012。

[76] 汪璆：《「田野工作」的體認與思考——以雲南松鶴村嗩吶的現狀調查為例》，《藝術研究》2014 年第 1 期。

[77] 梁黎：《陳哲和他的「土風計劃」》，《中國民族》2007 年第 2 期。

[78] 梁黎：《陳哲和他的「土風計劃」》，《中國民族》2007 年第 2 期。

[79] 金娜：《二十年後，情人樹下還有普米族的歌嗎？——對「土風計劃—蘭坪項目組」村寨音樂傳承行為的人類學考察》，東北師範大學音樂學院等編印：《全國高等音樂教育課程發展與教學研究學術研討會論文集》（上冊），2006。

[80] 梁演鍇：《情滿巍山：雲南大理巍山東山彝族婚俗見聞》，《中國攝影家》2010 年第 2 期。

[81] 普梅笑：《花腰人傳統婚俗》，《今日民族》2015 年第 5 期。

[82] 鄒麗娟：《多元文化互動語境下的大理白族傳統習俗》，碩士學位論文，雲南民族大學，2009。

[83] 徐淵：《論漢中當代婚慶的文化價值取向》，《陝西理工學院學報（社會科學版）》2015 年第 2 期。

[84] 唐利平：《人類學和社會學視野下的通婚圈研究》，《開放時代》2005 年第 2 期。

[85] 閻雲翔：《禮物的流動》，上海人民出版社，2000。

[86] 龔摘：《華銳藏族婚禮中的禮物交換》，碩士學位論文，中央民族大學，2013。

[87] 習統菊：《嫁妝來源及象徵的多樣性分析》，《廣西民族研究》2007 年第 1 期。

[88] 邝發棟：《梅子飄香——洱源縣松鶴村發展梅子產業的調查》，《支部生活》2001 年第 6 期。

[89] 王晶：《性別不平等根源的多重視角透視》，《中華女子學院學報》2004 年第 3 期。

[90] 周福林、段成榮：《留守兒童研究綜述》，《人口研究》2006 年第 3 期。

[91] 辜勝阻、易善策、李華：《城鎮化進程中農村留守兒童問題及對策》，《教育研究》2011 年第 9 期。

[92] 余凌：《農村留守兒童心理學研究述評》，《河南大學學報》2009 年第 6 期。

[93] 劉霞、胡心怡：《不同來源社會支持對農村留守兒童孤獨感的影響》，《河南大學學報》2008 年第 1 期。

[94] 劉曉慧：《留守兒童情緒性問題行為與社會支持的關係研究》，《社會行為心理》2012 年第 10 期。

[95] 以上資料來自前村支書羅學義。

[96] 以上資料來自前村支書羅學義。

[97] 辜勝阻、易善策、李華：《城鎮化進程中農村留守兒童問題及對策》,《教育研究》2011 年第 9 期。

[98] 段成榮：《中國留守兒童狀況研究》,《人口研究》2005 年第 1 期。

[99] 潘璐、葉敬忠:《農村留守兒童研究綜述》,《中國農業大學學報》2009 年第 2 期。

[100] 劉霞、武岳、申繼亮：《小學留守兒童社會支持的特點及其與孤獨感的關係》,《中國健康心理學雜誌》2007 年第 4 期。

[101] 周福林：《留守兒童研究綜述》,《人口學刊》2006 年第 3 期。

國家圖書館出版品預行編目（CIP）資料

夏日紀事：洱源田野調查集 / 朱靖江 主編. -- 第一版.
-- 臺北市：崧燁文化, 2019.07
　　面；　公分
POD 版

ISBN 978-957-681-836-3 (平裝)

1. 民俗學 2. 田野工作 3. 研究方法 4. 雲南省洱源縣

538.031　　　　　　　　　　　　　　　　108008998

書　　名：夏日紀事：洱源田野調查集
作　　者：朱靖江 主編
發 行 人：黃振庭
出 版 者：崧燁文化事業有限公司
發 行 者：崧燁文化事業有限公司
E - m a i l：sonbookservice@gmail.com
粉 絲 頁：　　　　　網　址：
地　　址：台北市中正區重慶南路一段六十一號八樓 815 室
8F.-815, No.61, Sec. 1, Chongqing S. Rd., Zhongzheng Dist., Taipei City 100, Taiwan (R.O.C.)
電　　話：(02)2370-3310　傳　真：(02) 2370-3210
總 經 銷：紅螞蟻圖書有限公司
地　　址：台北市內湖區舊宗路二段 121 巷 19 號
電　　話：02-2795-3656　傳真：02-2795-4100　　網址：
印　　刷：京峯彩色印刷有限公司（京峰數位）

　本書版權為九州出版社所有授權崧博出版事業股份有限公司獨家發行電子書及繁體書繁體字版。若有其他相關權利及授權需求請與本公司聯繫。

定　　價：550 元
發行日期：2019 年 07 月第一版
◎ 本書以 POD 印製發行